U0084529

《黃帝內經》是人類歷史上最早、最完整的醫學巨著，
是一部生命科學與生命哲學，天人合一的養生健康聖典。

黃帝內經
健康聖典

曾子孟　著

前言

《黃帝內經》作爲中醫之源，不僅是人類歷史上最早最完整的古典醫學著作，同時也是一部通達所有知識領域的哲學思想巨著。它以天人相應的觀念和陰陽五行的理論爲基礎，並在此基礎之上衍生出改善自我體質、調整體內陰陽平衡、維護健康的養生方法。通過陰陽調和、四時順養等養生理論，指導人們走向人類養生長壽的最高境界——健康長壽、快樂生活。更爲重要的是《黃帝內經》所談論的都是我們生活中耳熟能詳的事物，如春夏秋冬，衣食住行，喜怒哀樂……不像西醫學那樣讓外行人看不懂的資料和專業術語，所以說《黃帝內經》不僅僅是中醫學之宗，還是指導我們日常生活、飲食起居的健康法則，更是最適合指導人們的養生長壽之道。

然而，《黃帝內經》中層層交錯的概念、相互疊加的理論，以及古奧刻板的術語，常常會使我們如墜入雲霧之中。爲此，我們歷時一年之久，經多方考證，得以抽絲剝繭，從飲食、經絡、日常生活、情志、四季，以及防病治病等全方位地將《黃帝內經》中的養生精華爲大家一一詳解，並遵循《黃帝內經》「治未病」的思想。

在《黃帝內經》之外又特別從歷代中醫經典中摘取了順應自然的養生方法，讓大家

更好地掌握不生病的智慧，從而長命百歲。本書的最後，我們又附加了現代生活中常見病的預防和治療，希望能夠幫助您「沒病防病，有病祛病」的生活智慧。

另外，爲了能夠方便您的理解，本書採用了圖文並茂的編寫方式，繪製了幾百幅生動而貼切的圖畫，來輔助說明書中的知識，讓您能夠輕鬆而準確地掌握《黃帝內經》的精髓。在此，我們也希望藉由圖文並茂的本書，能夠有效地將《黃帝內經》的養生智慧，準確地傳達給您，並祝願您通過《黃帝內經》的養生智慧，獲得更健康的生活。

目錄

Contents

第一章

第二章

第三章 《黃帝內經》養生法（二）食養藥補／059

第一章

《黃帝內經》

健康長壽觀

《黃帝內經》認為，無論是宇宙自然，還是人體活動，都有相同的規律，而這個規律是源於自然的。因此，古人養生，講求陰陽和合，天人合一，道法自然。

不治已病治未病

《黃帝內經》的健康長壽觀就是防病重於治病，即人體在沒有產生疾病的時候，就應該根據具體情況強身健體，預防疾病的發生，達到健康長壽的目的。《黃帝內經・素問》中說：「夫病已成而後藥之，病已成而後治之，譬猶渴而穿井，鬥而鑄錐，不亦晚乎？」

也就是說——如果等到病已形成了再去用藥，亂已經產生了才去治理，就好比渴了才去挖井，要打仗才製造兵器一樣，豈不是太晚了嗎？所以要「不治已病治未病」。

其實，人每病一次，就會給身體造成一次傷害，而這個傷害在病癒後看似已經消失，但實際上它或多或少都會給身體帶來陰陽失衡和看不見的虛損。就好比一輛汽車，每修理一次，它的各個零件之間的配

防病重於治病

合、總體性能都會不知不覺地下降，不管怎樣修理，也都比不上原裝的。因此，聰明的愛車人，都會注重日常的保養，不讓汽車出問題。人體也是一樣，所以金元時期的朱丹溪在其書《丹溪心法・不治已病治未病》中說：「與其救療於有疾之後，不若攝養於無疾之先。」與其等有病後搶救治療，不如在沒病前就進行身體保養。

當然，要身體完全不生病是不可能的，生老病死是自然規律，這一點任何人都無法避免。但是人們卻完全可以通過日常養生，做到「疾病沒來早預防」，儘量推遲入廠「大修」的時間，減少「大修」的次數，讓壽命更接近天年。

陰陽協調是健康的根本

陰陽的概念最初是非常樸素的，僅指日光的向背。但是隨著人們觀察面的拓寬，觀察深度的增加，最終出現了以日光向背爲基礎的若干相對的概念，比如：天爲陽，地爲陰；日爲陽，月爲陰；火爲陽，水爲陰；熱爲陽，冷爲陰；上爲陽，下爲陰；外爲陽，內爲陰；男爲陽，女爲陰。總之，活動的、向外的、溫熱的、明亮的、向上的都屬陽，而沉靜的、向內的、寒冷的、陰暗的、衰退的都屬陰。萬事萬物都是相對的，有陽就會有陰，陰陽平衡，晝伏夜出，四季調和。

人體也是一樣，人體陰陽的平衡其實就是生命活動的根本。陰陽如果協調，人體就能夠健康；陰陽如果失衡，人體就會生病、早衰甚至死亡。那麼，究竟什麼是陰陽平衡呢？看看美麗的太極圖就清楚了。太極圖用S線一分爲**二，表示著陰陽雙方不停地消長轉化，也就是人們說的陽長陰消，陰長陽消，陽極則陰，陰極則陽**。這是一種動態的平衡，表現在大自然中就是陰陽氣化的平衡，於是就有了春夏秋冬、溫熱寒涼。在人體這種平衡表現就是陽氣和陰精的平衡。如果人們體內的陽氣和陰精能夠平衡的話，人體就一定會氣血充足、精力充沛、五臟安康。

萬事萬物都是相對的，有陽就會有陰

那麼，怎樣協調陰陽呢？《黃帝內經》中說：「凡人之有生，受氣於天，故通天氣者，乃所生之根本。」意思是說，人體的陰陽只有與自然界的陰陽相通相應，才能保持平衡協調。所以，人們要遵循大自然的陰陽氣化進行陰陽平衡，春夏養陽，秋冬養陰，可以收到事半功倍的效果。

✚萬事萬物都是相對的，有陽就會有陰

人們說，外爲陽，內爲陰。但沒有外，就無所謂內；沒有內，也就無所謂外。可見，陰和陽的每一方都不能脫離另一方而單獨存在，陰依存於陽，陽也依存於陰。這就是陰和陽的互根，也是大自然最基本的法則。

根據《黃帝內經》理論，對人們的身體來說，「陰」通常就是指物質，而「陽」則是指機能。物質居於體內，所以說「陰在內」；功能表現於體外，所以說「陽在外」。在外的陽是內在物質的體現，因此說陽爲「陰之使」；在內的陰是產生機能的物質基礎，因此說陰爲「陽之守」。人體機體的氣爲陽，血爲陰，氣與血相互依存，也是陰陽互根的表現。人體內血液的循行借助於氣的推動和統攝，即所謂的「氣爲血帥」，但氣之所存，又要血的寓守，即所謂的「血爲氣母」。可見二者也是相互依存、相互滋生的，也只有這樣，才能保證人體的正常生命活動。

一旦陰陽雙方失去了互爲依存的條件，有陽而無陰或者有陰而無陽變成了「獨陽」

陰陽的互根

或「孤陰」，就無法再生化和滋長。就生命體而言，如果沒有機體的功能活動，就沒有物質的生命；沒有物質能量的釋放，也就不會有功能活動的動力了。所以古人說「孤陰不生，獨陽不長」就是這個道理。

✚生命中的陽氣變化

《黃帝內經》中有一段關於陽氣的最重要的經旨，是說天體的正常運行，是因爲太陽的光線普照而顯現出來的，而人身的陽氣，就好像天上的太陽一樣，也應是向外向上的，並起到保護身體的作用。假如陽氣失去了正常的位次不能發揮其作用，人的壽命就會減損甚至夭折。可見，古人對陽氣在人體中的作用是多麼重視。

在人的一生中，兒童爲稚陽之體；青壯年爲盛陽之體；年過四十則陰氣過半，陽氣開始漸衰，因此人們常說「人過四十天過午」；到

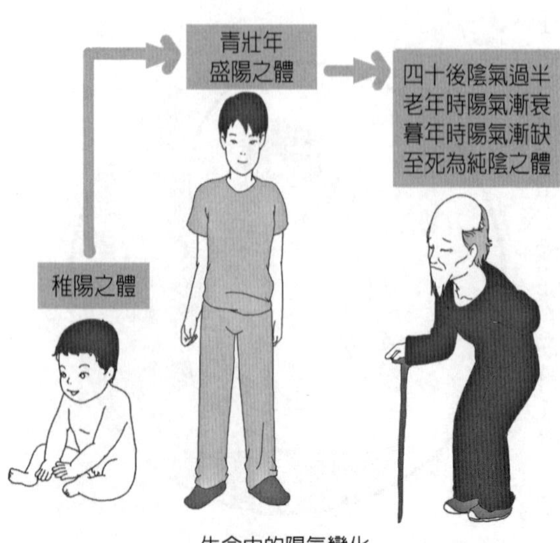

生命中的陽氣變化

了老年的時候，陽氣漸減，生機也日減；進入暮年，如不加強鍛鍊，加強保養，身體每況愈下；人死以後，陽氣就沒有了，就變成了純陰之體了。

可以說，宇宙萬物的生長衰亡都取決於陽氣的盛衰，就好比一粒種子，它之所以能夠生根發芽，就是因爲它內涵陽氣，所以才有生機。如果它的陽氣被破壞了，比如被煮了或炒了，就成了死的種子，就是純陰之體了。

我們身體的「陽」可分爲三個層次，即「三陽」，上陽、下陽和中陽；上陽就是上焦心肺之陽，下陽就是下焦肝腎之陽，中陽就是中焦脾胃之陽。「下陽爲上、中二陽之根」，它是「眞陽」、「元陽」、「眞氣」。人體的陽氣異常，就會損及體內的肝腎之陽，這是陽氣的底線，是絕對不能失守的。一旦肝腎之陽消散，那麼人的生命也就隨之結束了，所以「春夏補陽」要補肝腎之陽。

人體小天地與自然大天地

《黃帝內經》認爲，人體本身是一個巨大體系的縮影，也就是說人體本身是一個「小天地」，是一個統一的有機整體。同時也認爲，人體與外界環境之間也是一個統一的有機整體。

人生活在自然界之中，自然界的變化就必然會直接或間接地影響到人體，而人體也會從生理、病理等方面發出相應的反應，人的生命活動規律與自然界的變化規律是息息相關的。所以《靈樞・歲露》說：「人與天地相參也，與日月相應也。」

天有三陰三陽六氣和五行的變化，人體也有三陰三陽六氣和五行相生相剋的運動規律。天地之間陰陽、六氣、五行的變化，會產生各種不同的氣候；不同的氣候下，人體的五臟也會產生陰陽、五行的變化，進而產生喜、怒、憂、悲、恐五志。

春夏陽氣生發在外，人體氣血就容易浮於體表，所以皮膚鬆弛，腠理開瀉，人體就會用出汗、散熱來調節；秋冬陽氣收斂，人體氣血則閉於內，因而皮膚緻密，出汗減少。甚至晝夜晨昏對人體也是有影響的。

《黃帝內經・素問》就說：「平旦人氣走，日中

春夏陽氣生發在外，人體就會用出汗、散熱來調節

秋冬陽氣收斂，皮膚緻密，出汗減少

而陽氣隆，日西陽氣虛，氣門乃閉。」說明人體陽氣是隨晝夜變化而波動的，人體功能也隨晝夜變化而出現節律性的改變，這就是人體生物鐘。

所以我們說自然界陰陽五行的變化規律，與人體五臟六腑之經氣的變化規律是相應的，這就是「天人一理」、「天人一體」的健康觀。

✚人體宇宙之天癸、腎陽

人體就好比一個小宇宙，有它自己的陰和陽，即天癸——腎陽。生命的存在與繁衍，必須依賴於天癸——腎陽，且二者的多少，決定著人的壽命。

☯天癸

天癸是促進人體發育，維持男女生殖機能的物質。它源於先天之精，又受後天水穀精微的滋養而逐漸充盛。人到了青春期，隨著腎的精氣進一步充盛，體內就產生了天癸。從此，男子可產生精子，並可排精、育子；女子出現月經，並可排卵、妊娠。天癸的產生標誌著男女性機能的發育已經成熟了。

腎陽

在《黃帝內經》中，火被稱為陽氣，又說：「陽氣者，若天與日，失其所，則折壽而不彰。」人體的五臟各有其不同的陽氣，而真正決定人的壽命的是腎的陽氣，因此，腎陽又叫做「元陽」。

人的腎陽可以為人體的其他臟器的運轉提供原動力，所以把腎陽比喻為人體小宇宙中的太陽。人的生命過程，就是在腎陽的主宰下，不停地積聚和轉化能量的過程。人在幼兒時期，生長最快，這時腎陽也在逐漸變盛；到了成年，人體發育完全，能量的積累達到了極限，腎陽也到了最強盛的時期；此後，人體的腎陽漸漸衰減，到了老年，腎陽耗盡，生命便隨之終結。

順應自然保健康

《黃帝內經》告訴我們「天地合氣命曰人」，意思說人是天地之氣生成的。這裡的天地，就是大自然，人體的物質基礎都來自大自然。因此，人的一切生命活動都離不開大自然，當然，人的養生也就離不開大自然。

養生要順應自然，本質就是要順應天地四時的變化。首先，就是陰陽氣化的規律，一天當中、一年當中，陰陽的氣化都是遵循「陽長陰消，陰長陽消」，這個規律不停地變化的，我們養生也要順應這個規律；其次就是氣機升降的規律，如子時氣升，午時氣就開始下降；夏天是氣機升得最高的時候，而冬天則是氣機降得最低的時候。第三就是天地氣化的開合，大自然的氣機有開有合，那麼我們養生就要順著它。總之，只有適應自然。利用自然，人們才能健康長壽。

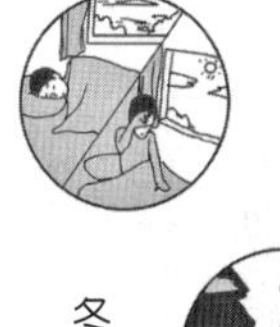

養生要順應自然，順應四時

適應自然，關鍵是在日常起居作息中符合自然界陽氣消長的規律。《黃帝內經》建議說：春季應「晚睡早起」，夏季應「晚睡早起」，秋季應「早睡早起」，冬季應「早睡晚起」。這樣，天人相應，人體才不得病，才可延緩衰老，避免壽損。

利用自然，就是要掌握自然規律，尋找更適合自己的生存環境。比如可以選擇在空氣新鮮的樹林中散步。有條件者，可在溪流和瀑布附近進行空氣浴，在海濱美好的環境中進行氣候康復等等。如果條件允許，還可以在「院中植數十棵花木，不求名花異卉，

只求四時樹綠花開」，或者「階前大缸貯水，養金魚數尾」等。

生命在於運動

「流水不腐，戶樞不蠹，動也。形氣亦然，形不動則精不流，精不流則氣鬱。」

這裡以流水和戶樞為例，說明宇宙萬物、特別是是人類的生命活動，具有運動的特徵，因而提倡運動保健。動則身健，不動則體衰。

《黃帝內經》十分重視運動養生，反對「久坐」或是「久臥」，提倡「和於術數」，但強調「形勞而不倦」。

運動要有一定的限度，可以經常動一動，如吃完飯時出外散散步，用手按摩面部和腹部，但不能大量運動，更不能累得精疲力盡。這樣做有助於消化，能夠袪除百病。

生命在於運動

總而言之，《黃帝內經》認為，養生需動，但不能動得太過，要「能動能靜」，才能健康長壽。

精氣是生命的原動力

精氣乃天地之精華，源於天地間的靈氣，人是由天地之精氣結合而生。《黃帝內經・靈樞》中說：「人始生，先成精。」就是告訴我們：精氣是生命的本源物質，是生命的原動力。

精氣稟受於先天，與生俱來，是胚胎發育的原始物質，沒有精氣就沒有生命。而且在人出生之後，尤其要依賴陰精的充養，維持人體正常的生命活動。可見，精氣是維持人體生命機能必不可少的，所以養生的眞諦就在於保養精氣。精足，則生命強健；精衰，則生命虛弱。精過分耗損，就會加劇衰老，如果精枯竭，人就會很快死亡。

總之，人的生、長、壯、老、已的生命活動過程，都要取決於精氣的盛衰，延年益壽首先就必須善於保養精氣，保持精氣的旺盛不衰。

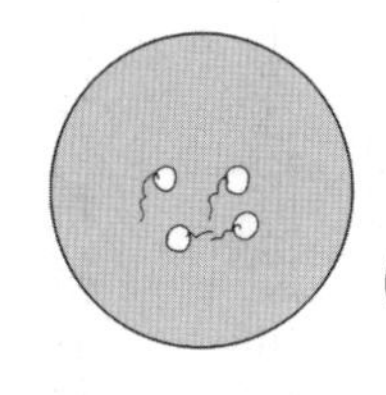

精衰，生命就虛弱

精足，生命就強健

精氣是生命的本源物質，精足則生命強健，精衰則生命虛弱

✚人體「三寶」——精、氣、神

天有三寶——日、月、星；人有三寶——精、氣、神。

《黃帝內經》認爲，精、氣、神是生命活動的根本。古代養生家也將補精、養氣、調神作爲養生長壽的主要原則，認爲既要注意精、氣、神的物質補充，更強調不可濫用「三寶」。

人體三寶：精、氣、神

「**精**」是構成人體和維持人體生命活動的物質基礎。一般所說的精僅指人體的眞陰，即元陰。精不但具有生殖功能，促進人體的生長和發育，而且還可抵抗外界各種不良影響對身體的侵害而免於生病。

一個簡易的固精之法是：每天深呼吸三次，安靜片刻後緩緩中等速度即可吸氣，放鬆全身，氣吸滿後略停2秒鐘，然後緩緩中等片刻即可呼氣，同時提肛縮臀（如忍大小便），並使小腹與命門部也一同用力內縮，呼氣完再停2秒鐘，放鬆全身，再開始下一輪，每天15～60次。

「**氣**」是生命活動的原動力。《黃帝內經》中所講的氣既有物質性，也有功能性，

通常包含兩層含義：一是運行於人體內的微小難見的物質；一是人體各個臟腑器官活動的能力。人體的一切生命活動，包括呼吸吐納、水穀代謝、血液運行、津流濡潤、營養敷布等都依賴於氣化功能才能得以實現。生活和實踐中有很多可以養氣的方法：如少言語、戒色欲、薄滋味、咽津液、莫嗔怒、美飲食、少思慮等等。

「**神**」包括精神意識、知覺、運動等在內，是人的生命活動的最高體現。神由先天之精生成，在胚胎形成時，神就已經產生並存在了。在出生之後，神統攝著人體的一切生命活動，神亢則體健，神衰則體弱，神去則身死。

《黃帝內經》中有一條關於養神的重要原則，即「精神內守，病安從來」，強調內環境——精神的安定對人體健康的重要作用。養神主要應注意的是：一不能爲貪圖一時的快樂而違背生活規律；二要減少私心雜念，見素抱樸，少私寡欲；三是目清耳靜，以免神氣煩

神是人的生命活動的最高體現

勞而心憂不寧；四須寧神斂思，因爲「多思則神殆，多念則志散，多欲則志昏，多事則形勞」。

協調臟腑不生病

藏象學說是《黃帝內經》理論中極爲重要的一部分，它是古人在時間的基礎上，運用陰陽五行學說概括總結而成的，是研究人體各個臟腑的生理功能、病理變化以及相互關係的學說。藏象學說以臟腑爲基礎，認爲臟腑是人體內臟的總稱，並按其生理功能分爲五臟、六腑和奇恒之腑。五臟爲人體貯藏著生命活動所必須的各種精微物質，如精、氣、血、津液等，包括心、肝、脾、肺、腎；六腑是主管飲食的受納、傳導、變化和排泄，包括膽、胃、小腸、大腸、膀胱、三焦。

人體是一個有機的整體，臟與臟、腑與腑、臟與腑之間都有密切的聯繫，並有臟屬陰，腑屬陽的一一對應關係：肝與膽、心與小腸、脾與胃、肺與大腸、腎與膀胱。另外，六腑中

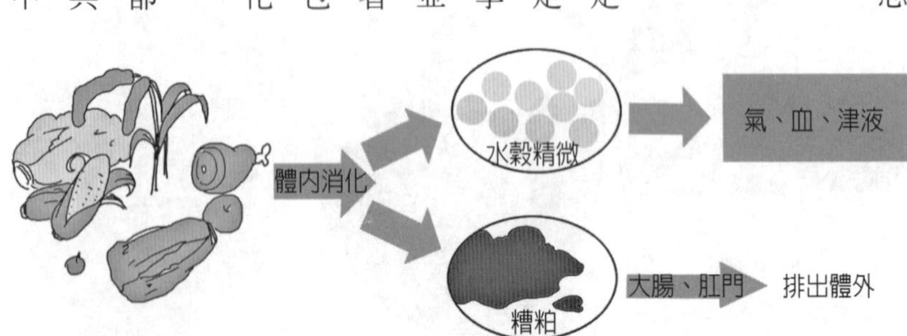

人體的臟腑相互聯繫，相互為用，將攝入的食物轉化為水穀精微及無用的糟粕

的三焦爲元氣和津液的通道，也是進行氣化作用的場所。他們不僅僅在生理功能上相互依存、相互制約、相互爲用，而且還以經絡爲通道，相互聯繫，傳遞各種資訊，並在氣、血、津液灌注全身的情況下，成爲一個協調統一的整體。

我們平時攝入的食物，首先在體內被分爲必需的營養，即水穀精微以及不需要的營養，即糟粕兩種，之後，水穀精微被運送到五臟並轉化成氣、血、津液，然後儲藏起來，而糟粕則由大腸經肛門排出體外。

人體只有在各個臟腑相互協調運作的狀態下，才能健康。否則，人就要生病。

君主之官——心

在五臟之中，心是最重要的器官，他主宰一身上下、統領五臟六腑。《黃帝內經》認爲，心主血脈，心氣推動血液在脈中運行，流注全身，發揮其滋潤和濡養的作用。心、脈直接相連，相互溝通，血液在心和脈中不停地流動，週而復始。從而使得心、血、脈三者貫通，且相對密閉的系統。

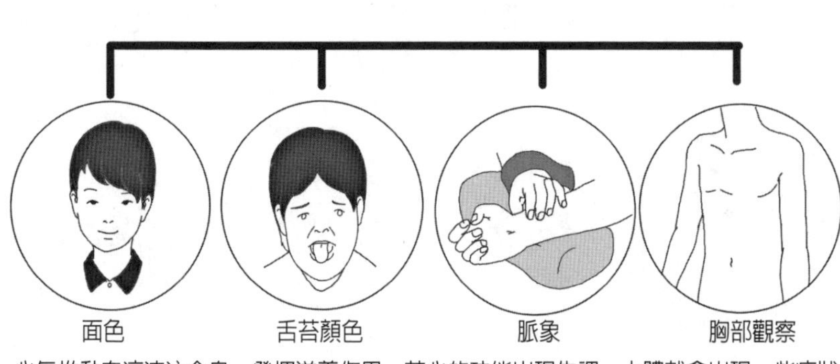

心氣推動血液流注全身，發揮滋養作用。若心的功能出現失調，人體就會出現一些症狀

在三者之中，又以心爲主導，心的搏動是血液運行的根本動力。但心臟能夠正常的搏動，主要依賴於心氣，心氣充沛，才能維持正常的心力、心率和心律。另外，《黃帝內經》認爲，心主神明，認爲心可以控制人的精神、意識和思想。心的功能正常，則會精神安定、意識清晰。

如果心的功能出現失調，就會表現在臉色和舌質方面，比如心有血淤時，臉色就會青紫，舌質紫暗，並還可出現心悸、胸痛、失眠、不安、健忘等；另外，心與小腸相表裡，心臟功能異常常會影響到小腸，出現消化吸收功能減退，大便和尿出現異常等。比如，火邪侵入心臟，就會引起心功能失調，表現在小腸上就是尿頻、尿的顏色加深，甚至變成紅色，排尿時有灼痛等。

倉廩之官——脾胃

脾和胃都是身體消化系統的重要器官。胃的功能是將攝入的食物變成食糜，然後送入小腸，使其轉化爲水穀精微。而脾則控制著胃等消化器官的功能，它還負責將通過消化而得到水穀精微儲藏於體內，並輸送到身體的各個部位。

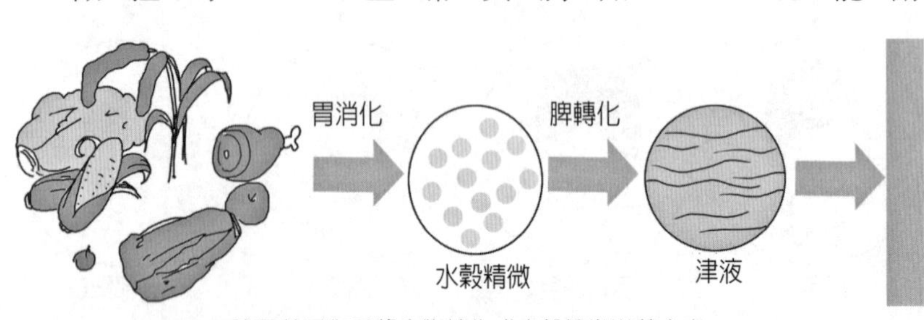

脾胃共同作用將食物轉化成水穀精微滋養全身

首先，脾從水穀精微中吸收水分，轉化爲津液，然後運送到全身。同時，津液也被運送到肺部，並通過肺的作用協調津液的輸布。而多餘的水分也從脾中運化到肺部，再通過汗液或者尿液排出體外。此外，《黃帝內經》還說，「脾統血」意思是脾還控制著血液不外漏，防止血液溢出經脈。

脾的功能失調主要表現在口唇部位，如口甜口苦或者味覺遲鈍等都是脾有問題的症狀。另外，口唇發紅、失去光澤等也是脾功能減弱的症狀。因爲脾主運化，如果其運送水穀精微的功能降低，就會出現氣血不足的症狀，如：食欲不振、疲乏無力、消瘦等；如果是運送津液的功能減弱，還會有津液滯留、痰多、浮腫等表現。

此外，脾胃相關，脾的功能低下往往會影響胃的功能，表現爲腹痛腹脹、口臭、噁心以及食欲不振等。反過來，如果胃的功能不好，也會牽制脾的生理功能，比如暴飲暴食之後，胃不能將吃入的食物充分消化，從而造成腹痛、噁心等症狀，慢性病會影響脾的功能，出現全身倦怠乏力、不思飲食等症狀。

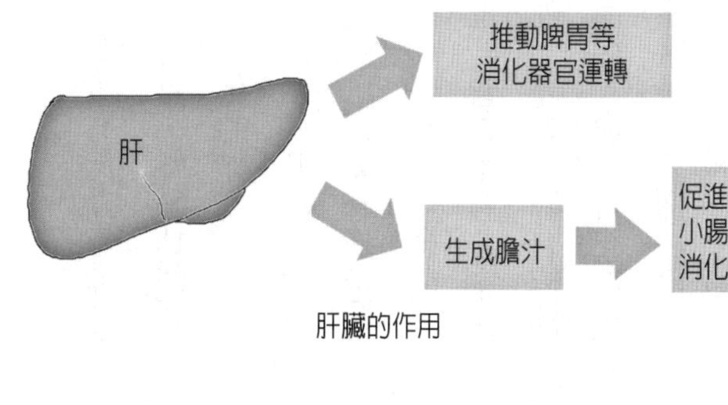

肝臟的作用

將軍之官——肝

肝為「將軍之官」，主疏泄，主藏血。肝的功能正常，氣和血的運行才能夠順利進行。中醫認為，人體的氣化功能正常，人的心情才能保持舒暢愉悅。可見，肝的功能好壞對人的情緒變化有很大的影響。另外，肝還有協助消化運轉，幫助消化的作用。肝的這一作用要通過兩方面來實現：一是肝可以推動脾胃等消化器官運轉；二是肝可以促進膽汁的生成，膽汁生成後暫時貯存在膽中，然後由膽將膽汁排到小腸中，幫助脾胃進行消化運動。

因為肝主藏血，如果它的這一功能降低，就會引起身體各個部位的營養不良，尤其是肌肉營養不足時會導致肌力下降，有的還會引起手足麻木和痙攣等。此外，肝有協助消化的功能，如果肝的功能降低，也會影響到膽和消化器官的正常運行，從而引起消化不良、腹痛腹瀉、噁心等症狀，以及口苦、耳鳴、黃疸等一些膽病症狀。肝上通於目，肝氣不調就會對眼睛造成一定的影響，如乾澀、視物不清等，若是風熱邪氣侵入肝經，還會有眼睛疼痛、充血等表現。

肝主疏泄，如果肝的疏泄功能不利，人體的氣機就會有淤滯，氣機不暢，則人的情緒就會有變化，或是焦躁、生氣，或是抑鬱、憂慮等。

相傅之官——肺

肺居胸中，覆蓋於心之上，在五臟六腑中的位置最高，因此被稱爲「華蓋」。因爲其通過鼻口直接與外界相通，容易感受病邪，所以肺又被稱爲「嬌臟」。

肺司呼吸，主一身之氣。通過呼吸，自然界的清氣被吸入胸中，與脾運化來的水穀精微之氣，結合生成宗氣。然後，依靠肺的宣發、輸布功能，使得宗氣向全身輸送。「宗氣」是與元氣相對而言的。元氣是人身之根本，但其勢弱小，必須與上行的宗氣相接，再得到水穀精氣以及自然清氣的充養，才能壯大，進而充養全身。

肺除了主一身之氣外，還有通調水道的作用。肺通過宣發和輸布水液，經過肅降使得水液下行至腎，然後由腎和膀胱對水液進行過濾，之後輸送至全身。嚴格說來，肺的通調水道的作用，是與由脾和腎共同完成的。

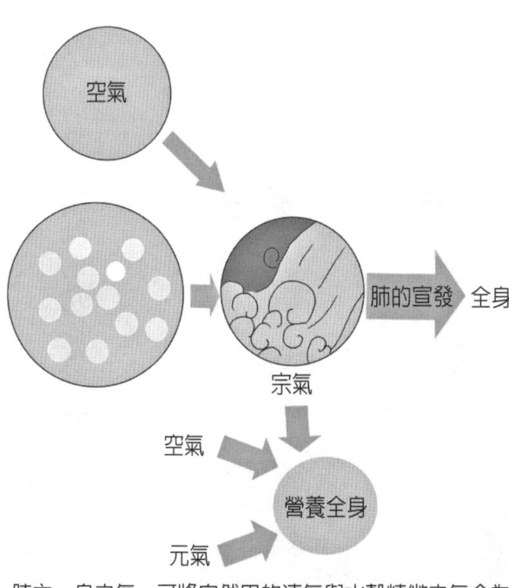

肺主一身之氣，可將自然界的清氣與水穀精微之氣合為宗氣，並宣發、輸布全身

肺的功能異常會引發咳嗽、哮喘、浮腫等症狀。肺的病徵還常常表現在口鼻和皮膚上，如皮膚粗糙、容易感冒、鼻塞、流鼻涕等。另外，當肺的功能低下時，津液不能正常運輸，而導致腸道的功能失常，如便秘等。

作強之官——腎

腎爲生命之本，主藏精，主水液，主納氣。精氣是維持人體機能的能量源，有先天之精和後天之精，先天之精秉承於父母並儲藏在腎臟中；後天之精來源於水穀精氣，除部分供給五臟六腑之外，其餘貯藏於腎中。

腎精與人的成長、發育密切相關，腎精充足，則骨骼、牙齒、毛髮等都可以順利生長。另外，腎主生殖，腎精是生殖機能成熟的物質，即天癸。天癸可以促成男子精子的生成，還可以使女子月經來潮。腎可以調節人體的津液代謝，使津液均衡地輸布於身體各處，將多餘的水分轉化成尿液排出體外。此外，腎臟還可以加強肺的生理功能，可以維持其有規律的呼吸運動。

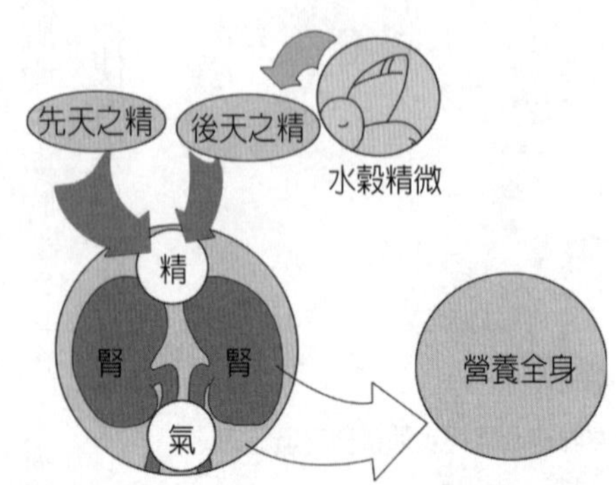

當腎的功能出現異常，就會腎精不足，則其所負責的組織和功能，都會受到相應的影響，如骨骼變得脆弱，出現腰膝酸軟疼痛、行走障礙等；或者出現耳聾耳鳴、脫髮甚

至不育症等。由於腎主水液，所以當腎功能異常時，常可導致其控制津液代謝的機能低下，除浮腫外，還會導致膀胱功能低下，出現尿痛、尿頻等症狀；有時，腎的功能還會影響排便，導致便秘或慢性腹瀉等。

五行與五臟

什麼叫五行?五，是人在生活實踐中長期觀察大自然概括起來的五種物質。即金、木、水、火、土。行，有運動的含義。

人們爲了掌握萬物變化規律及內在聯繫，就應用日常生活最熟悉、不可缺少的五種物質元素爲代表，及五者之間相互滋生、相互制約關係，來闡述物質世界的構成及萬物的變化。

五行這種觀念對後來古代唯物主義哲學影響很大，我國古代的自然科學、天文（金星、木星、水星、火星、土星）、曆算、農業、醫學等領域也都用它來解釋各種萬物的現象，對於自然科

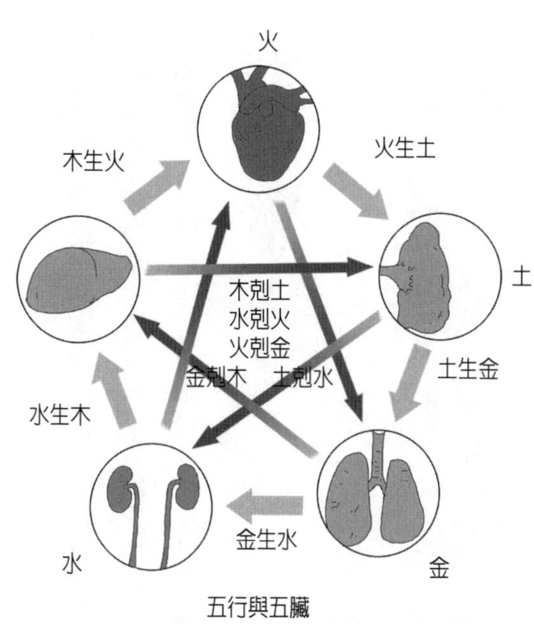

五行與五臟

學的發展起到了一定的促進作用。

據有關史料記載，將五行學說最早運用到醫學領域的就是《黃帝內經》，它首先用來與人體的五臟相匹配，如肝屬木、心屬火、脾屬土、肺屬金、腎屬水。五臟之中的一臟與其他四臟的關係，就好比五行之中一行與其他四行的關係。如心與肝、脾、肺、腎的關係，與火或木、土、金、水的關係相一致。

五行學說認爲，金、木、水、火、土之間有相互推動的作用，即所謂的「五行相生」。同時，也有相互制約的作用，即所謂的「五行相剋」。具體說來就是，如果人體內部的臟器都處於正常的生理狀態下，便是有規律的活動；如果是在病理的狀況下，正常的規律就會被破壞。五行還有協調臟腑之間關係的作用，就是保持相互之間的平衡及活動規律。

想要健康長壽，還要注重心理養生

健康長壽的祕訣

健康與長壽自古以來就是人類的共同願望，人要長壽就必須具備一定的條件，比如體質強壯、五臟堅固、六腑功能正常、營衛氣血調和、肌肉堅實緻密等。但這還不夠，還要有心理上的健康以及對社會的適應能力。而且在諸多的養生之道中，心理因素顯得尤爲重要，所以我們要想健康長壽，活到天年，就必須從心理、社會等方面採取防止措施。我們可以將其簡單地分爲三種——

一、**「靜則藏神」** 古人養生往往會強調「神太用則勞，靜以養之」。因此，我們要學會以靜制動，處處保留元氣。

二、**立志養德** 古人最講究道德修養，認爲樂於助人的人，能夠永遠保持最佳的精神狀態。

三、**調情志，免刺激** 情志波動過於強烈或持久，都可以引起機體的多種功能發生紊亂，甚至產生疾病。因此，要努力調攝情志，避免大喜大悲、過憂過恐等不良情緒的刺激。

我們究竟能活多久

生死，是每個人都無法避免的。只是有的人活得久，有人活得不那麼久。也就是說每一個人的壽命都是有一定的限度的。這個限度，《黃帝內經》稱爲天年，就是人的自然壽命和合理壽限。這個壽限應該是多少呢？《黃帝內經》認爲是100歲，而《禮記》中則稱百歲爲「期頤」，不過《尚書》中又提出——「一日壽，百二十歲也」，也就是說活到120歲才是活到了天年呢！所以人的壽命應該活百年及以上（100～120歲之間），才算是天命之年了。

那麼，現代科學對「天年」是如何認識的呢？科學家們經過細緻觀察發現各種動物都有一個比較固定的壽命期限，這個期限與各種動物的生長期和成熟期的長短有一定的關係，比如狗的生長期爲2年，壽命是10～15年；馬的生長期是5年，牠的壽命是30～40年。根據大量的資料統計研究，科學家們得出，自然壽命爲生長期的5～7倍，人的生長期爲20～25年，因此，人的自然壽命應該是100～175歲。還有人發現動物胚胎細胞分裂成長到一定階

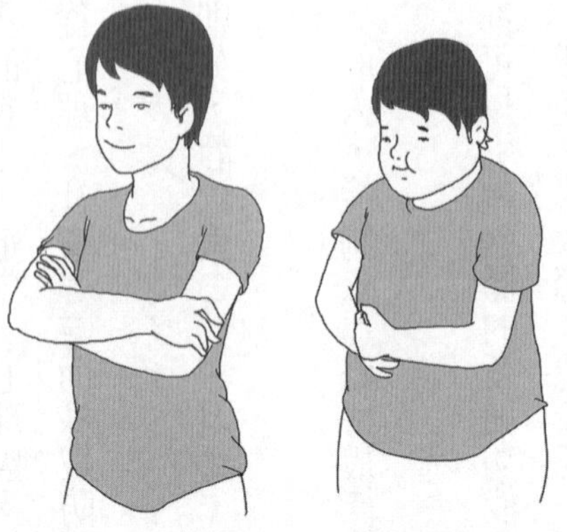

通過觀察人的骨骼、皮膚、肌肉和氣，就可以判斷人的壽命

段就會出現衰老和死亡，於是他們根據細胞分裂的次數推算出人的壽命應該是120歲。另外，還有人根據動物的性成熟期來推算壽命，認爲動物的最高壽命是性成熟期的8～10倍，據此推算，人的自然壽命應該是110～150歲。

骨肉、形氣辨長壽

我們知道，不是每個人的壽命都能達到百歲，這與其先天稟賦和後天的調養都有著密切的關係。關於先天病故的厚薄與壽命的關係，主要是觀察人的骨骼、皮膚、肌肉和氣。骨骼有大小、皮膚有緩急、肌肉有堅脆、氣有盛衰，我們可以根據這些因素之間的關係，判斷人的壽命長短。

1．形氣相稱則壽，不相稱則夭。形體強壯、肌肉豐滿、皮膚舒緩者可長壽；形體肥胖、脈小無力、氣不勝形者則短命。

2．骨肉相稱則壽，不相稱則夭。輪廓清晰大方，骨骼大者可長壽；肌肉豐盈、骨骼小，骨不勝肉者則短命。

面部形態看長壽

通常，人的面部形態也是一個人是否長壽的重要標誌。這是因爲面部的形態，在一定程度上反映了個體先天發育的情況。如，方面大耳、五官端正，一般是發育良好的標誌；而顏面狹小，五官不正，則是先天發育不良的結果。而這種先天稟賦，往往是決定

健康長壽的一個重要條件。

生命的週期

古人在長期的生活實踐中，逐漸對人體生長發育的過程有了規律性的認識。《黃帝內經》中就相近地記載了人從生到死的生長週期。

女子生命週期

已衰老	
49歲	任脈虛弱，太衝脈的氣血衰弱，天癸枯竭，月經停滯，形體開始衰老，並失去了生育能力，開始進入老年
42歲	三陽經脈氣血衰弱，面部無華，頭髮開始由黑變白
35歲	陽明經的氣血逐漸衰弱，面部開始憔悴，頭髮開始脫落
28歲	筋骨強健有力，頭髮達到最茂盛的時期，此時身體最為強壯
21歲	腎氣充盈，真牙生出，這時牙齒就長全了
14歲	天癸至，任脈暢通，太衝脈旺盛，月經來潮，具備了生育能力
7歲	腎氣旺盛起來，乳齒更換，頭髮生長開始變得茂盛

男子生命週期

已衰老	
64歲	腎臟衰弱，牙齒頭髮脫落，形體衰疲；天癸枯竭，精氣不再充盈，此時已不再具備生育能力
56歲	肝氣衰弱，不再靈活自如，抵抗力下降
48歲	人體上部的陽氣逐漸衰竭，面部憔悴無華，兩鬢逐漸花白
40歲	腎氣開始衰退，頭髮牙齒鬆脫
32歲	這時筋豐隆盛實，肌肉豐滿健壯，身體機能達到頂峰
24歲	腎氣充滿，筋骨強健有力，真牙生長，此時牙齒就長全了
16歲	腎氣旺盛，天癸至，經氣滿溢而能外瀉，此時具備了生育能力
8歲	腎氣充實起來，乳齒更換，頭髮生長開始變得茂盛

《黃帝內經》疾病觀

一旦有病了，自己會以何種心態面對？《黃帝內經》告訴我們：從容應對就好了！正如《素問・生氣通天論》中所說：「蒼天之氣，清靜則志意治，順之，則陽氣固，雖有賊邪，弗能害也。」

人為什麼會生病

中醫認爲，人體陰陽協調，陰平陽祕，才能健康無病。但是如果人體中的陰陽消長超出了正常範圍，打破了原有的陰陽動態平衡，就會造成陰陽偏盛偏衰。陽偏盛，就會造成陰虛而致病，陰偏盛，就會造成陽虛而致病。

古人說：「陰勝則陽病，陽勝則陰病。陽勝則熱，陰勝則寒。」這就說明陰陽失調是產生疾病的主要原因。原本和諧的陰陽是如何失調的呢？原因有很多。但歸結起來不外乎外因、內因和不內外因三類。

一、**外因** 就是從外部侵入人體的病邪，一般是由於氣候或環境因素造成的，如「風、寒、暑、濕、燥、火」六種病邪，所以外因常被稱爲「六邪」或者「六淫」。

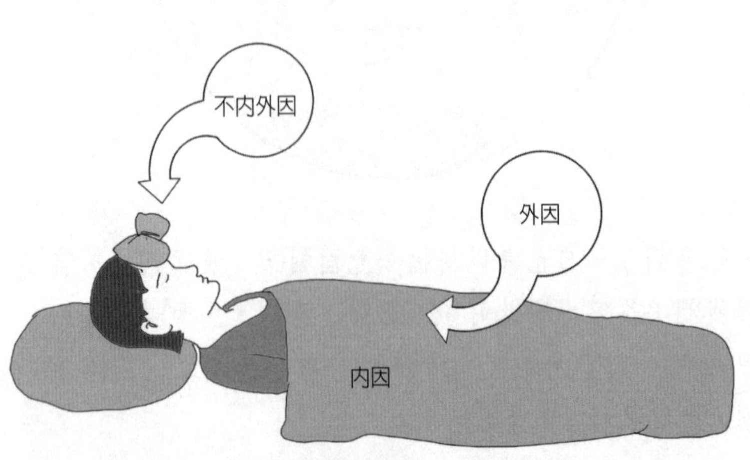

內因、外因、不內外因是人體致病的三因素，內因即「七情」，外因即「六淫」，不內外因即某些生活中的意外等等

二、**內因**　就是指人自身的體質，這個體質不僅包括天生的身體功能，也包括情緒變化等精神承受能力，因此，這個體質是後天形成的綜合體質。《黃帝內經》認爲，人的感情變化可用「喜、怒、憂、思、悲、恐、驚」七情表示，並認爲這些不良情緒變化會對內臟造成傷害，從而導致疾病的發生。

三、**不內外因**　就是既不是內因也不是外因，而是由於某種生活習慣及外部因素而導致的致病因素。比如偏食，會造成身體的營養物質不全面；飲食不規律，會導致消化不良等腸胃疾病；運動不足，會致使體內氣血不暢，發生阻滯等。另外，還有外傷，也包含於不內外因的範疇。

外感「六淫」

「風、寒、暑、濕、燥、火」是自然界四季變化的現象，在正常情況下，稱爲六氣，但如果六氣發生太過或不及，或非其時而行其氣以及氣候變化過於急驟，或當遇人體正氣不足時，六氣就成爲「六淫」，就會使人致病。六淫致病，具有一定的特點——

一、多與季節氣候、所處環境相關。比如，春季多發風病，夏季多發暑病，秋季多發燥病，冬季多發寒病。

二、既可單獨侵入人體而致病，也可兩種或兩種以上的病邪同時侵入人體而致病。比如風寒感冒、風熱感冒、濕熱泄瀉、風寒濕痹等。

三、發病過程中，六淫不僅可以相互影響，在一定的條件下還可以相互轉化。比如，寒邪入裡可以化熱，暑濕日久可以化燥等。

四、六淫致病，其受邪的途徑多爲侵犯肌表，或者從口鼻而入，或者兩者同時受邪。

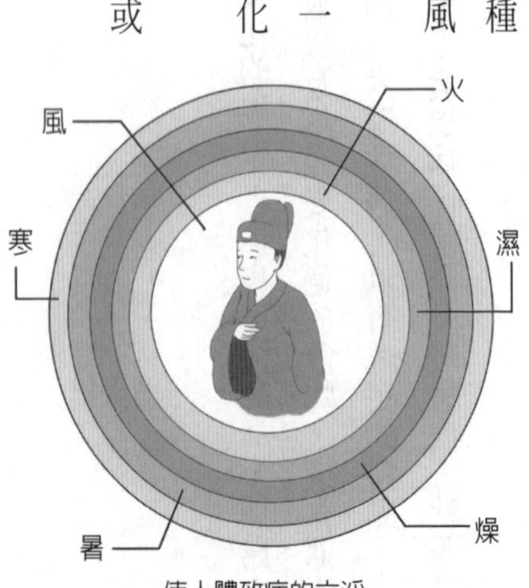

使人體致病的六淫

·風乃百病之源　風是春天的主氣，因此風病多見於春天，但一年四季皆有風，所以風病又不限於春季。風性輕揚，因此風邪多侵犯人體上部，引起頭痛等症狀；風性善行而數變，所以風病的病位常常迅速變幻；此外，風性主動，犯眩暈、震顫、抽動等動的症狀皆爲風症。

·寒乃損陽陰邪　寒爲冬季的主氣，因此寒病多見於冬天。寒爲陰邪，所以易傷陽氣，從而出現各種寒象，如寒戰、發燒、四肢發冷、下利清穀、痰涎稀薄等；若嚴重一些，還可引發氣血凝滯、經絡不通，造成身體僵硬疼痛等。

・暑乃盛熱陽邪　暑爲夏季的主氣，因此暑病多見於夏季。暑爲陽邪，所以暑病常表現爲高熱、口渴、脈洪等；暑氣生散，從而汗出而傷津耗氣，人容易感到口渴心煩、疲倦無力、猝然暈倒等；暑多夾濕，所以暑病又常見濕症，如噁心嘔吐、食欲不振、腹瀉等。

・濕乃穢濁陰邪　濕爲夏月的主氣。因此，濕多見於長夏。因濕從水來，所以濕邪常有水的特點，一是爲陰邪，易傷陽氣，而引起脾胃氣機不暢；二是爲重濁，常有頭重入裏、身體沉困等表現；三是黏滯，濕邪致病往往起病緩慢，又遷延日久。另外，濕邪常侵犯身體下部，易出現腿部浮腫。

・燥乃乾澀病邪　燥是秋季的主氣，因此燥病多見於秋天。燥性乾，所以燥邪致病常有口乾鼻燥、皮膚乾裂、毛髮失榮、便乾尿少等；又因爲肺、胃二臟喜潤惡燥，因此燥邪極易傷及肺胃，而出現乾咳、哮喘、胸痛等。

・火乃熱極陽邪　火多旺於夏季，但又不像暑邪有明顯的季節性。火屬陽邪，其性爆烈，有上炎的特點，所以常有高熱、煩躁、面紅目赤、咽喉腫痛、尿短赤、便秘、舌紅苔黃等症狀；火邪爲熱極，易傷津液，所以會出現口渴喜飲、舌乾少津、尿少便乾等等。

「七情」太過

喜、怒、憂、思、悲、恐、驚是人的七種基本情緒，《黃帝內經》將其統稱為七情。七情六欲，人皆有之，情志活動屬於人類的正常生理現象，是人自身對外來刺激和體內刺激的保護性反應。

在正常情況下，七情活動不但不會導致人體生病，還對機體的生理功能起著協調的作用。但是，《黃帝內經》同時也指出，情志過激，可損陰傷陽，「大驚卒恐，則氣血分離，陰陽破散」，陰陽破散，就是陰陽失調。而陰陽的協調是維持人體正常生命活動的基本條件，「陰平陽祕，精神乃活，陰陽離決，精氣乃絕。」

所以說，當由於某些原因，人的謹慎緊張、引起各種劇烈的情緒變化，或者一種情緒長時間存續時，就會對人體健康造成不良的影響。比如，工作毫無進展，因而總是處於一種煩躁的狀態，這樣，煩躁的情緒就會影響人體的氣血運行，導致陰陽失調，而引發各種病症；

七情太過則使健康的身體受到損害

或者失去親人，整日以淚洗面，數月陷於悲傷之中，也會使身體發生病理變化。

總之，七情應保持在一個合理的範圍之內，否則就會損傷臟腑、影響氣機，導致精血虧損、陰陽失調，最終使人體致病。

七情與五臟

《黃帝內經》將喜、怒、憂、思、悲、恐、驚七情，概括爲喜、怒、悲、思、恐五志，並認爲，五志與五臟是相互對應的：心主喜、肝主怒、肺主悲、脾主思、腎主恐。但是，情志太過，則會損傷五臟，怒傷肝，喜傷心，思傷脾，悲憂傷肺，恐驚傷腎。

1．喜過傷心　喜爲心志，心主血藏神。人若過喜，常出現心慌心悸、失眠多夢、

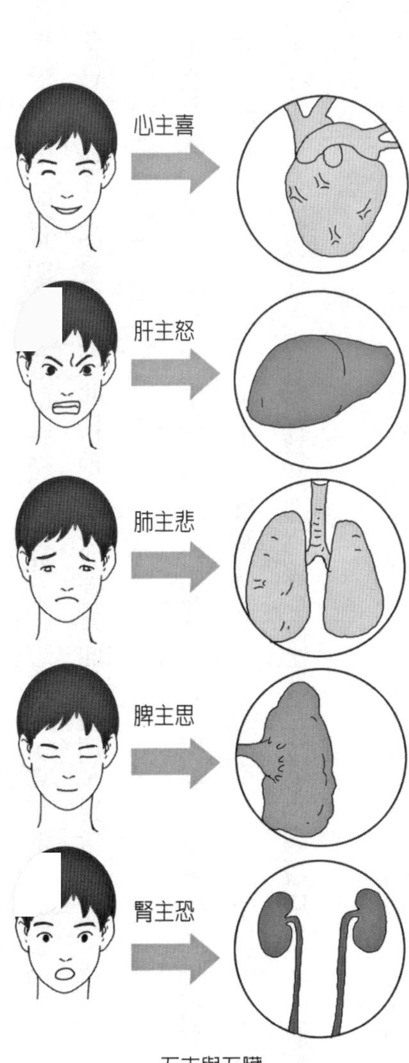

五志與五臟

健忘、多汗、胸悶、頭暈頭痛、心前區疼痛，甚至神志錯亂，喜笑不休，悲傷欲哭，多疑善慮，驚恐不安等，甚至出現一些精神、心血管方面的疾病，嚴重時還可造成中風或突然死亡，中醫稱之為「喜中」。

2．怒過傷肝　怒為肝志，肝主疏泄，藏血藏魂。大怒傷肝，易導致肝失疏泄、肝氣鬱積、肝血淤阻、肝陽上亢等，常表現為胸脅脹痛、煩躁不安、頭昏目眩、面紅目赤、悶悶不樂等。長此以往，容易導致高血壓等心腦血管疾病，誘發中風、心肌梗死等，危及性命。

3．憂（悲）過傷肺　憂（悲）為肺志，肺主氣藏魄。憂（悲）傷肺。人若過於悲傷憂愁，可使肺氣抑鬱，耗散氣陰，而出現感冒、咳嗽等症狀。另外，肺主皮毛。因此，還可表現為某些精神因素所致的皮膚病、蕁麻疹、斑禿、牛皮癬等。

4．恐（驚）過傷腎　恐（驚）為腎志，腎藏精，生髓充腦，人受驚嚇後，會突然昏厥，不省人事，這與腎藏精、生髓充腦有關係。在正常情況下，驚恐對機體是有一定的益處的，如引起警覺，避免遭到危害等。但如果驚恐過度就會耗傷腎氣，使得腎氣下陷，二便失禁，遺精滑泄，嚴重的還會導致死亡。

5．思過傷脾　思為脾志，脾主運化。過度的思慮會傷脾，多表現為氣血不足所致的乏力、頭昏、心慌、貧血等，有的還可出現噯氣、噁心嘔吐、腹脹腹瀉等消化道疾病。

總之，精神狀態對人的陰陽、氣血、臟腑有著十分重要的影響，人們常說的因鬱致病就是這個道理。

✚生命活動的根基

我們知道，人是精卵結合的產物，可以說，在整個受精卵中孕育著人體最初始、最基礎的物質，這個物質爲人體的各種生命活動提供了原動力。中醫將其中具有活動、溫煦作用的一部分叫做「元陽」，將具有滋養、限制作用的一部分叫做「元陰」。元陽和元陰就成了人體生長發育、生命活動的原動力。那麼，這個原動力是通過什麼樣的方式來實現生命活動呢？這就是人體生命的基本物質——精、氣、血、津液。

在構成人體生命的基本物質中，可以說氣是中醫的一個獨特之處。人體的一切生命活動，包括呼吸吐納、水穀代謝、血

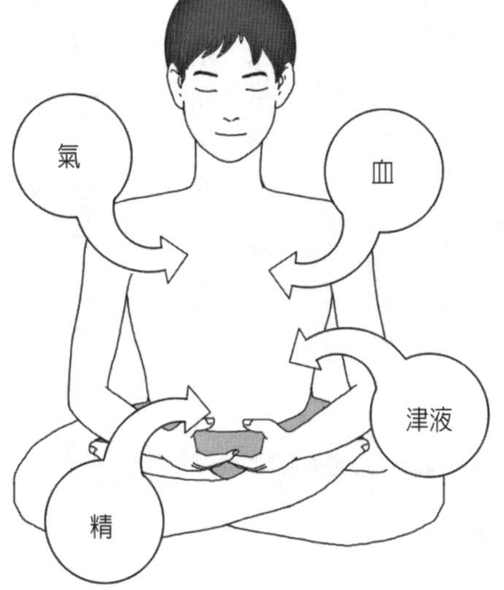

精、氣、血、津液是人體生命活動的基本物質

液運行、營養輸布、津液濡潤、往外排泄等都無不有賴於氣。但氣又不是單獨存在，它與血、津液相互協助，共同維繫人體的各種生命活動。

比如，中醫就有「血爲氣之母」的說法，是說血是氣的營養來源，它承載著氣，並將氣運輸到身體各個部位。又如津液，津液不足時也會對氣造成影響，損傷氣的生成等。氣、血、津液均來源於飲食中所攝入的水穀精微，以及呼吸運動所吸入的清氣，三者又共同組成了骨骼和肌肉，而且還是內臟和筋肉正常活動的動力和源泉。另外，還有精，精和血十分相似，是生長、發育以及維持人體各種機能運動的能量，是支撐生命活動的重要物質。

精

精是除氣、血、津液之外還有的一種構成人體的基本物質。不僅如此，它還是維持我們生命活動的根本動力。

精有先天之精和後天之精。先天之精秉承於

精有先天之精和後天之精，前者源於父母，後者源於水穀精微

父母，是爹媽給的，而且還要通過我們傳給下一代，因此具有傳承的性質，類似於現代醫學的遺傳。先天之精藏於腎臟，因此又叫腎精。腎精對於我們的生長發育至關重要，它可以促進身體生長、月經來潮、產生精子、提高生殖能力。如果腎精不足，生活品質就會受到很大影響。

不過，隨著年齡的增長，人體逐漸變老，腎精也會慢慢減少，生殖機能出現衰退現象，人體也就隨之漸漸老化。再說後天之精，後天之精是在脾胃的共同作用下，從飲食裡獲得的水穀精微中生成的，然後又被運輸到全身組織和臟器，成爲維持人體生命活動的能源。另外，還有一部分後天之精會被運送到腎臟，來補充生長發育所損耗的先天之精。

☯氣

人體內的氣是一種活力很強的精微物質，輸布全身無處不到，氣的運

人體的氣

動引起五臟六腑的活動。可以說，機體的生命活動就是氣的升降和出入活動。一旦氣的活動停止了，人的生命也就停止了。

人體的氣究竟是哪來的呢？它的來源有兩種：一是攝入的食物養分，一是吸納的清氣。氣的作用是維持我們身體各種生理功能，比如說氣可以促進內臟的生理功能，讓臟腑發揮更好的功能，又可以促進血液和津液的運行，濡養全身；氣又可以形成衛氣，圍繞於身體表面，防禦外邪入侵；在一定的條件下，氣還可以轉化爲血和精，或促使津液轉化爲汗液等；最後就是氣的調節作用，它可以調節汗液、經血等，還可以調整體內物質的排泄。

上面我們只是籠統的談「氣」，實際上，組成身體的氣可以分爲宗氣、營氣、衛氣以及元氣等，不同的名稱類型各有其獨特的功能特點。比如，宗氣具有較強的推動作用，營氣則富含營養成分，衛氣可以很好地抵抗外邪的侵入。而元氣則可以促進人的成長，使人精力充沛、活力四射。

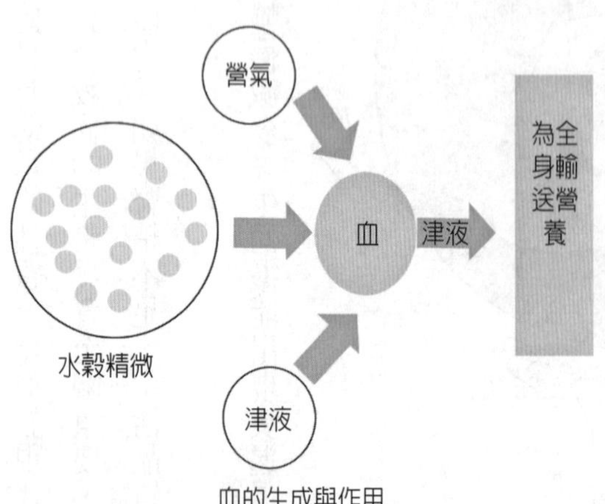

血的生成與作用

我們說過，氣是組成人體並維持人體生命活動的

逆。

重要物質。因此，一旦氣的運轉失常就會出現各種病症，最常見的就是氣虛、氣滯和氣逆。

血

血是一種在血脈中流動的紅色液體，在現代醫學叫做血液。但是在血的生成與功能上，傳統中醫與現代醫學的觀點卻大不相同。

中醫認爲，血是由脾所消化的飲食生成的水穀精微轉化而來的。在方式上，它既可以由水穀精微直接轉化而成，也可以由水穀精微中的營氣和津液相結合而成。然後，在心臟的作用下，血液被運送到全身各個部位，並發揮它的營養功能。

可以說，人體的五臟六腑、四肢百骸、五宮九竅無一不是在血的濡養作用下，發揮自身功能的。比如，鼻子能聞香味，眼睛能看物體，喉嚨能發聲音，手能拿東西等都是在血的營養作用下，才得以完成的。

另外，上面我們說過，血和氣一樣，也是維持生命活動的基礎物質之一。因此人們常說，只有氣血充盈，才能意識清晰、精神安定。但是由於我們生存的環境和我們自身都難免出現各種各樣的狀況，血也就會有失調的時候，這就產生了血虛、血熱和血淤。

津液

我們的身體裡有許多體液，所謂「津液」是指除了血液以外的體液。津液是依賴脾

的氣化轉化而來的，也屬於水穀精微的範圍。津液在脾、肺、腎三臟的共同作用下，又通過三焦的通路被運送到全身各處。它的作用和血液一樣，也是對身體各部分起到滋潤、濡養的作用。

例如，津液被運送到體表，皮膚和毛髮就可以得到它的滋養，臉色看起來就會紅潤，頭髮看起來就會有光澤；而運行於體內的津液則可以濡養臟腑。另外，津液還有一個特殊作用，就是它可以到達關節內部和骨髓中，起到潤滑關節和營養骨髓的作用。

另外，我們最爲常見的汗液、眼淚、唾液、涎液，以及鼻涕都屬於津液，它們的代謝產物在中醫裡通稱爲「五液」，分別由五臟所生成，與五臟具有直接的對應關係，即：汗爲心之液，淚爲肝之液，唾爲腎之液，涎爲脾之液，涕爲肺之液。

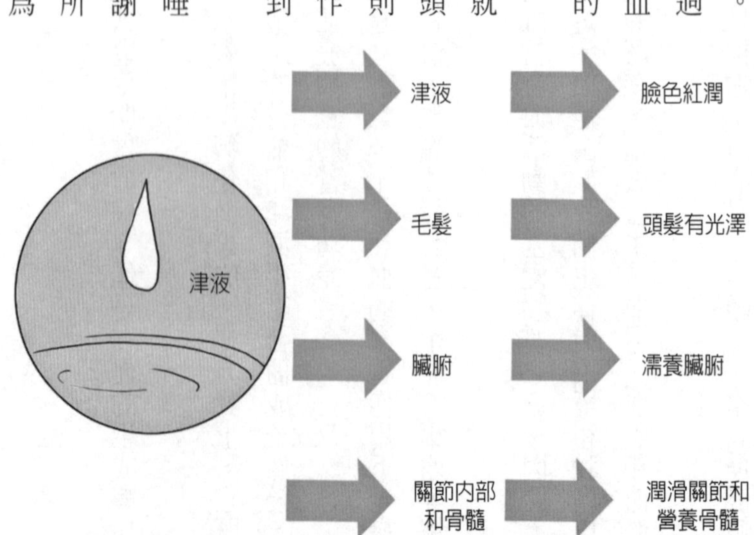

津液通過三焦的通道送往全身，對身體各處進行滋潤和濡養

津液是不是就在身體裡無休止地循環下去呢？不是的，那些被身體各處利用過的廢棄津液會通過腎臟運送到膀胱，然後就作爲尿液排出體外了。

辨明自己的體質

《黃帝內經》認爲，陽氣與氣、血、津液一樣，也是人體維持正常生理活動必不可少的物質。當這些物質出現不調和時，即使不生病，也會出現身體狀況不佳。每個人都容易出現某類症狀，這與個人體質有關，而體質又往往是由這幾種因素的不調和所致。找到身體失調的原因，就可以利用運動、食療等方法，改善體質，管理自己的健康了。

濕熱體質、腎陽虛體質的表現

☯陽氣過盛或不足，導致濕熱和腎陽虛體質

【濕熱體質】這種體質是由於熱與津液相結合（其產物極爲濕熱）且過盛造成的，一般都怕熱，食欲旺盛、體格健壯，有的人還臉色發紅、容易起疙瘩。由於濕熱具有黏度高、流動性差的特點，所以會使氣血的流通也受到阻滯，身體就會感覺發熱。另外，濕熱還會引發鼻炎、支氣管炎、胃炎等病症。

【腎陽虛體質】這種體質是由於先天與後天產生腎陽的腎精不足造成的，常表現爲怕冷、臉色發白、身材消瘦、體力不佳等。此外，該體質的人還有頭髮稀少、牙齒骨骼不固、耳鳴眼花、月經失調、勃起障礙、尿頻，以及便秘或腹瀉等症狀。

☯津液過量或不足，導致痰濕和陰虛體質

【痰濕體質】這種體質是由於體內津液過盛造成的，一般這種體質的人皮膚較白，容易全身虛浮肥胖，平時喝水多，大小便的次數也頻繁，還容易疲勞出汗，稍動就會感到心悸胸悶等。另外，由於痰濕會阻滯氣血的運行。因此，痰濕體質的人還容易出現頭痛目眩、手腳無力、四肢冰冷、腹瀉、嗜睡等症狀。

【陰虛體質】這種體質是由於津液不足造成的，陰虛體質的人皮膚、頭髮乾枯，形體消瘦，常乾咳。因爲陰虛體質的人體內常有鬱熱，所以會有面部潮紅的特點，尤其在晚間嚴重。另外，陰虛體質的人最多的症狀就是手腳無力、心悸失眠、腰痛、煩躁、耳

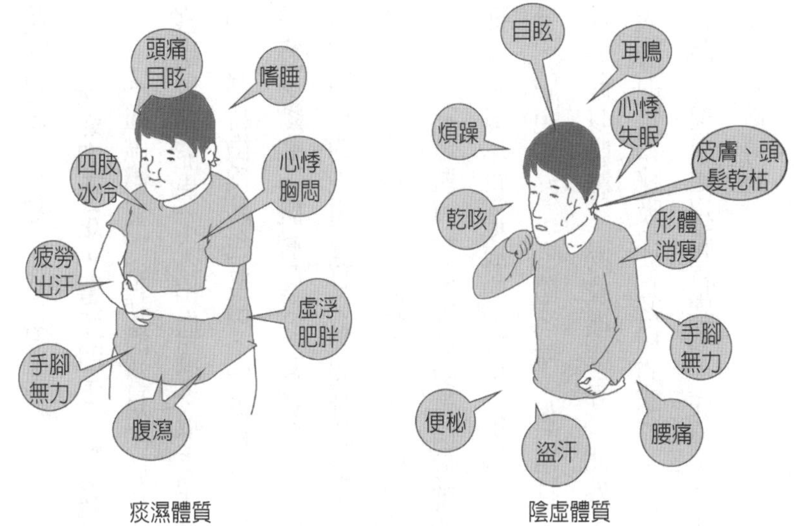

痰濕體質　　陰虛體質

痰濕體質、陽虛體質的表現

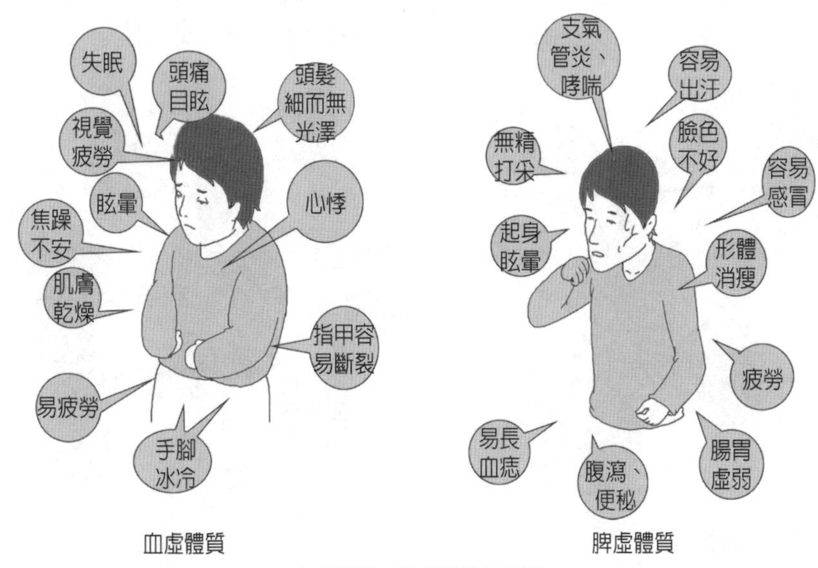

血虛體質　　脾虛體質

血虛體質、脾虛體質的表現

鳴、目眩、便秘、盜汗等。

氣血不足，導致血虛、脾虛體質

【血虛體質】這種體質是由於負責造血的器官出現功能異常、出血過多或者過度減肥造成的，其特徵爲臉色蒼白、頭髮稀少而無光澤，指甲容易斷裂、肌膚乾燥、易疲勞等。除此之外，血虛體質的人還會有突然起身眩暈、心悸、手腳冰冷、視覺疲勞、焦躁不安、失眠等症狀。

【氣虛體質】氣虛體質是由於脾的功能低下而導致氣不足造成的，常表現爲容易感冒、疲勞，臉色不好，形體消瘦，無精打采，容易出汗、起身眩暈、易長血痣等；此外，由於脾與人的消化和呼吸都有密切的關係，當脾的功能異常時，還會出現腸胃虛弱、腹瀉、便秘、支氣管炎、哮喘等症狀。

氣滯體質、血淤體質的表現

氣血停滯，導致氣滯、血淤體質

【氣滯體質】氣滯體質是由於主司調節氣機運動的肝臟功能低下，而導致氣的循環不暢，甚至停滯造成的。常表現爲身體各處疼痛、僵硬，精神狀態不安、抑鬱等。這時，身體會通過打嗝或者放屁的方式，將積蓄體內的氣排出去。

另外，由於「不通則痛」，若體內發生氣滯，就會有疼痛或者發脹的感覺，女性常爲胸腹疼痛、月經疼痛等。

【血淤體質】血淤體質是由於體內血的運行不暢而造成的，血淤體質的人往往皮膚顏色發黑且晦暗無光澤，口唇和指甲青紫，還常會有皮下出血，這種體質的人十分容易罹患有關節炎、頭痛、怕冷、便秘、月經疼痛等。

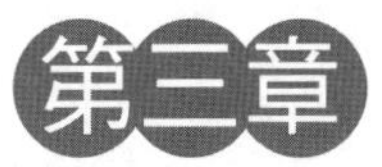

《黃帝內經》養生法〈一〉

食養藥補

《黃帝內經》十分注重飲食調理，認為飲食不僅是人體營養的主要來源，還是維持人體生命活動的必要條件。飲食調養得當，人才會活得健康，遠離疾病的困擾。

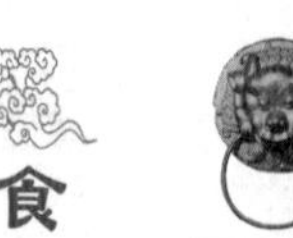

食養是「精氣神」的物質基礎

《黃帝內經》認爲，「精氣神」是人生存之三寶。

「精」由後天通過飲食所化生的物質，是人體各種活動的物質基礎。《黃帝內經》中也強調「得穀者昌，失穀者亡」，古人也云「眞氣耗竭，五臟衰弱，全賴飲食以自氣血」，由此可見，只有注意全面均衡營養的飲食，才是以後天養先天的重要保障手段。只有在飲食得宜的基礎上，才能考慮藥物滋補的問題。而服用補益藥物時，一定要在醫生的指導下「辨證施補」，否則也可能會適得其反。因此，只有食補和藥補都合理了，才是正確有效保養身體的方法。

「氣」由飲食的精氣與吸入的自然界大氣合併而成，是生命活動的原動力；人體的呼吸吐納，水穀代謝，營養敷布，血液運行，津流濡潤，抵禦外邪等一切生命活動，無不依賴於氣的轉化功能來維持。《壽親養老新書》中就有：「人由氣生，氣由神往，養氣全神可得其道」。就說出了「氣」在養生中的重要性。另外，書中還說：「一者，少語言，養氣血；二者，戒色欲，養精氣；三者，薄滋味，養血氣；四者，咽津液。養臟氣；五者，莫嗔怒，養肝氣；六者，美飲食，養胃氣；七者，少思慮，養心氣。」

古人從七個方面告訴我們如何去養氣。

「神」是生命的主宰，是人體的精神活動，只有「精」、「氣」都正常，人才會有「神」。因此，《黃帝內經》所說的食療養生，其實就是要我們保養人的「精、氣、神」。

飲食是攝取營養、維持人體生命活動所不可缺少的物質，更是健康長壽的保證。而《黃帝內經》中也十分重視飲食的調理，認爲飲食調養得當，不僅可以保持人體的正常功能，提高機體的抗病能力，還可以治療某些疾病。但如果飲食不足或調理不當，則可誘發某些疾病。《千金方》就說過：「飲食當令節儉，若貪味傷多，老人脾胃皮薄，多則不消。」而眞正的飲食有方，就是飲食要定時、定量、不偏、不嗜。因此，日常生活中要合理安排飲食，從而保證機體的營養，增強五臟的功能。所以說，飲食是保證生存不可缺少的重要條件，更是生存的物質基礎。

推薦食療——木瓜火腿蒸飯

材料：木瓜1個，金華火腿15克，泰國米100克，黑米（紫米）50克。

調料：植物油、香菇、菜豆、白糖各適量。

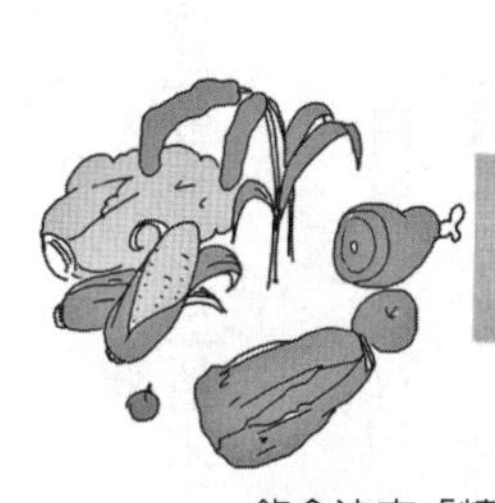

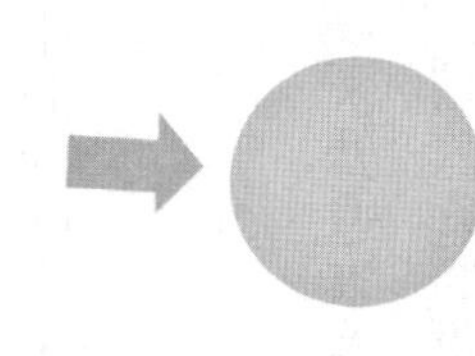
飲食決定「精」，「氣」的正常，並最終影響「神」的盛衰

做法：

1．木瓜用刀一分為二；金華火腿切成粒；香菇切成丁。

2．泰國米淘洗淨，放清水中浸泡3小時，撈出；黑米和菉豆淘洗乾淨，放清水中浸泡8小時，撈出備用。

3．泰國米和火腿粒、香菇丁一起拌勻，放在一半木瓜上，黑米、白糖、菉豆和植物油一起拌勻，放在另一半木瓜上；將兩半木瓜上屜（蒸籠），用大火蒸45分鐘，取出裝盤即成。

功效：木瓜有健脾消食的作用，有利於腸胃對食物進行消化和吸收。

五味調和五臟

自古以來，中醫認為：五味與臟腑的關係十分密切，不同的食物有不同的味道，會對五臟產生不同的作用。

中醫理論有哪五味

《素問・六節臟象論》稱：「五味之美，不可勝極。」我國自古以來就追求美味的飲食。而五味是指酸、苦、甘、辛、鹹，這五種類型的味道不僅是人類飲食的重要

調味品，也是人體不可缺少的營養物質。《黃帝內經》認爲這五味在調和人體機能方面各有其特點和功能，認爲味道不同，在人體中的作用也不同。因此，我們可以通過食物的味道，來判斷食物的功能。

酸味：烏梅、山萸肉、石榴、番茄、山楂等酸味食物，不僅可以增強消化功能，還具有固表止汗、斂肺止咳、澀腸止瀉、固精縮尿、固崩止帶的作用，一般用於體虛多汗症及泄瀉不止、肺虛久咳、遺尿尿頻、遺精滑精、月經過多、白帶不止等疾病的治療。與甜味

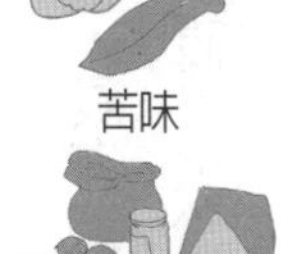

味	功效	治療
酸味	增強消化功能固表止汗、斂肺止咳、澀腸止瀉、固精縮尿、固崩止帶的作用	體虛多汗症及泄瀉不止、肺虛久咳、遺尿尿頻、遺精滑精、月經過多、白帶不止
苦味	清泄火熱、泄降逆氣、通泄大便、燥濕堅陰（瀉火存陰）等作用	熱證、火證、氣逆喘咳、嘔吐呃逆、大便秘結、濕熱蘊結、寒濕滯留等病症
甘味	滋補和中、調和藥性及緩急止痛的作用	多用治正氣虛弱、身體諸痛及調和藥性、中毒解救等
辛味	發散解表、行氣行血的作用	多用治外感表證及氣滯血淤等病症
鹹味	瀉下通便、軟堅散結和補益陰血等作用	大便燥結、瘰癧癭瘤、癥瘕痞塊等病症

五味的功效

結合有滋陰潤燥的作用。

苦味：橘皮、苦杏仁、苦瓜、百合等苦味食物，具有清泄火熱、泄降逆氣、通泄大便、燥濕堅陰（瀉火存陰）等作用，一般多用治熱證、火證、氣逆喘咳、嘔吐呃逆、大便秘結、濕熱蘊結、寒濕滯留等病症。

甘味：紅糖、桂圓肉、蜂蜜、米麵食品等甜味食物，有滋補和中、調和藥性及緩急止痛的作用，多用治正氣虛弱、身體諸痛及調和藥性、中毒解救等。

辛味：蔥、蒜、薑、辣椒、胡椒等辣味食物，有發散解表、行氣行血的作用，多用治外感表證及氣滯血淤等病症。

鹹味：鹽、海帶、紫菜、海蜇等鹹味食物，有瀉下通便、軟堅散結和補益陰血等作用，故鹹味藥多用治大便燥結、瘰痢癭瘤、癥瘕痞塊等病症。鹹味還有較強的補腎作用，可用治腎虛證。

☯五味調和才會身體健康

不同味道的食物在人體中有不同的作用，所以中醫養生認爲，各種味道的食物都應該均衡進食，這樣才能做到五味調和，更有利於身體的健康。《黃帝內經》中也明確指出：「調和五味，骨正筋柔，氣血以流，腠理以密，如是則骨氣以精，謹道如法，長有天命」。說明五味調和得當即是身體健康、延年益壽的重要條件。

而人們偏重口味的不同，機體就會出現不同的症狀。《黃帝內經》中指出：「多食鹹，則脈凝泣而變色；多食苦，則皮槁而毛拔；多食辛，則筋急而爪枯；多食酸，則內胝而唇揭；多食甘。則骨痛而髮落，此五味之所傷也。」

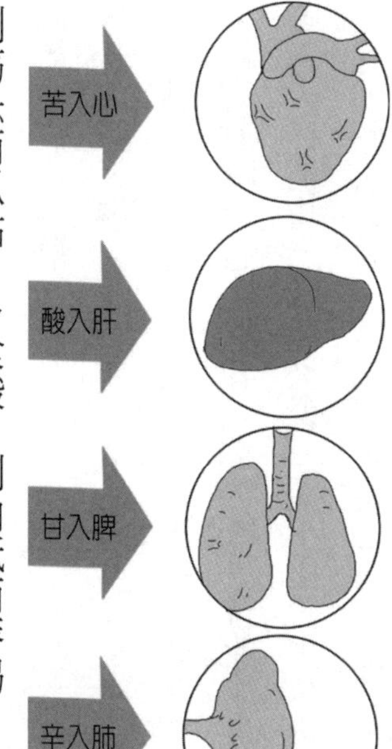

五味入五臟

古人也認爲五味失和，會影響機體的健康。如長期食用含有鹹味的食物，會使流行在血脈中的血淤滯，甚至改變顏色；長期食用苦味的食物，會使皮膚枯槁、毛髮脫落；長期食用辣味的食品，會引起筋脈拘攣、爪甲乾枯不榮；長期食用酸味的食物，會使肌肉失去光澤、變粗變硬，甚至口唇翻起；喜愛甜味食品，會使骨骼疼痛、頭髮脫落。這些都告訴我們，日常生活中，不可長期偏重一種味道，要五味調和，以免損害自己的身體健康。

要做到五味調和，日常生活中就要做到：飲食要濃淡適宜；注意各種味道的搭配，酸、苦、甘、辛、鹹的輔佐、配伍得宜；進食時，味不可偏亢，偏亢太過，容易傷及五

臟，於健康不利。

五味與五臟

五味取自於穀、畜、菜、果，是根據陰陽五行學說將食物歸類、演繹而來的一種分類方法。《素問・六節臟象論》中有：「五味入口，藏於腸胃，味有所藏，以養五氣。」認爲穀、菜、果等可以按照食物的性味來分別滋養五臟。因此，五味歸屬於五臟。

五味對五臟各部位有一定的選擇性，《素問・宣明五氣論》中有：「酸入肝、苦入心、甘入脾、辛入肺、鹹入腎」之說。即肝主酸，脾主甘，心主苦，肺主辛，腎主鹹。肝虛血枯者，喜酸味，酸能補肝；脾虛者，喜甘味，甘能補脾；心火重者，喜苦味，苦能泄火；肺虛有寒者，喜辛味，辛能宣肺去寒；腎虛者，喜鹹味，鹹能滋腎。而中藥養生也符合這個原則，如辛味藥可散肺氣之鬱，甘味藥可補脾氣之虛，苦味藥可瀉心火，酸味藥可斂肝陰，鹹味藥可

甘味　辛味
春　夏
秋　冬
酸味　苦味

四季飲食養生

補腎虛。

五味可以影響五臟，五臟可以影響五官。《靈樞・營氣》篇曰：「肺氣通於鼻，肺和則鼻能知臭香矣；心氣通於舌，心和則舌能知五味矣；肝氣通於目，肝和則目能辨五色矣；脾氣通於口，脾和則口能知五穀矣；腎氣通於耳，腎和則耳能聞五音矣！」由此可見，據其所好之味，便可測知疾病。

也就是說，五味不僅能夠影響五臟，還能進而影響人體的機能。身體是否能夠活動，疾病是否能夠康復，生命是否能夠持續，都與五味能否調和五臟有著密切的關係。因此，重視食物療法的自我調節功能，對不同體質、不同環境狀態下的人們，合理調節飲食，同樣可達到防病、健身、祛病、延年益壽之目的。

五味四季養生法

《黃帝內經》很重視飲食與四時、季節的關係。《素問・陰陽應象大論》就提出：「春在味爲酸，夏在味爲苦，秋在味爲辛，冬在味爲鹹，長夏在味爲甘。」指導人們應注意根據四時氣候的不同而選擇不同的食物。所以，五味要調和五臟，但也要根據氣候即春夏秋冬等不同的季節來進行調養。比如——

・春季養生法：春季肝爲主臟，酸與肝相應可增強肝臟的機能。但如果食酸過多，容易造成肝氣太旺，進而剋制脾胃的功能。所以，春季應少吃酸味食物，多吃甘味食物

以養脾。

．夏季養生法：夏季心爲主臟，苦味與心相應，可增強心的功能。但如果太過又很容易造成心火太旺，進而剋制肺氣。所以，夏季應適當少吃苦味的食物，多吃辛味食物以養肺。

．秋季養生法：秋季肺爲主臟，辛味與肺相應，可增強肺的功能。但如果太過容易造成肺氣過盛，進而剋制肝氣。所以，秋季應少吃辛味食物，多吃酸味食物以養肝。

．冬季養生法：冬季腎爲主臟，鹹味與腎相應，可增強腎的功能。但如果過多食鹹很容易造成腎氣過盛，進而剋制心氣。所以，冬季應當少吃鹹味食物，多吃苦味食物以養心。

不同味道的食物在不同的季節有各不相同的偏重，滋養著不同的臟腑。其實，中醫的藥物就是一種食物，而具有相同氣味的藥物，其功效也未必相同。

一般來說，藥物氣味相同則作用相近。麻黃、杏仁、大棗、烏梅、肉蓯蓉雖同屬溫性，但由於五味不同，其功效也不相同。所以麻黃辛溫散寒解表、杏仁苦溫降氣平喘、大棗甘溫補脾益氣、烏梅酸溫斂肺澀腸、肉蓯蓉鹹溫補腎助陽。再如薄荷、附子、桂枝、石膏均爲辛味，因四氣不同，所以功效也不相同。薄荷具有辛涼疏散風熱的功效、附子具有辛熱補火助陽的功效、桂枝具有辛溫解表散寒的功效、石膏有辛甘大寒清熱降火的功效。

另外，還有一種兼有數味的藥物。如性溫的五味子，五味俱全，功能斂肺滋腎、固表止汗、澀精止瀉、益氣生津、寧心安神，有「養五臟」之功，主治肺腎虛喘、氣虛自汗、陰虛盜汗、腎虛遺精、脾腎虛瀉、津傷口渴、內熱消渴、心悸失眠等多種病症。我們使用這種藥物時，一般既用其氣，又用其味。

因此，食用食物必須把四氣和五味結合起來，才能準確地辨別食物、藥物的作用。

根據五味滋養五臟

《黃帝內經》認為辛散、酸收、甘緩、苦堅、鹹軟，這是關於五味所代表的藥物作用最早的總結和概括。《素問・臟氣法時論》提出對五味與五臟的相宜食物，認為：肝色青，宜食用帶有甘味的食物，如粳米（白米）、牛肉、棗等；心色赤，宜食用帶有酸味的食物，如小豆、狗肉、韭菜等；肺色白，宜食用帶有苦味的食物，如麥、羊肉、杏等；脾色黃，宜食用帶有鹹味的食物，如大豆、豬肉、栗等；腎色黑，宜食用帶有辛味的食物，如雞肉、桃、蔥等。

五味的陰陽

五味分陰陽，始於《黃帝內經》。《素問・至眞要大論》中有：「辛甘發散為陽，酸苦湧泄為陰；鹹味湧泄為陰，淡味滲泄為陽。」《素問・陰陽應象大論》中說：「味

厚者爲陰，薄爲陰之陽。……味厚則泄，薄則通。」即說明辛、甘、淡爲陽，具有發散滲利的作用；酸、苦、鹹爲陰，具有湧吐泄降的作用。

人體對五味的需求存在著生物鐘現象，一晝夜之間、一年之中、一生之中對五味的需求，都會隨著陰陽的變化而發生變化。在日中、盛夏、青壯年時期，體內是陽盛灼陰的狀態，人體就會喜歡吃酸的、涼的食物來斂陰生津；入夜、隆冬、暮年階段，體內是陰盛陽虛的狀態，人體自然而然的喜歡吃甘溫甜食來助陽抑陰。因此，人們的喜好是隨著身體的陰陽變化而變化的。

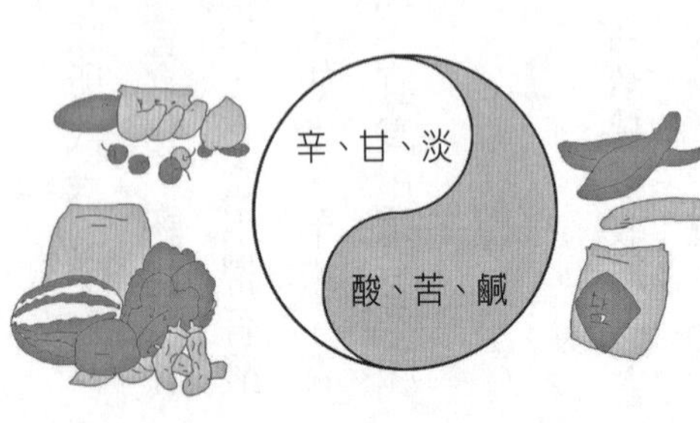

五色滋養五臟

利用食物的顏色來滋養五臟，是幾千年來中醫養生保健的特色。最早提出這一理論的就是《黃帝內經》：「色味當五臟，白當肺，辛；赤當心，苦；青當肝，酸；黃當脾，甘；黑當腎，鹹。」

一般來說，口感的喜好代表身體對某類元素的需求，也就是說，喜歡常常就是需

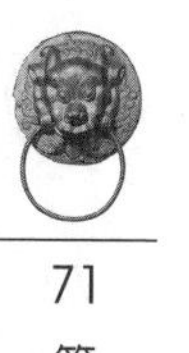

要。當胃裡有火的時候，吃了辣椒和生薑就會覺得很辣、很難受。反之，就會覺得很好吃，吃了很舒服。因此，日常生活中，我們要細心觀察自身體內的需求，滿足身體的需求。

《黃帝內經》認爲：「肝色青，宜食甘。心色赤，宜食酸。肺色白，宜食苦。脾色黃，宜食鹹。腎色黑，宜食辛。氣味合而服之，以補精益氣。」

根據這一觀點，我們在日常生活中熟悉的赤、白、青、黃、黑五種顏色，與人體的五臟有密切聯繫。五色之中，即紅色食物入心，是心之苗，可養心活血；青（綠）色食物入肝，是肝之苗，可補益肝血；黃色食物入脾，是脾之苗，可健脾益胃；白色食物入肺，是肺之苗，可潤肺益氣；黑色食物入腎是腎之苗，可益腎抗衰。

我們也可以根據自身的身體狀況、體質，以及季節等來選擇食物。因爲不同顏色的食物，其屬性、歸經皆不相同，養生保健的功效也是不相同的。

紅色食物入心
青（綠色）食物入肝
黃色食物入脾
白色食物入肺
黑色食物入腎

五色當五臟

用食物改善體質

《黃帝內經》有：「陽受氣於四末，陰受氣於五臟。故瀉者迎之，補者隨之，知迎知隨，氣可令和。」的觀點，認爲食物也可以調節陰陽。

人體從飲食中吸收的大量營養物質，能夠轉化成維持人體正常生命活動的氣、血及津液。但各種食物對人體的臟腑、經絡、部位也有不同的選擇，也就是中醫所說的「歸經」，食物不同，歸經也不相同。如蔥歸肺經，苦瓜歸心經，蓮子歸脾經，茶葉歸肝經等。

根據陰陽的平衡關係，以及氣、血、津液的狀態，可將體質分爲八種。中醫養生要根據不同的體質選擇不同的食物，通過食物來改善體質、消除症狀。

不同體質選擇不同食物

·氣鬱體質者：神情鬱悶，胸脅脹滿，走竄疼痛，善太息、噯氣呃逆，咽有異物感，或乳房脹痛，痛經。易得鬱症、失眠等病症。適宜用佛手柑、柳丁、柑皮、蕎麥、火腿肉等改善體質，以活動血脈、提高情緒，還可以經常少量的飲酒，以達到活血行氣的目的。

·陰虛體質者：形體多消瘦，心煩顴紅，手足心熱，午後尤甚，口燥咽乾，目乾澀，眩暈耳鳴，睡眠差，大便乾燥。耐冬不耐夏。適宜用蔬菜、水果、豆腐、魚類等改善體質，多食清淡食物，少食蔥、薑、蒜等辛辣食物，以達到養陰補虛、甘寒退熱的目的。

·陽虛體質者：四肢多不溫，怕涼喜暖，神疲，喜吃熱食，睡眠偏多，便溏，尿清長，舌體胖嫩邊有齒痕。耐夏不耐冬，易得痰飲、腫脹、泄瀉、陽痿等病症。適宜用羊肉、鹿肉等改善體質，以達到溫陽補虛的目的。

·氣虛體質者：面白少華，氣短懶言，易出汗，食少，易疲乏，舌淡紅，舌體胖大。易得感冒，病後遷延不愈，內臟易下垂，不耐受風邪、寒邪、暑邪。適宜用粳米、糯米、小米、黃米、大麥、山藥、大棗等改善體質，以達到補氣目的。

·血虛體質者：面色萎黃或淡白，唇甲無華，頭暈眼花，心悸怔忡，失眠健忘，或肢體麻木。適宜用桑葚、荔枝、松子、黑木耳、甲魚、羊肝、海參等改善體質，以達到

補氣生血的目的。

・陽盛體質者：面色多紅赤，怕熱喜冷，煩渴多汗，喜冷食，得病易發高熱，尿黃便秘。易得瘡瘍。怕熱，耐冬不耐夏，宜食苦味清熱的食物或飲料，適宜食用水果、蔬菜、苦瓜、苦丁茶、蓮子心等改善體質，忌食酒、辣椒、蔥、蒜等辛辣食物，少食牛肉、雞肉、鹿肉等溫陽性食物。

・血淤體質者：面色多晦暗，口唇暗淡或紫，眼眶黯黑，肌膚甲錯，或生癥瘕，刺痛，痛處固定不移，舌體黯紫有淤點。易得出血、癥瘕、中風、冠心病等病症。適宜用山楂、桃仁、油菜、黑豆等改善體質，爲活血可多食醋、多飲適量的酒，以達到活血化淤的目的。

・痰濕體質者：體胖腹大，面部皮膚油脂較多，汗多且黏，眼胞微浮，胸悶脘痞，身重發沉，睏倦，喜食肥甘黏膩之物，便溏，舌胖大多齒痕。易得糖尿病、中風、胸痹等病症。適宜用薏苡仁、茯苓、紅豆、冬瓜皮、荷葉、白蘿蔔、紫菜、洋蔥、扁豆、海蜇、荷梗等改善體質，少食肥甘厚味的食物，以達到祛濕化痰的目的。

根據季節選擇食物

《黃帝內經》中有：「合人形以法四時五行而治」、「秋冬養陰」、「丘陵之應，養收之道」的觀點，認爲人生活在自然環境中，是自然環境的一部分。如果使人體的內部環境與自然變化相適應，就能夠保持人體的健康。也就是說，選擇食物時，可以參考季節的變化或氣候的因素，就能夠增進健康。

．春季：草木開始發芽，氣溫漸漸升高，是萬物能量逐漸催生的季節。在這個季節裡，應該選擇促進氣血順暢運行的食物，調整體內氣機，讓體內氣血更加流暢，身體的能量隨季節逐漸增加。

適合春季食用的食物有：蕎麥麵、蘿蔔、油菜、香菜、水芹、西芹等。

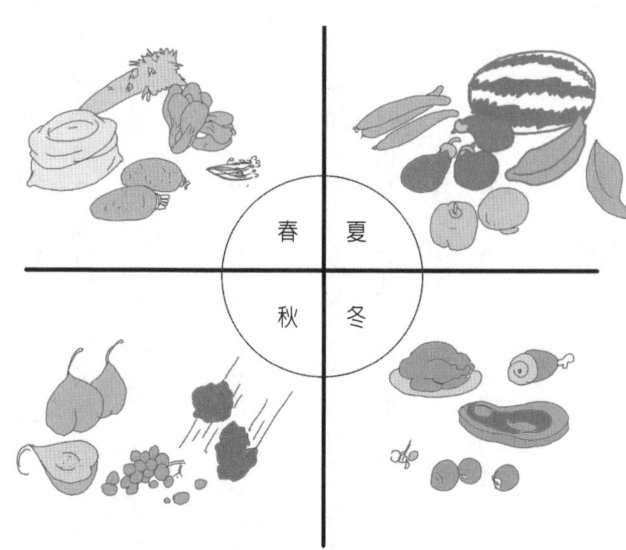

不同季節對應不同食物

・夏季：非常炎熱，很容易讓人疲勞。應該選擇讓身體降溫的食物，有效的調控體內的熱量，調整機體與外界的平衡關係。但為了保護腸胃，更好的緩解疲勞，不宜過多食用冷飲等食物；最好將能夠降溫的食物，經過烹調後再食用。另外，夏天的濕氣比較重，最好再多吃些具有除痰濕、利尿作用的食物。

適合夏天食用的食物有：可降火的黃瓜、茄子、番茄、苦瓜等，可消除痰濕的西瓜、綠豆、紅豆等。

・秋季：氣溫逐漸下降、空氣變得乾燥。這個季節肺臟的功能會下降，應該選擇補陰、滋潤身體的食物，讓食物來調節身體使之處於平衡狀態，否則就會經常感冒。

適宜秋季食用的食物有：梨、柿子、葡萄、銀耳、木耳、山藥等。

・冬季：天氣冷，容易引起身體各種失調症狀。應該選擇具有溫煦身體的食物，以預防身體著涼、受寒等病症。

適宜冬季食用的食物有：雞肉、羊肉、蝦、韭菜、胡椒、肉桂等。

五穀雜糧是為人的後天之本

吃是生命活動的體現，沒有飲食，人的一切都無從談起。而《黃帝內經》強調「得穀則昌，絕穀則亡」，可見只有多食五穀，才可「安民之本」。這裡的「五穀」是古代所指的五種穀物——粟、豆、麻、麥、稻，但並不局限於這五種，而是泛指各種粗細糧豆。

那麼，爲什麼要多吃五穀雜糧呢？《黃帝內經》認爲，五穀可以起到益五臟、厚腸胃、實肌體、強力氣的作用。唐代醫學家孫思邈也說：「大米能平胃氣、長肌肉，小麥能厚腸胃、強力氣。」可見古人早就認識到了這類食物的營養價值，以滿足人體生理功能健康運作的各種需求。爲什麼五穀有這些功能呢？因爲人體生命活動所需能量的主要來源是糖。而五穀所含蛋白質和脂肪雖然不多，但卻含有豐富的澱粉，經消化道轉變後可產生大量的葡萄糖，可以滿足人體正常活動所需。而且這也可以保證臟腑肌肉的充實，使其正常運轉，還能給人體新陳代謝提供充分的能量。

五穀雜糧

另外，《黃帝內經》強調「雜食五穀，粗細搭配」，也就是要均衡膳食。因而儘管生活條件改善了，我們也不能只吃精米、白麵。因爲這是不符合均膳食原則的，還要配合著吃些粗雜糧，如小米、玉米、蕎麥、高粱、燕麥等。當然，也不能偏食「五穀」，因爲人體需要多方面的營養，偏食會導致氣血失調、陰陽失衡。

飲食有節，百病不侵

飲食要有節制是我國傳統養生學的一個重要觀點，對保持人體健康有重要意義。《黃帝內經》中說：「飲食有節……故能形與神俱，而盡終其天年，度百歲乃去。」飲食有節的意思是指進食的量和進食的時間。進食要定量、定時。如果飲食沒有節制，想怎麼吃就怎麼吃，想什麼時候喝，就什麼時候喝，就會對身體健康帶來極大的危害。

日常生活中，我們要特別注意飲食的量和進食時間，吃八分飽即可，不能過飽；而且要定時吃，不可隨意進食。

保持不餓不飽

飲食適量，是古人經過實踐總結出來的，就是告訴我們進食時，不要吃得太多，也不要吃得太少，要恰到好處，饑飽適中。這樣脾胃對食物的消化、吸收、輸布、貯存才會正常進行，身體才會健康。如果飲食過度，超過了脾胃的正常運化食物量，就會給腸胃帶來負擔，進而產生許多疾病。只要在飲食嗜好中，改掉那些最突出的毛

飲食要饑飽適中，「量腹節所受」

病，就會給您身體帶來健康。

飲食過量是指人們在短時間內突然進食大量食物，這樣勢必會加重胃腸負擔，使食物滯留於腸胃，不能及時消化，從而影響營養的吸收和輸布，脾胃功能也因承受過重而受到損傷。對於飲食過量的問題，《黃帝內經》中早就有記載：「飲食自倍，腸胃乃傷。」講的就是飲食過量的危害。其實，飲食過量不僅傷害了脾胃，還會影響身體的健康。《博物志》中就做了這樣的描述：「所食逾多，心逾塞，年逾損焉。」而《東穀贅言》中更是明確地指出了飲食過量對機體的具體危害：「多食之人有五患，一者大便數，二者小便數，三者擾睡眠，四者身重不堪休養，五者多患食不消化。」

我國古代很多名家也都意識到了適量的飲食對身體的重要性。孔子主張「食勿求飽」，《管子》也記載：「飲食節，則身利而壽命益；飲食不節，則形累而壽命損。」孫思邈在《備急千金要方》中也寫道：「不欲極饑而食，食不過飽；不欲極渴而飲，飲不可過多。飽食過多，則結積聚；渴飲過多，則成痰癖。」過飽不利於身體健康，進食太少也會不利於健康。有些人特別是想減肥的人，片面認爲吃得越少越好，結果強迫自己挨餓，但由於身體得不到足夠的營養，反而導致自身虛弱不堪。

其實，飲食的正確方法應該是「量腹節所受」，即根據自己平時的飯量來決定每餐該吃多少。「凡食之道，無饑無飽……是之謂五臟之葆。」無饑無飽就是進食適量的原

則。只有這樣，才不致因饑飽而傷及五臟。才會讓我們的身體遠離疾病，保持健康。

按時吃，按需吃

我們的飲食不僅要適量，還要定時。即不到該吃飯的時候，就不應吃東西。一日三餐，應按照固定的時間，有規律地進食。這樣，脾胃才會形成一種規律，到進食的時候才會做好消化食物的準備，使食物在體內有條不紊的被消化、吸收，並及時的將營養輸布全身。這種進食方法才是正確的，是中醫所提倡的，也是古人所遵守的。孔子認為「不時，不食」，與「食哉唯時」的觀點是相符的。

好吃零食的人，到了該吃飯的時候，常會沒有饑餓感，勉強塞進些食品，也不覺有何滋味，而且脾胃難以消化。這是因為隨意進食導致脾胃長時間工作，得不到休息，打亂了脾胃消化的正常規律，使脾胃的消化能力減弱，嚴重時可致失調，從而損害了人體的健康。因此，我們每餐進食應有較為固定的時間，這樣才可以保證食物的消化、吸收正常地進行，脾胃活動也能夠協調配合、有張有弛。

中醫強調「按時進食」，但也不排斥「按需進食」。即想吃時就吃一點，不想多吃就少吃一點。也就是說，「按需進食」也要適應生理、心理和環境的變化而進食。如心情不好的人，吃飯時往往沒有食欲；午睡過久的人，晚餐時常常不想吃東西；全神貫注、忙於工作的人，也不想停下來吃東西。對於這樣的人來說，等有了食欲時再吃會更好一點。對於「按需進食」，我國古代著名的養生學家陶弘景早就指出：「不饑強食則脾勞。」就告訴我們，人若不餓時而勉強進食，則會影響脾的消化吸收，進而使脾胃功能受損。因此，「按需進食」與一日三餐、按時吃飯的飲食習慣是相輔相成，互為補充的。

總之，我們要根據自身變化、外在環境的變化來給飲食定時，不是絕對地「隨心所欲」，零食不離口；也不是毫無規律地隨意進食。我們的飲食不僅要「按時進食」，也要「按需進食」，只有這樣，才能使我們的飲食活動更符合人體的內在規律、對人體健康更有益。

每天吃多少才健康

《黃帝內經》中有：「人以水穀為本，故人絕水穀則死。」的觀點，充分說明了飲食對人體的重要性。有俗語曰：「早飯要好，午飯要飽，晚飯要少。」清代馬齊《陸地仙經》中也提到：「早飯淡而早，午飯厚而飽，晚飯須要少，若能常如此，無病直到老。」中醫認為，一日三餐要合理安排，這樣才能長壽。

人體的陰陽氣血運行隨晝夜變化、盛衰而各有不同。白晝陽氣旺盛而陰氣衰，夜晚陰氣盛而陽氣衰。白天陽氣旺，活動量大，新陳代謝的速度快，需要的營養也必然要

多，故食量可稍多；夜晚陽衰陰盛，即待寢息，活動量少，需要的營養也相對較少，故以少食爲宜。

「早飯要吃好」，經過了一夜的睡眠，人體得到了充分的休息，精神振奮欲從事各種活動。但腸胃經過一夜的時間，早已空虛，此時若能及時進食，就可補充體內營養，讓我們的精力更加充沛，更好的應付一天的工作與學習。因此，早飯應選擇體積小而富含熱量的食物，以乾、稀搭配爲最佳。這樣，不僅攝取了足夠的營養，還給身體補充了一定的水分。

「午飯要吃飽」，中午飯的一日三餐中具有承上啓下的重要作用。午飯只有吃飽了，才能更好的面對下午的工作與學習。所謂的吃飽，就是要求我們中午的飲食要保持一定的量。白天能量的消耗是巨大的，應當給身體及時補充足夠的能量。所以，要求我

三餐要做到「早吃好」、「午吃飽」、「晚吃少」

們午飯要吃飽。但是也不宜過飽，否則胃腸的負擔會過重，影響脾胃的功能，也影響人的正常活動。因此，午飯應選擇富含優質蛋白質的食物。

「晚飯要吃少」，《壽養親老新書》中也非常重視晚餐的食量，有：「夜減一口，活到九十九」的論述。晚上的活動量較少，接近睡眠。以少食爲佳。如果進食過飽，易使飲食停滯在腸胃中，容易引起消化不良，進而影響睡眠。所以一般來說，晚飯的進食量要少一些，最好選擇一些好消化、低熱量的食物爲佳。

其實，一日三餐的食量分配比例可以是3：4：3。如果人一天吃500克糧食的話，早晚餐各吃150克，中午吃200克，這樣比較合適。假設一個人每天需要的熱量是恒定的，如果將大部分熱量放在早餐和午餐，那麼對體重並無明顯影響；但如果把大量熱量放在晚餐，人的體重就會明顯增加。這說明，什麼時候吃，比吃什麼要重要得多。所以飲食結構的差異不僅會影響腸胃的消化，還會嚴重影響人的體重，進而影響健康。

食物怎樣搭配才合理？

《黃帝內經》提出了人們在日常飲食中應注意的配膳原則，設計了「五穀爲養，五果爲助，五畜爲益，五菜爲充，氣味合而服之，以補精益氣。」的營養方案。幾千年

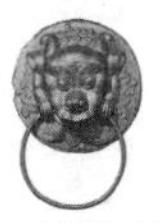

來，一直爲人們所沿用。《黃帝內經》所說的營養方案以素食、五穀爲主，以葷食爲輔，同時反對偏食。

《素問・五常政大論》中說：「穀、肉、果、菜、食養盡之。」認爲糧食、肉類、瓜果、蔬菜是人們飲食的主要內容，要以穀物爲主食、肉類爲副食、蔬菜作爲補充、水果來補助的原則來合理搭配食物。這種以植物性食物爲主體的、以動物性食物爲輔助的多樣化膳食結構，非常有利於人體健康，是世界上最先提出的最完善的飲食結構。

想要合理的搭配食物，一定要根據身體的客觀需要，多樣化的雜食。這樣的飲食方式，會滿足人體需求的大部分營養，有益於人體的健康。如果人們的飲食偏頗過重，就會產生很多疾病。比如糖尿病就是由於食甜太過而導致的；高血脂症和動脈硬化就是因爲人們偏食肥肉等葷腥食物而導致的。所以我們的飲食不宜太油膩，也不宜吃得過飽。要多吃新鮮蔬菜、水果，以素爲主，葷素搭配，這樣最有利於健康。

老年時期	以植物蛋白為主，動物蛋白為輔，少食可以生痰的動物蛋白
中年時期	保持植物蛋白和動物蛋白的平衡
少年時期	以動物蛋白為主，要多吃肉

人一生的食物搭配

現代人講究飲食要精要細，但食物太過精細，會使身體缺乏膳食纖維，進而導致便秘、肥胖、膽石症等疾病。所以在現代生活中，想要合理搭配飲食，就要粗細搭配，不僅要「吃素」、「吃雜」，還要「吃粗」、「吃野」。要做到粗、細混食，粗糧細做，乾稀搭配，葷素搭配等。

從人的一生來看，少年處在生長時期，以陽盛爲主，飲食應以動物蛋白爲主，要多吃肉，同時還要注意飲食結構的陰陽平衡；中年時期的人們，要保持植物蛋白和動物蛋白的平衡，保證身體的繼續生長來延緩衰老；老年時期的人們，身體處於陽衰陰盛的時期，這個時期的人們飲食以植物蛋白爲主，動物蛋白爲輔，少食可以生痰的動物蛋白。

飲食要清淡

《黃帝內經》認爲「肥者令人內熱，甘者令人中滿。」因此，它提倡飲食清淡，不贊成多食肥美甘甜厚膩的食物。如果人們太過偏食肥肉等葷腥食物，很容易罹患高血脂症和動脈硬化。所以爲了自身的健康，也要儘量在飲食上保持清淡。

飲食過鹹，也會導致疾病。所以古代醫學家和養生學家都強調飲食要清淡，不宜過鹹。《靈樞．五味篇》中也有：「鹹走血，多食令人渴。」《黃帝內經》中還有：「味

過於鹹，大骨，氣勞，短肌，心氣抑。」的觀點。鹹入腎，飲食過鹹會影響腎的健康，導致腎臟的疾病；同時飲食過鹹，還會引發高血壓。

中醫飲食提倡清淡的原則，但要根據季節的變化而變化。夏季食物應清淡爽口，適當增加鹽分和酸味食品，以提高食欲，補充因出汗而導致的鹽分丟失。冬季飯菜可適當增加油脂含量，以增加熱能的配置。

飲食的配置不是一成不變的，要根據環境的變化而變化。

因此，爲了我們的身體健康，一定要在飲食上保持清淡，這樣才能躲開疾病的侵襲，讓我們的身體一直健康下去。

養成良好的進食習慣

《靈樞．口問》指出：「夫百病之始生也，皆生於風雨寒暑，陰陽喜怒，飲食居處……」《靈樞．玉版》指出：「病之生時，有喜怒不測，飲食不節……」《素問．腹中論》也稱：「此飲食不節，故時有病也」。說明《黃帝內經》很重視「吃」的方式方法，把因飲食不當而引起或誘發的疾病，列爲疾病發生和形成的重要因素之一。

生活中有許多不良的進食習慣，影響著人體的健康，所以我們進食要養成良好的進食習慣，必須將那些不良的飲食習慣改正，中醫認爲不良的飲食習慣有：

一、多吃雜食　有些人出於偏愛，長期食用一種單一的食物，造成不同程度的營養缺乏症，而人體的營養需要是多方面的，這樣長期偏食下去，會影響機體的陰陽平衡，而導致疾病的發生。因此，應當改正這種錯誤的飲食習慣。

二、細嚼慢嚥　進食時過猛過飽，對身體是十分有害的。暴飲暴食給腸胃快速的塞進很多食物，不僅不利於食物的消化和吸收，還會給吞咽困難、噎著、嗆著等意外事件發生的機會。細嚼慢嚥會讓食物在口腔中進行初步的分解，並與口腔分泌的唾液充分融合，有利於腸胃的進一步消化吸收。這樣，不僅會讓食物中的營養精華充分的被人體吸收，也會給胃腸充分的時間來分泌消化液，讓食物被消化得更徹底。爲避免由於暴食而引起消化不良，所以我們一定要改變這種不良的生活習

不良的飲食習慣常是致病的因素

慣。

三、食勿分神　有些人在吃飯時，喜歡邊吃邊看書報及電視；也有的人喜歡一邊吃飯，一邊想事情。這樣既影響食欲，也不利於消化與吸收，更不利於身體健康。所以進食時，應儘量將頭腦中的事情拋開，將注意力轉移到飲食上來，這樣不僅可以增進食欲，享受品嘗的快感，還有助於胃腸的消化和吸收。也可以改變食物的顏色、樣式、味道等來改變錯誤的飲食習慣。

四、切勿蹲著進食　有很多人習慣蹲著吃飯，這種進食方法既不雅觀，更有礙健康。蹲著進食，下肢必然要彎曲，這樣腹股溝動脈就會受到壓迫，血液循環必然受到阻礙，血液循環不暢，胃部毛細血管的供血量就會減少，胃腸就不能得到正常的蠕動，這種進食方法，不但會引起消化功能失調，還有形成消化道潰瘍的可能。這種進食方法應儘快的及時改進。

五、渴不大飲　夏天的時候，人們會因爲缺水而乾渴，這時常常會大量飲水，其實這種習慣是錯誤的。若一次飲水過多，水分就會迅速的進入血液，進而增加心臟和腎臟的負擔。大量飲水如果在飯前發生，就會沖淡胃液，進而影響食物的消化。所以，當我們很渴的時候飲水，切忌要適可而止，千萬不要大量的飲水。

飲食要忌口

忌口之說由來已久，是指飲食禁忌，是中醫治療疾病、養生健體的重要組成部分。中醫認爲，患者得病後，如果不注意忌口就會加重病情。服藥時不注重忌口，藥物可能與食物發生某些物理或化學變化，使藥物的藥效降低，甚至還能增加毒性，讓患者出現不良反應，而使病情加重，嚴重的可危及生命。

《黃帝內經》認爲，「忌口」要根據食物的性味來決定。一般來說，忌口分爲因病忌口，因藥忌口、因時忌口和因體型忌口。

·因病忌口　早在二千多年前，《黃帝內經》就提出有關飲食的禁忌問題，像肝病禁辛、心病忌鹹、脾病忌酸、肺病忌苦、腎病忌甘苦等。隨著中醫學的發展，人們又總結出糖尿病忌糖；腎炎、浮腫患者忌鹽；潰瘍病、慢性胃炎、消化不良等病症，忌食白酒、豆類、薯類；肝炎、肝功能不全的患者忌酒、忌食脂肪食物；蕁麻疹、丹毒、濕疹、瘡癤、中風、頭暈目眩等患者，忌食魚、蝦、蟹、貝、豬頭肉、雞肉、鵝肉、雞蛋；心血管患者忌高脂肪；尿毒症患者忌高蛋白；胃腸疾病患者忌辛辣刺激性食物等。

·因藥忌口　中藥與食物雖同出一源，但它們所含成分不同，其性味與藥理作用也就各異，若配合不當，則會降低療效或失去療效，甚至會增加中藥的毒性反應。中藥講

究「辨證論治」，要根據「虛則補之」、「實則瀉之」、「熱則清之」、「寒則溫之」的原則辨證論治。

熱證、實證、陰虛心火旺者，症狀表現為：口苦咽乾、煩熱不安、大便秘結、血壓升高、神衰不寧、心動過速、甲狀腺亢進等，治療時應清熱涼血、滋陰降火，同時應忌食生薑、大蒜、韭菜、大蔥、羊肉、胡椒、多糖、高脂、香燥辛熱之類的食品。

氣血虧損、寒濕凝滯、陰損及陽、陰陽兩虧者，症狀表現為：脾胃虛寒、手足冰涼、大便溏薄、血壓偏低、心動過緩等，治療時應溫中和胃、滋補氣血，同時應忌食西瓜、冬瓜、蘿蔔、綠豆、生梨、甘蔗、蜂蜜、鱉魚等生冷寒涼、滋膩、黏滑之類的食品。

除此之外的其他證候者，症狀表現為：畏寒發熱、熱纏身、頭痛心煩、便秘尿黃、口舌潰爛、癤瘡腫瘤等，治療時應清熱解毒，同時應忌食竹筍、豆芽、絲瓜、韭菜、茄子、蝦、蟹、螺、蚌之類的食物。

・因時忌口　中醫認為人體也是一個小天地，養生中要做到「天人合一」。因此，用藥忌口，不僅要辨證，同時還要因四季的變化而變化。春季多濕，應忌寒濕之品；夏季多暑，應忌辛熱煎炒之食；秋季多燥，應忌食損津香燥之品；冬季多寒，應忌食生冷寒涼之物。

・因體型之別而忌口　壯熱之體忌肥肉多糖、鹹食之品，陰虛火旺之體忌辛熱香燥之食，陽霾之人忌寒濕之物，濕重之人忌膩油之食等。

《黃帝內經》認爲：「陰之所生，本在五味，陰之五官，傷在五味。是故味過於酸，肝氣以律，脾氣乃絕。」如果飲食過於偏酸，則會導致肝氣下降，進而傷脾。根據五行相剋的理論，金剋木，水剋火、木剋土、火剋金、土剋水。而五行與五味又是相互對應的，金味辛、水味鹹、木味酸、火味苦，土味甘；五行與五臟也是對應的，即肝屬木，心屬火，脾屬土，肺屬金，腎屬水。所以，肝病禁辛，心病禁鹹，脾病禁酸，腎病禁甘，肺病禁苦。

食物的性味也要求人們適當的忌口。如辛走氣，辛入肺，主發散，氣病多食辛則耗散太過，氣愈加受傷，故禁多食辛；鹹走血，鹹主潤，過則凝澀而耗，故血病多食鹹則血被耗損，凝澀不行，所以血病禁多食鹹；苦走骨，苦本火之味，苦味太過則從火化，腎主骨，過苦則火氣勝水，腎傷則骨無所生，故骨病禁多食苦；甘走肉，甘本脾之味，脾主肉，肉病過食甘味則滯塞脾氣，脾運不行，肉無從生，故肉病禁過食甘味；酸走筋，酸本肝之味，肝主筋，氣條達，酸味主收，太過則傷肝條達之氣，肝傷則筋失養，故筋病禁多食酸。

食養「治未病」

《黃帝內經》中有：「不治已病治未病」的防病養生觀，它包括未病先防、已病防變、已變防漸等多個方面的內容。告訴我們不但要治病，而且要防病，不但要防病，還要注意阻擋病變發生的趨勢，且在病變未產生之前就想好救急的方法，這樣才能掌握疾病的主動權，達到「治病十全」的「上工之術」。中醫認爲「治未病」首先要養心，其次要注重食養。畢竟「民以食爲天」，只有食物才能維持人體正常代謝功能，滿足人體最基本的、最原始的功能。

一直以來，人們認爲藥物是創造健康的先驅，而忽視了人體的健康與疾病是需要預防的。要知道，食物可代替藥物，但藥物卻不能替代食物。因此，要想使身體健康，提高免疫力，就要食用恰當的食物。

其實，從神農嘗百草起，人們就開始研究哪些「草」適合做食物，哪些「草」適合

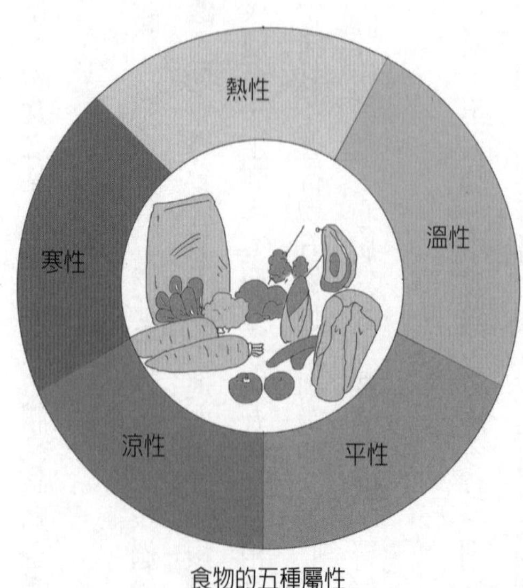

食物的五種屬性

做藥物。所以，中醫會有「藥食同源」的觀點，認爲食物和藥物一樣，可以治病。中醫利用食物的不同藥效，來改善不佳的身體狀態，以及疲勞等難以恢復的未病狀態，對疾病的預防起到很大的作用。

中醫認爲食物可分爲溫煦身體的和冷卻身體的兩種。這種性質被稱爲食物的「性」。與藥物一樣，食物也從溫煦作用較強的性質開始，依次分爲熱性、溫性、平性、涼性、寒性五種，中醫稱之爲「五性」。

熱性食物具有溫煦身體的作用；溫性食物具有稍微溫煦身體的作用；平性食物既不溫煦身體，也不冷卻身體；涼性食物可以稍微冷卻身體；寒性食物可以冷卻身體。在實際生活中，我們只需要知道食物是溫煦身體的，還是冷卻身體的就可以了。

最好區分的食物應該就是辣椒了，當我們食用辣椒以後，身體就會發熱、出汗。因此，我們就會知道辣椒屬於溫煦身體的溫熱性食物。可以促進血液循環，提高身體的各種機能。像這樣能夠溫煦身體的食物還有大蔥、韭菜、生薑、大蒜、洋蔥、牛羊肉、雞肉、豬肝、乳酪等。

而我們夏天一般喜歡吃黃瓜，小黃瓜是能夠使身體降溫的食物，它們屬於寒涼性質的食物，具有滋潤身體、解除身體內毒素的作用。像這樣能夠冷卻身體的食物，還有冬瓜、番茄、茄子、蘿蔔、白菜、西瓜、香蕉、蟹、蛤蜊等。

怕涼的人可以多吃些溫熱性質的食物，怕熱、上火的人可以多吃些寒涼性質的食物。另外，冬季也可以適當的多吃些溫熱性質的食物，夏季也可以適當多吃一些寒涼性質的食物。

歷代中醫都非常重視「治未病」。而「治未病」重要的一條，就是要加強飲食對身體的滋養作用，因爲飲食對身體的滋養本身就是對人體的一種重要保健和預防。這需要我們更加合理的安排我們的飲食，提供給機體更加全面的營養，讓我們的五臟功能更加強盛。

食養對病後的調養

人在大病初愈之時，經常用瓜、果、蔬菜等進行滋補調養，但如果調養失宜，卻極易使疾病復發，《黃帝內經》稱這種情況爲「食復」。有三種情況可以導致「食復」，分別是脾虛不耐、補不辨體、食滯氣機等。

脾虛不耐型：疾病過後，人的脾胃多處於虛弱狀態，若馬上食用油膩的食物或勉強多食，會使尚未復原的脾胃、元氣受損，這樣很可能會使病情復發進而加重病情。

一、**補不辨體型**　疾病之後的人們，體質一般都很虛弱，陽氣衰弱、營血不足，如果不分體質地一味大補，會加重機體內部的不平衡，導致疾病的復發。

二、食滯氣機型　疾病過後，會傷胃氣，如果這個時候進行大補特補，會導致食滯氣機，輕者會造成消化不良的現象，重者會影響身體健康的恢復。

另外，病後的調養還要根據四季的變化採用不同的食物。如春天的時候肝氣很旺，脾氣虛弱。這個季節，就不宜吃肝。否則會導致肝氣更旺，脾氣更弱。春、夏、秋、冬都有不宜進補的食物，一般來說，春不宜吃肝，夏不宜吃心，秋不宜食肺，冬不宜食腎，四季不宜食脾。

病後調養的禁忌

第四章

《黃帝內經》養生法〈二〉

經絡導引

《黃帝內經》認為經絡的通暢與否和人體的健康有著重要的聯繫，說：「經脈者，人之所以生，病之所以成，人之所以治，病之所以起。」因此，為了人們的健康，古人根據經絡運行結合實踐，創造了運動、經絡按摩、針灸等健康養生法。

經絡及其主要功能

中醫認爲，經絡是氣血運行的通路、經絡通暢有利於氣血運行和營養物質的輸布。疏通經絡則要通過經絡上相應的位置，也就是我們所說的穴位。《黃帝內經》中提到的穴位就有一六〇個。古人稱穴位爲「腧穴」。可見只有經絡與穴位搭配，再加上「氣」在其中流通，人體傳送「刺激」的功能才能實現，也才能達到調和氣血的功效。如果將人體比喻成城市的馬路，馬路中的某條路不通了、堵了，就要有人去疏通擁堵，而針灸就是通過刺激相應的穴位，來疏通擁堵的經絡，讓原本淤滯的經絡恢復運行，從而達到緩解、治療相應病症的目的。

「經絡」一詞最早見於《黃帝內經》。《黃帝內經》中有：「陰之與陽也，異名同類，上下相會，經絡之相貫，如環無端。」中醫認爲，經絡是經脈和絡脈的總稱，是人體聯絡、運輸和傳導的體系。經脈貫通上下，溝通內外，是經絡系統中的主幹；絡脈是經脈別出的分支，較經脈細小，縱橫交錯，遍佈全身。這與《靈樞．脈度》中所說的：「經脈爲裡，支而橫者爲絡，絡之別者爲孫。」的理論是一致的。

二千五百年前，《黃帝內經》不僅發現了人體存在經絡系統，同時還指出經絡具有「行血氣、營陰陽」、「決死生、處百病」的重大作用。《靈樞．經脈》中說：「經脈者，所以能決死生，處百病，調虛實，不可不通。」認爲人體的健康是由經絡系統維持的，經絡正常運轉，人體就健康；經絡失控則疾病就會發生，而疾病的痊癒則是經絡恢復控制的結果，所以經絡與健康密切相關。

經脈是經絡的主幹，主要以縱向運行，分爲十二經脈、十二經別、十二經筋、十二皮部、奇經八脈。十二經脈又稱十二正經，是經絡的主體。十二經別是經脈的分支部分，它們往往出於經脈，先與經脈分道而行，稱之爲「離」，最後又歸入經脈，稱之爲「合」。經脈運行在體表組織之下比較深的部位，而經絡與體表組織間的聯繫主要由十二經筋和十二皮部來完成。奇經八脈是從十二經脈中分出的較大的支脈，它們的循行有異於十二經脈和十二經別，稱爲奇經，其中尤以任脈、督脈最爲重要，它們與十二經脈合稱十四經。十二經脈分爲陰陽兩大類，陰又有太陰、少陰、厥陰之分，而陽則有太陽、陽明、少陽之別。

☯手三陰經

從手部開始或終止的三條經脈，包括手太陰肺經、手厥陰心包經、手少陰心經。

手太陰肺經——

古人對肺有這樣的描述：「喉下爲肺，兩葉白瑩，謂之華蓋，以覆諸臟，虛如蜂巢，下無透竅，故吸之則滿，呼之則虛」。肺通過口鼻與外界直接相通，不耐寒熱，易

受邪侵，故稱「嬌臟」。

【循行線路】

手太陰肺經起於中焦，向下聯絡大腸回繞胃口過膈屬於肺臟，從肺系（肺與喉嚨相聯繫的部位）橫行而出，沿上臂內側下行，行於手少陰經、手厥陰經的前面，經肘窩入寸口，沿魚際邊緣，終止於拇指末端的少商穴。

肺經在手腕後方還有支脈，支脈從列缺處分出，走向食指內側端，與手陽明大腸經相接。

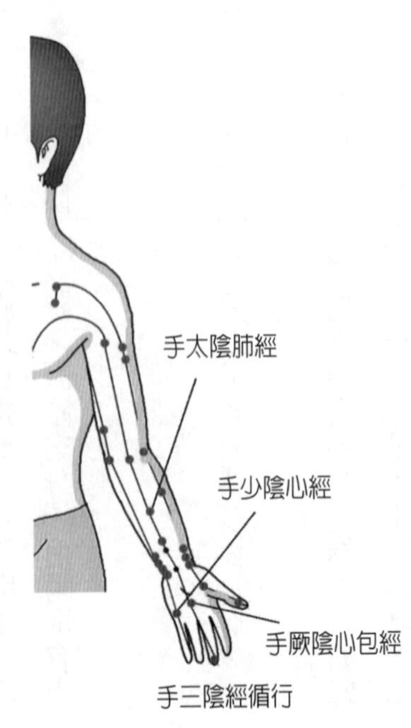

手三陰經循行

【主要功能】

具調節肺功能的作用。肺經與肺、大腸、喉嚨等器官密切相關。因此，保證了肺經的通暢，也就保證了這些相關器官的正常工作。倘若肺經不通，相應的病症也就都出來了，比如——

1．臟腑病　肺經經氣異常通常都會出現咳嗽、氣喘、氣短、胸悶、心煩等症狀；又因爲肺與口鼻直接相通。因此，肺經的異常也會出現鼻塞、流涕、感冒、傷風等症狀。

2．外經病　沿肺經循行路線上的麻木、疼痛、酸脹、發冷等不適感覺都屬於外經病，肺經的外經病多出現在鎖骨上窩、上臂，以及前臂內側上緣。

3．皮膚病　由於肺經與皮膚相聯繫，因此，肺經經氣異常也常出現一些過敏性皮膚病、色斑，或皮膚無光澤等。

【最佳按摩時間】

肺經的經氣在早上3點～5點時的寅時最爲旺盛，而按照中醫的人體生物鐘觀點，寅時正是肺經當令，所以此時按摩最好。但由於絕大多數人此時還都在睡夢之中，因此，我們可以找同名經（肺經與脾經均屬於太陰）當令時進行按摩，也就是上午9點鐘～11點鐘脾經當令之時。

手厥陰心包經——

中醫裡講的心包就是心外面的一層薄膜，所以常說心包是「代心受過，替心受邪」。意思是說，當外邪來襲時，心包要首當其衝地跑上去替心承受一切痛苦。

【循行線路】

心包經起於胸中，出屬心包絡，向下穿過膈肌，依次絡於上、中、下三焦。

它的一條支脈從胸中分出，沿脅肋到達腋下3寸處向上至腋窩下，沿上肢內側中線

入肘，過腕部，入掌中，沿中指橈側，出中端橈側端。

它的另一支脈從掌中分出，沿無名指出其尺側端，交於手少陽三焦經。

【主要功能】

具有調節心臟機能的作用，主要緩解心臟上的疾病，如心絞痛、冠心病等。現代人飲食不規律，生活習慣也常常無法順應天時，使得血液中的膽固醇與脂肪含量增高，從而造成血管狹窄、彈性變差，容易導致心肌梗死和腦中風等疾病的發生。而按揉心包經可使血液流動加快，使附著在血管壁上的膽固醇剝落，進而排出體外，我們的心臟也就「無毒一身輕」了。

【最佳按摩時間】

晚上19點到21點的戌時，是心包經當令，這時的心包經最爲旺盛，而且此時也正是吃過晚飯促進消化的時候。但如果你是剛剛吃過晚飯，建議不要立即按摩，那樣反倒會影響氣血運行，最好在飯後半小時施行按摩，或者將晚飯的時間做個調整，來迎合這個「健康需求」。

手少陰心經——

《黃帝內經》上說：「心爲君主之官，生命之本。」心在五臟中是一個最重要的器官，它主宰一身上下、統管五臟六腑。「心主血脈」，心氣推動血液在脈中運行，流注全身，發揮營養和滋潤的作用。它與脈直接相連，相互溝通，血液在心和脈中不停地流動，週而復始，我們的生命才得以不斷延續。

【循行線路】

心經從心中開始，出屬於心臟與他臟相連的繫帶，下過膈肌，終於小腸。

它的一條支脈，從心臟的繫帶部向上夾咽喉，而與眼球內與腦的繫帶相聯繫。

它的直行脈從心臟的繫帶上行至肺，向下淺出於腋下，沿上臂內側後緣，走手太陰，手厥陰經之後，下向肘內，沿前臂內側後緣，到掌後腕豆骨部進入掌內後邊，沿小指的橈側出於末端，接手太陽小腸經。

【主要功能】

心經能夠調節大腦和心臟的功能。從手少陰心經的循行路線來看，心經從心繫上夾於咽部，因此心經有熱則咽乾；陰液耗傷則渴而欲飲；心之經脈出於腋下，故脅痛；心經循臂臑內側入掌內後臁，所以心經有邪，則手臂內側疼痛，掌中熱痛。心脈痹阻不通則有心痛；心失所養，則心神不寧、心悸、失眠；同時，心主神明，若心神被擾，則神志失常。

【最佳按摩時間】

手少陰心經在午時當令，因此最佳的按摩時間在中午11點到13點。子時和午時是天

地氣機的轉換點，人體也要注重這種天地之氣的轉換點。對於普通人來說，睡子午覺最爲重要，夜裡11點睡覺和中午吃完飯以後睡覺，睡不著閉一會兒眼睛都有好處。因爲天地之氣在這個時間段轉換，轉換的時候我們別攪動它，你沒那麼大的能量去干擾天地之氣，那麼怎麼辦呢？歇著，以不變應萬變。這個時候一定要睡一會兒，對身體有好處。

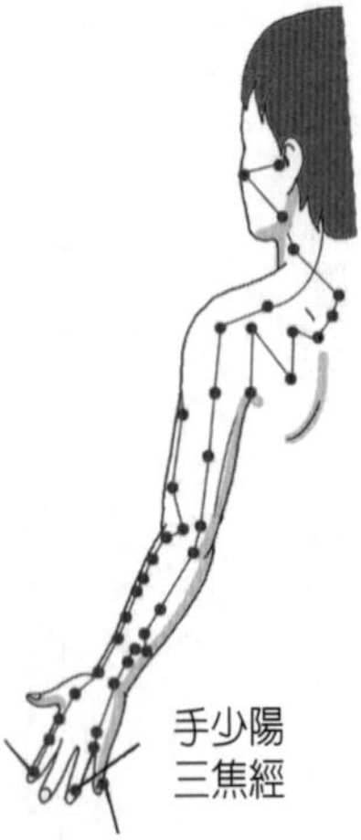

手陽明大腸經
手少陽三焦經
手太陽小腸經

手三陽經循行

手三陽經

從手部開始或終止的三條經脈，包括手陽明大腸經、手少陽三焦經、手太陽小腸經。

手陽明大腸經——

氣和血是維持生命活動的基礎，而「陽明經多氣多血」，也就是說手陽明大腸經和足陽明胃經上的氣血最爲充沛，而腸胃是人進行消化、吸收以及排泄的重要器官，是人的「後天之本」。大腸是主排泄的，它的排泄功能正常，我們體內的垃圾就可以及時得到清理。

【循行線路】

大腸經起於食指橈側端，沿食指橈側，通過第一、第二掌骨之間，向上進入拇長伸肌腱與拇短伸肌腱之間的凹陷中，沿前臂背面橈側緣，至肘部外側，再沿上臂外側上行至肩端，沿肩峰前緣，向上會於督脈大椎穴，然後進入缺盆，聯絡肺臟，通過橫膈，歸屬於大腸。

它的缺盆支脈：上走頸部扶突，經面頰，進入下齒齦，回繞口唇，交叉於水溝，左脈向右，右脈向左，分布在鼻旁迎香，與足陽明胃經相接。

【主要功能】

大腸經和肺經是一對具有表裡、陰陽相互關係的經脈，具有調節大腸的功能。而與大腸經相關的病症主要是其循行路線上的部位疾病——

．上身部位　中醫始終強調「不通則痛」，因此大腸經氣血不通會導致其循行路線上的食指、手背、上肢、後肩等部位的疼痛，或酸、脹、麻等不適。

．五官病　大腸經與面部、下齒和鼻子等密切相關，因此當我們的氣血有熱，也就是平常所說的「上火」時，就會有眼發黃、乾澀，口發乾，流鼻涕或流鼻血，牙齦咽喉腫痛等。

【最佳按摩時間】

早上的5點～7點是大腸經當令，此時大腸經的氣血最爲旺盛。我們多數人都會在這個時間「蹲廁所」，就是這個原因。在此時對大腸經進行按摩常可收到事半功倍的效果。

手少陽三焦經——

手少陽三焦經分布在人體的體側，與膽經的分布類似，如同一扇門的門軸一樣，因此有「少陽爲樞」的說法，意思就是說，少陽經就好像是一個樞紐一樣。三焦，爲六腑之一，是上、中、下三焦的合稱。但關於「焦」字的含義，歷代醫家各有說法。有人認爲「焦」爲「膲」，是體內臟器，爲有形之物；有人認爲「焦」字從火，爲無形之氣，可腐熟水穀之變化；也有人認爲「焦」字爲「樵」，槌也，節也，就是說人體上、中、下三個節段。

【循行線路】

三焦經起自無名指尺側端，上出於四、五指之間，沿手背至腕部，向上經尺、橈兩骨之間通過肘尖部、沿上臂後到肩部，在大椎穴處與督脈相會；又從足少陽膽經後，前行進入鎖骨上窩，分布於兩乳之間，脈氣散佈聯絡心包，向下貫穿膈肌，統屬於上、中、下三焦。

三焦經的分支從兩乳之間處分出，向上淺出於鎖骨上窩，經頸至耳後，上行出耳上

角，然後屈曲向下至面頰及眼眶下部。

三焦經的另一支脈從耳後進入耳中，出行至耳前，在面頰部與前條支脈相交，到達外眼角。脈氣由此與足少陽膽經相接。

【主要功能】

三焦經和心包經組成一對經脈，主要負責防衛全身，運送內臟活動的必要能源和水等。如果三焦經不通暢，就會在三焦經的線路上出現相應症狀，比如——

·耳病　三焦經繞耳朵轉了大半圈，因此耳朵上的疾患幾乎都與三焦有密切的關係，像耳聾、耳鳴、耳痛等，都可以通過刺激三焦經上的穴位得到緩解。

·美容病　女性的色斑和魚尾紋也多與三焦經相關。這是爲什麼呢？我們看看三焦經的循行路線就知道了，它的終止點是絲竹空，正好在我們的面頰上眼眶下，這個地方正是魚尾紋和色斑的地盤。

【最佳按摩時間】

三焦經是在晚上9點～11點之間的亥時氣血最爲旺盛，可以在這個時間段進行按摩，然後舒舒服服地睡上一覺。

手太陽小腸經——

中醫上講小腸經與手少陰心經相表裡，心火常常下移至小腸，而「小腸主液」，因此，像口舌生瘡、舌尖紅痛等就可以用利小便的方法進行治療，喝點竹葉泡水，或者加點冰糖，熱就會與小便一起排出來。

【循行線路】

手太陽小腸經從小指外側末端開始，沿手掌尺側，上向至腕部，出尺骨小頭部，直上沿尺骨下邊，出於肘內側當肱骨內上髁和尺骨鷹嘴之間，向上沿上臂外後側，出肩關節部，繞肩胛，交會肩上，進入缺盆，絡於心，沿食管，通過膈肌，到胃，屬於小腸。

它的一條支脈從鎖骨上行沿頸旁，上向面頰，到外眼角，彎向後，進入耳中。

它的又一支脈從面頰部分出，上向顴骨，靠鼻旁到內眼角，接足太陽膀胱經。

【主要功能】

手太陽小腸經主要調節小腸的功能。如果小腸經氣血運行不暢，就會導致小腸經發生病變，進而機體會有咽痛、下頷腫、耳聾、目黃、肩部、上肢後邊內側等本經脈經過之處的疼痛等。

【最佳按摩時間】

小腸經的經氣是在下午的1點～3點之間最爲旺盛，此時陽氣開始下降，陰氣開始上升，是按揉的最佳時間。

足三陰經

從足部開始或終止的三條經脈，包括足太陰脾經、足厥陰肝經、足少陰腎經。

足太陰脾經——

「脾統血」，具有統攝和約束血液在脈中正常運行而不外溢的作用。而血對女人有著至爲重要的作用。因此，脾對女性也有著特殊的意義。

【循行線路】

脾經起於足大趾內側端，沿足內側赤白肉際上行，經內踝前面及小腿內側，沿脛骨後緣上行，至內踝上8寸處走出足厥陰肝經前面，經膝股內側前緣至沖門穴，進入腹部，屬脾絡胃，向上通過橫膈，夾食管（食道）旁，連於舌根，散於舌下。

它的分支從胃部分出，向上通過橫膈，於任脈的膻中穴處注入心中，與手少陰心經相接。

【主要功能】

脾經和胃經組成了一對互爲表裡、陰陽相互關係的經脈，具有促進消化吸收的作用。且脾經爲陰經，與臟

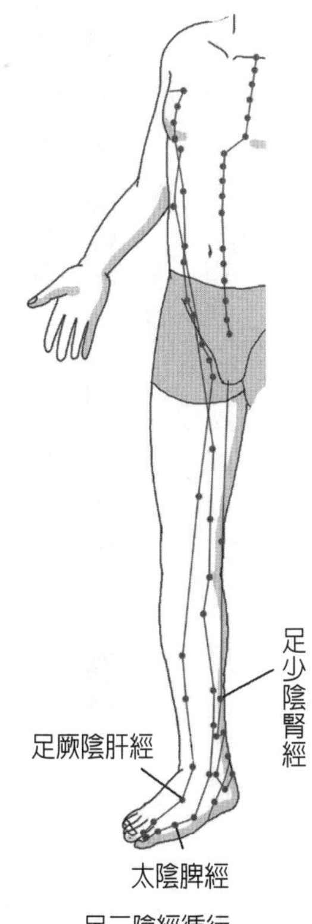

足三陰經循行

腑的關係十分密切，脾經不通，常會有下列疾病：

・外經病　脾經不通時，身體的大腳趾內側、腳內緣、小腿、膝蓋或大腿內側、腹股溝等經絡路線上就會出現發冷、酸脹、痲、疼痛等不適。

・五官病　脾經與舌頭、眼部都有密切的關係，脾經不通，會導致舌根發強，吃飯即吐，不自覺流口水等。

・臟腑病　中醫講「陰主裡，陽主表」。因此，全身乏力疼痛、胃痛、腹脹、便稀、心胸煩悶、心窩下急痛等都可以用脾經來治。

【最佳按摩時間】

上午9點～11點的巳時是脾經當令，這段時間脾經的經氣最爲旺盛，人體的陽氣正處於上升時期，此時疏通脾經就能起到很好的平衡陰陽的作用。

足厥陰肝經——

足厥陰肝經與肝、膽、肺、胃、膈、頭、眼、咽喉都有聯繫。因此，別看肝經的循行路線不長，穴位也不多，但是其作用卻不可小覷。

【循行線路】

肝經起於腳大拇趾內側趾甲緣上，向上到腳踝，然後沿腿的裡面向上，在腎經和脾經的中間，最後到達肋骨緣。

【主要功能】

肝經和膽經組成了一對互爲表裡、陰陽相互關係的經脈，共同調節肝臟的功能和血液的循環。肝經有問題就會出現面色晦暗、咽乾、胸堵、腹瀉、嘔吐、腰痛、遺尿或尿不出、疝氣或腹部兩側疼痛等症狀。

【最佳按摩時間】

肝經在凌晨1點～3點的丑時氣血最爲旺盛。從這時開始，人體的陰氣開始下降，陽氣開始上升，因此雖然此時肝經當令，但也應安靜的休息。按摩可以選擇同名經手厥陰心包經經氣旺盛時，即晚上7點～9點之間進行。

足少陰腎經——

「腎爲先天之本」，其重要性不言而喻。腎經也是一樣，雖然足少陰腎經上的穴位也不算多，只有27個，但卻是與人體臟腑器官聯繫最多的一條經脈。

【循行線路】

腎經起於足小趾下面，斜行於足心湧泉穴出行於舟骨粗隆之下，沿內踝後緣分出，進入足跟，向上沿小腿內側後緣至膕窩內側，上股內側後緣入脊內長強穴，穿過脊柱，屬腎，絡膀胱。

直行於腹腔內，從腎上行，穿過肝和膈肌進入肺，沿喉嚨到舌根兩旁。

它的脈一條分支從肺中分出，絡心，注於胸中，交於手厥陰心包經。

【主要功能】

腎經與膀胱經組成了一對互為表裡、陰陽相互關係的經脈，它可以調節腎臟功能，還與生殖和老化有密切的關係。因此，保持腎經的經氣旺盛、氣血通暢對女人養顏、男人養身、保持精力旺盛等都有立竿見影的效果。

腎經是與人體臟腑聯繫最多的一條經脈，腎經出現問題也會引發身體的諸多病症，如面如柴黑，頭暈目眩，咳嗽咯血，氣短暴喘，肚子餓卻不想吃飯，心胸痛，腰、脊、下肢乏力或者肌肉萎縮麻木，腳底熱痛；心煩、口熱，易驚易怒，咽腫舌乾等。

【最佳按摩時間】

下午5點～7點的酉時是腎經當令，此時腎經的經氣最為旺盛，這時刺激腎經上的相應穴位會收到更加明顯的效果。

☯足三陽經

從足部開始或終止的三條經脈，包括足陽明胃經、足少陽膽經、足太陽膀胱經。

足陽明胃經——

我們都知道，脾胃為「後天之本」，是人生下來、活下去的根本保證，是我們身體能量的源頭，脾胃不好，人體的「能量」就會不足，其他「器官」也會因為「能量」不足而降低工作效率或乾脆罷工，時間一長，人這個「大機器」就得報廢了。

【循行線路】

胃經起於鼻翼旁，夾鼻上行，左右側交會於鼻根部，旁行入目內眥，與足太陽經相交，向下沿鼻柱外側，入上齒中，還出，夾口兩旁，環繞嘴唇，在頦唇溝承漿穴處左右相交，退回沿下頜骨後下緣到大迎穴處，沿下頜角上行過耳前，經過上關穴，沿髮際，到額前。

胃經的一個分支從大迎穴前方下行到人迎穴，沿喉嚨向下後行至大椎，折向前行，入缺盆，下行穿過膈肌，屬胃，絡脾。

直行向下一支從缺盆出體表，沿乳中線下行，夾臍兩旁，下行至腹股

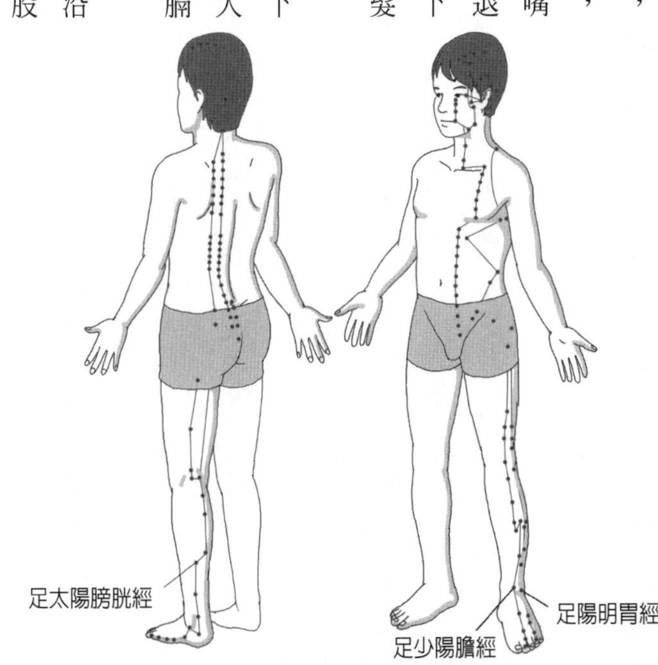

足三陽經循行

溝外的氣沖穴。

本經脈又一分支從胃下口幽門處分出，沿腹腔內下行到氣沖穴，與直行之脈會合，而後下行大腿前側，至膝臏沿下肢脛骨前緣下行至足背，入足第二趾外側端。

本經脈另一分支從膝下3寸處分出，下行入中趾外側端。

又一分支從足背上沖陽穴分出，前行入足大趾內側端，交於足太陰脾經。

【主要功能】

胃經主要負責調理脾胃，促進消化吸收。由於胃經的循行路線較爲龐雜，因此與其相關的病症也較多，比如高燒、出汗、頭痛、咽喉腫痛、脖子腫、牙齒痛、口角歪斜、流鼻血或流濁鼻涕；精神上容易受驚嚇，或者易狂躁；噁心、胃脹、腹脹、腹瀉、便秘等腸胃疾病。另外還有膝蓋腫痛，胸乳部、腹部、大腿部、下肢外側、足背，以及足中趾疼痛或受限等都可能與胃經有關。

【最佳按摩時間】

胃經的經氣在早晨的7點～9點之間最爲旺盛，所以早餐吃多少都不會發胖，這時的胃經會最大限度地將食物分解爲有用物質利用起來，因此不會形成脂肪堆積。在胃經經氣最旺盛的時候按摩，也會有最佳的效果，但是注意如果剛剛吃過早飯則應等半個小時以後再進行。

足少陽膽經——

膽經是我們身上最長的一條經絡，現在很多人都認識到了它的好處，甚至有人將敲擊膽經看作是「萬金油」，這是因爲敲擊膽經可以改善氣血的運行，氣血通了，身體自然就康健了。

【循行線路】

膽經起於目外眦，上達額部。

它的支脈繞耳經頸部結喉旁下行缺盆，經腋窩循脅肋，沿股、下肢外側中線下行至小趾、次趾之間。

【主要功能】

膽經和肝經共同調節膽的功能，如果膽經不通，膽就會有問題。膽主藏和排泄膽汁，膽汁橫溢則口苦、黃疸；膽氣不暢則脅肋疼痛，愛歎息，易惱怒等；又膽爲中正之官，具決斷功能，膽有病則決斷功能失常，常會一驚一乍、膽小或睡不著覺等。另外，膽經不通，還會有頭痛、額痛、目眩、目外眦痛，或缺盆腫痛、腋下腫痛、胸脅、股及下肢外側痛，足小趾、次趾疼痛等症狀出現。

【最佳按摩時間】

膽經的氣血在晚上11點到次日凌晨1點的子時最爲旺盛。此時陰陽轉換，陰氣最

終，而陽氣則剛剛開始生，如果能在這個時候敲擊膽經效果是最好的。但大多數人在這個時候早就進入了夢鄉，就只能退而求其次，取同名經即手少陽三焦經經氣最旺的時候（晚上9點～11點）進行按摩了。

足太陽膀胱經——

說到膀胱經，絕大多數人都會想到小便，小便是否通暢與足太陽膀胱經經氣是否充足關係密切，因爲膀胱是主管存儲水液的。而膀胱又與腎相表裡，也就是膀胱是歸腎管的，小便不暢就是腎出了問題。

【循行線路】

膀胱經起於內眼角（睛明穴），向上到達額部，左右交會於頭頂百會穴。

它的一個分支自頭頂部分出，到耳上角。

其直行者從頭頂部分別向後行至枕骨處，進入顱腔，絡腦，復出於外，分別下行到項部，下行交會於大椎穴，再分左右沿肩胛內側，脊柱兩旁1.5寸，到達腰部腎俞，進入脊柱兩旁的肌肉，深入體腔，絡腎，屬膀胱。

它的另一分支從腰部分出，沿脊柱兩旁下行，經過臀部，沿大腿後側外緣下行至膕窩中。

它還有一個分支從後項分出向下，經肩胛內側，自附分穴夾脊下行至髀樞，經大腿後側至膕窩中，與前一支脈會合，再下行經過腓腸肌，出走於足外踝後，沿足背外側緣至小趾外側端至陰穴，交於足少陰腎經。

【主要功能】

膀胱經不僅可以調節膀胱的功能，還與腎經共同調控人的生殖和老化。當膀胱經有問題時，人就會發冷，不管穿多少衣服還是覺得冷，頭痛，流鼻涕，項背僵硬，眼睛疼痛，腰像折了一樣痛，膝關節、股關節、足小趾不靈活，癲癇、痔瘡、狂症等多種病症都來了。

【最佳按摩時間】

足太陽膀胱經的經氣在下午3點～5點的申時最爲旺盛，如果這時能夠按摩一下身體的膀胱經，讓這條經絡上的氣血通暢了，會對身體有很大的保健作用。

☯奇經八脈

奇經八脈包括督脈、任脈、沖脈、帶脈、陰維脈、陽維脈、陰蹺脈、陽蹺脈。其中的任脈主血，爲陰脈之海；督脈主氣，爲陽脈之海。因此，任脈和督脈的地位十分特殊，雖然也屬於奇經八脈，但卻被劃分爲與十二正經一起被稱爲十四經。

氣和血是我們生命的基礎，而任脈和督脈又約束著氣和血，也就是說，任脈和督脈對十二正經脈中的六陰經與六陽經脈起著主導作用。十二正經脈的氣血充盈，就會流溢於任督兩脈；反過來也一樣，若任督兩脈氣機旺盛，也會循環作用於十二正經脈。因此說：任督通則百脈皆通。百脈通了，自然就能改善體質，強筋健骨了。

任脈——

「任」字，有擔任，任養之意。任脈總任全身所有陰經，不管是精血，還是津液都受任脈所管轄，因此任脈被稱爲陰脈之海。除此，任脈還能妊養胎兒，與女子經、帶、胎、產的關係也十分密切。

【循行線路】

任脈起於小腹內，下出會陰部，向上行於陰毛部，沿著腹內，向上經過關元等穴，到達咽喉部，再上行環繞口唇，經過面部，進入目眶下。

它的分支由胞中貫脊，向上循行於背部。

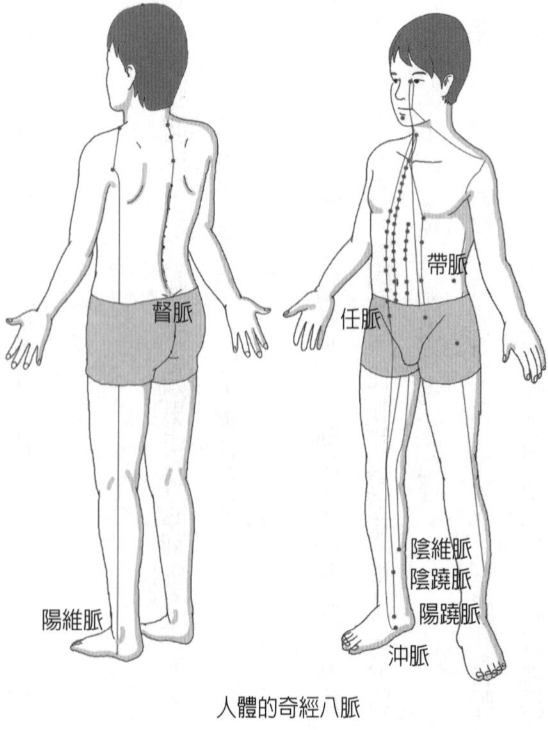

人體的奇經八脈

【主要功能】

任脈不僅統領全部陰經，還可以調節妊娠。當任脈不通時，常會有疝氣、帶下、腹中結塊等病症出現。

【最佳按摩時間】

督脈與肝、腎關係密切。所以按摩督脈的最佳時間可定在按肝經與腎經的時間裡。

督脈——

督脈與任脈不同，它是主陽的，總督一身之陽經。我們身體裡的全部六條陽經都與督脈交會於大椎，都要受到它的約束。因其總督各條陽脈，有調節陽經氣血的作用，因此被稱為「陽脈之海」。所以，男性朋友的生殖機能也與督脈有著諸多聯繫。

【循行線路】

督脈起於胞中，下出會陰，後行於腰背正中，沿脊柱上行，經項部至風府穴，進入腦內，再回出上至頭頂，沿頭部正中線，經頭頂、額部、鼻部、上唇，到唇繫帶處。

【主要功能】

督脈不僅統領全部陽經，還與任脈組成一對，調節大腦機能。督脈不通時，常會有頭項強痛、角弓反張、精神失常、小兒驚風等病症出現。

【最佳按摩時間】

督脈與肝、腎關係密切。所以按摩督脈的最佳時間可定在按肝經與腎經的時間裡。

沖脈——

沖脈能調節十二經氣血，故稱爲十二經脈之海。與生殖機能關係密切，沖、任脈盛，月經才能正常排泄，故又稱爲血海。

【循行線路】

起始於小腹內，向下出於會陰部，向上行於脊柱之內，其外行的脈於氣沖（腹股溝股動脈）處於足少陰腎經交會，沿著腹部、胸部兩側上行至頸部咽喉，再上行至面，環繞口唇。

【主要功能】

沖脈有調節月經的作用。婦女沖脈盛，才會有月經，才會有懷孕生子；男子先天沖脈未充，或後天沖脈受傷，均可導致生殖功能衰退。此外，沖脈能調節肝、腎和胃的氣機升降。

【最佳按摩時間】

沖脈與腎經聯繫。所以按摩沖脈的最佳時間可定在按腎經時間裡。

帶脈——

【循行線路】

帶脈起於季脅，斜向下行，交會於足少陽膽經的帶脈穴，繞身一周，並於帶脈穴處再向前下方沿髖骨上緣斜行到少腹。

【主要功能】

約束縱行的各條經脈，主治痿症，月經失調、赤白帶下、腰腹脹滿、臍周圍疼痛等等。

【最佳按摩時間】

帶脈與膽經、肝經、脾經、胃經、腎經相聯繫。所以按摩沖脈的最佳時間可選在以上任意一個經絡當令的時間段。

陰維脈——

【循行線路】

陰維脈的「維」字，有維繫、維絡的意思。陰維具有維繫陰經的作用，與陽維脈共同調節溢蓄全身的氣血。

【主要功能】

調節全身氣血，特別是心痛，胃痛，胸腹痛等症患者，應敲此脈。

【最佳按摩時間】

陰維脈與肝、腎、脾關係密切。所以按摩陰維脈的最佳時間可定在按肝經、腎經、

脾經的時間裡。

陽維脈——

陽維脈聯絡諸陽之脈，交會於督脈的風府、啞門。在正常情況下，陰陽經脈互相維繫，對氣血盛衰起調節溢蓄的作用，而不參與環境。

【循行線路】

起於足跟外側，向上經過外踝，沿足少陽經上行髖關節部，經脅肋後側，從腋後上肩，至前額，再到項後，合於督脈。

【主要功能】

維繫陽經。如果功能失常，則出現惡寒發熱，腰痛。主治發冷、腰痛、肢節腫痛、盜汗、肢體乏力等。

【最佳按摩時間】

陽維脈與膀胱經、膽經、小腸經、三焦經聯繫。所以按摩督脈的最佳時間，可定在以上經絡當令的時間裡。

陰蹻脈——

陰蹻脈從下肢內側上行頭面，具有交通一身陰陽，調節肢體運動的功能，故能使下肢靈活蹻捷。

【循行線路】

起於足舟骨的後方，上行內踝的上面，直上沿大腿內側，經過陰部，向上沿胸部內側，進入鎖骨上窩，上經人迎的前面，過顴部，到目內眥，與足太陽經和陽蹻脈相會合。

【主要功能】

控制眼睛的開合和肌肉的運動。主治陰蹻脈氣失調出現的肢體外側肌肉弛緩，而內側拘急、咽喉氣塞、小便淋漓等。

【最佳按摩時間】

陰蹻脈與肝經、脾經、腎經聯繫。所以按摩督脈的最佳時間可定在按肝經、脾經、腎經的時間裡。

陽蹻脈——

陽蹺脈從下肢外側上行頭面，具有交通一身陰陽，調節肢體運動的功能，故能使下肢靈活蹻捷。

【循行線路】

起於足跟外側，經外踝上行腓骨後緣，沿股部外側和脅後上肩，過頸部上夾口角，進入目內眥，與陰蹻脈會合，再沿足太陽經上額，與足少陽經合於風池。

【主要功能】

控制眼睛的開合和肌肉運動。主治腰背強直、腿腫、惡風、自汗、頭痛、耳痛耳鳴、骨節痛等。

【最佳按摩時間】

陽蹻脈聯繫膀胱經、膽經、小腸經、大腸經、胃經。所以按摩陽蹻脈的最佳時間可選在以上任意一個經絡當令的時間段。

經絡穴位導引養生

《黃帝內經》中說經脈「伏行分肉之間，深而不見，其浮而常見者，皆絡脈也」，並有「決生死，處百病，調虛實，不可不通」的特點，由此可見，經絡是按摩治病的依據。而身體的穴位均分布於經絡之上。只有「循掘決沖」才能達到「經可通」的目的。

經絡是連接臟腑與體表的組織，所以經絡很容易成爲病邪入侵的通道。同時，經絡也是臟腑與體表組織之間病變相互影響的重要管道。病邪侵入體表，會出現氣血淤滯的現象；病邪侵入臟腑，就會出現疾病。而穴位與經絡是關聯的，如果經絡出現問題，相應穴位也會出現疼痛等現象。

因此，穴位既是身體機能失調時，病變易於顯現的部位，也是醫治病痛的重要途徑之一。刺激局部的穴位不僅可以使氣血運行通暢，還可以將這種刺激通過經絡傳入臟腑，進而調節相關臟腑和器官的功能。

導引按摩法

根據《黃帝內經》的氣、血及陰、陽轉化的原則，古人創制了導引按摩法。導引按摩法源自我國宋代《養生訣》等書，後被整理成十四節。本法的特點是靜中求動，並以意領氣進行周身自我按摩，男女老少皆可修煉。

採用導引按摩法，不僅可以強身健體，還能有效緩解風濕性關節炎、痛風、消化不良、頸椎病、神經衰弱、冠

圖1 圖2 圖3 圖4 圖5 圖6 圖7 圖8
圖9 圖10 圖11 圖12 圖13

心病等疾病。具體做法如下：

1．預備式　自然站立，兩腳分開與肩同寬，雙手自然下垂身體兩側，含胸拔背，沉肩墜肘，全身放鬆，排除雜念，閉目垂簾，內視印堂，意念配合呼吸，使意氣相隨，一同下達丹田，意守丹田，自然呼吸。久練自然能靜中求動，出現肢體的自發運動，再練一段時間，便可按摩全身（圖1）。

2．搓手浴面　雙手合掌胸前，相互摩擦至熱，然後迅速分開，上下摩擦面部五官（圖2）。

3．擦胸揉腹　雙手掌先以丹田爲中心進行揉擦，以後逐漸擴展至整個胸腹部。可順時針或逆時針方向由裡到外或由外到裡的按摩，也可用橫擦、縱擦、雙手交叉揉按等方法按摩，直至皮膚發熱爲止（圖3）。

4．按摩腎俞　雙手掌互相搓熱，緊按腰部腎的兩側，稍用力從上向下推摩腎俞（圖4）。

5．乾浴肢體　雙手掌搓熱後沿肩→肘→腕→手的順序反覆摩擦上肢，或沿髖→膝→踝→足的順序反覆摩擦下肢，用雙手摩擦整個身體，將身體如沐浴般搓熱（圖5）。

6．摩掌熨目　雙手掌互相搓熱後，覆蓋雙眼，閉目熨睛（圖6）。

7．旋轉眼睛　睜眼平視，使雙側眼球以順時針或逆時針方向交替旋轉（圖7）。

8．赤龍攪海　運動舌頭以攪唇齒內外（圖7）。

9．叩擊鼓漱　口唇輕閉，上下牙齒相互輕輕叩擊，然後鼓動兩腮，做漱口動作，待津液滿口，分三次慢慢咽下，以意送至丹田（圖7）。

10．擊探天鼓　用雙手掌心緊按兩側耳孔，以手指輕輕叩擊頭顱枕部（圖8）。

11．運搖頭頸　頭部先做前後及左右方向擺動，然後按左、後、右、前或相反方向做環形旋轉（圖9）。

12．環轉帶脈　以腰為軸心，身體前傾，重心前移，由左向右和由右向左交替做圓周運動（圖10）。

13．震撼臟腑　全身放鬆，雙膝關節微曲，有規律的上下震動。使五臟六腑受到按摩（圖11）。

14．**收功**　將氣緩緩收入丹田，稍停片刻再往印堂輕輕吸氣，自然呼出。至此，按摩完畢（圖12、圖13）。

【注意事項】

按摩過程中要做到精神內收，靜極生動，產生肢體自發運動，意念集中於手心；按摩身體時，要先輕後重，以氣揉形；震撼臟腑時，全身肌肉、關節必須鬆弛，方可感覺兩股氣流從足底湧泉穴升起，沿下肢而上，直達軀幹、下肢，頻頻震動全身以及五臟六

腑。

自我保健按摩法

自我保健按摩法是在自身的部位或穴位上進行按摩，以強身健體的一種傳統保健方法。是我國勞動人民和醫學家，在與疾病長期作鬥爭的實踐中，不斷的發展和充實起來的。這種按摩方法簡便易行，安全可靠，既適用於個人，也適用於集體，對強身防病、延年益壽大有裨益。

1．浴面　中指用力，四指相隨，順著鼻旁、眼圈、額部、耳旁做洗臉狀，按摩轉圈1分鐘（圖1）。

2．梳髮　兩手指微屈，拇指分置於兩側太陽穴處，其餘四指放到眉弓上，彼此張開，用力向上推，直至兩拇指抵同側風池穴，雙食指推入後項爲止，連續做36次。也可用梳子梳頭代替，可緩解頭暈、頭痛（圖2）。

3．擦頸項　兩手指交叉抱著後頸部，頭稍後仰，然後兩手來回摩擦約2分鐘（圖3）。

4．揉太陽　兩手掌小魚際按揉太陽穴，順時針方向及逆時針方向各轉半分鐘爲宜（圖4）。

5．擠耳　兩手掌按雙耳孔，緊壓，急放。如此做3次（圖5）。

6．擦胸　左手放鬆下垂，右手五指張開，以指腹和手掌自上而下來回揉擦左側胸肋36次，以有輕微酸脹感爲宜；再換左手以相同方法揉擦右側胸肋。可以防治心、肝部的疾病（圖6）。

7．摩腹　將兩手掌心重疊在肚臍中央，先在肚臍周圍按順時針方向小範圍摩腹12次，再大範圍摩腹12次。隨後按逆時針方向大範圍摩腹12次，再小範圍摩腹12次。最後將兩掌心重疊放在肚臍中央，意念集中在小腹部1～3分鐘。對消化系統有一定幫助（圖7）。

8．浴臂　左手放於膝蓋上，並完全放鬆。右手掌從肩部開始緩慢的沿手臂內側向手部推摩，直至手部有酸脹的感覺，再從腕部沿手臂外側向上按摩至肩部爲1

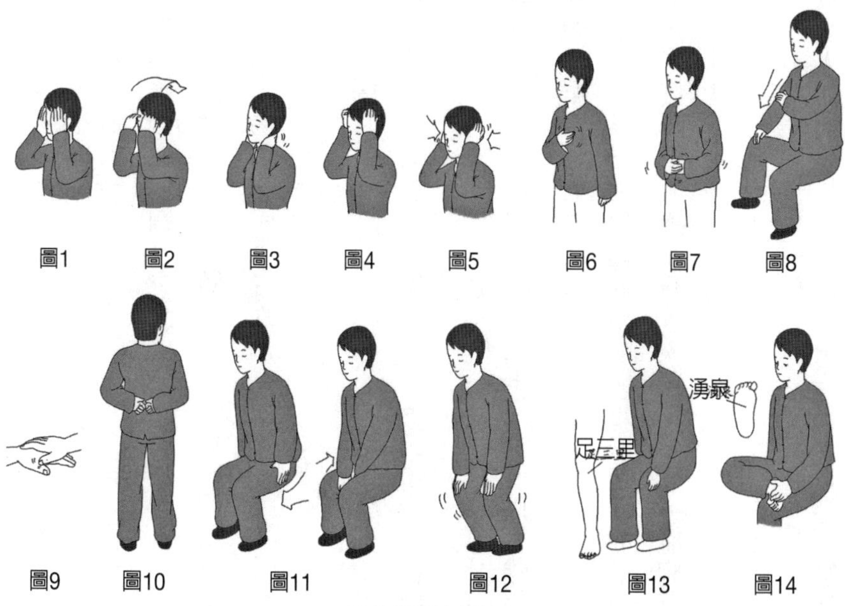

自我保健按摩法

次，做9次爲宜。然後依法按摩右臂（圖8）。

9．揉虎口　右手掌心放在左手背側，大拇指旋轉按揉左右虎口36次。再以同樣方法按摩左手虎口36次。可以防治頭痛、神經衰弱等病症（圖9）。

10．擦腰骶　兩手背互相搓熱，食指掌指關節抵於脊柱兩側，手背緊靠兩側腰肌上下搓擦，以腰部發熱爲佳。可以有效的防治腰痛、陽痿、帶下等疾病（圖10）。

11．浴腿：雙手掌放於兩側髖部，自下肢外側徐徐向下推至外踝，使雙腿有發脹感，再從內側向上推撫，整個過程連續做9次（圖11）。

12．轉膝　兩足平行靠近著地，屈膝微下蹬，兩手掌置於膝部，然後膝關節左右呈圓圈狀轉動半分鐘左右即可（圖12）。

13．揉足三里　端坐，兩手拇指分別置於膝下3寸稍偏外的足三里穴上，以有酸脹感爲宜。能夠有效緩解嘔吐、腹瀉等消化系統疾病（圖13）。

14．擦湧泉　湧泉穴位於足前部凹陷處第二、第三趾趾縫紋頭端與足跟連線的前三分之一處。用左手小魚際置於右足足心湧泉穴處按摩1分鐘左右，換左足亦然。能夠有效緩解老年性哮喘、腰腿酸軟、便秘等病症（圖14）。

【注意事項】

可以每天早晚各做1次，時間長短可以因人而異，也可在20分鐘左右，以感到舒適愉快爲佳；按摩的過程中要全身放鬆，思想集中，情緒穩定；用力要恰當，如用力過小不能起到應有的刺激作用，用力過大，易擦破皮膚；若時間不夠，可以重點按摩某個部位。

五臟按摩功

五臟按摩功通過按摩五臟所在的部位以達到保健防病的作用。要求調節意念，配合氣功鍛鍊更佳。

1．心臟按摩　平坐，頭正身直，全身放鬆，思想集中，左手掌放在右手背上使兩手相疊，輕輕按在左胸心臟所在部位，先向左下旋轉12圈，再向右下旋轉12圈，意念在心臟，使氣隨手轉，血隨氣湧（圖1）。

2．肺臟按摩　平坐，頭正身直，全身放鬆，思想集中，兩手掌平放在胸部兩側肺臟所在部位，先向左下旋轉12圈，再向右下旋轉12圈，意念在肺部，助肺氣宣降（圖2）。

3．肝臟按摩　平坐，頭正身直，全身放鬆，兩手相疊，輕放在右肋下肝臟的部位。先向左下旋轉12圈，再向右下旋轉12圈，意念在肝臟，使肝氣流動，消除氣滯血淤（圖3）。

4．脾臟按摩　平坐，頭正身直，全身放鬆，雙手相疊，輕放在左肋下脾臟所在

部位。先向左下旋轉12圈，再向右下旋轉12圈，意念在脾臟，助脾之運化（圖4）。

5．胃部按摩　平坐，頭正身直，全身放鬆，雙手相疊放在上腹胃部所在部位，先向左下旋轉12圈，再向右下旋轉12圈，意念在胃部，助胃氣下降（圖5）。

6．腎臟按摩　平坐，頭正身直，全身放鬆，雙手輕握拳，雙掌指骨節放在腰部腎俞穴。先順時針方向旋轉12圈，再逆時針方向旋轉12圈，意念在腎臟，以激發腎氣（圖6）。

【注意事項】

要做到全身放鬆，思想集中，意念相守。按摩時，動作要輕柔，不可

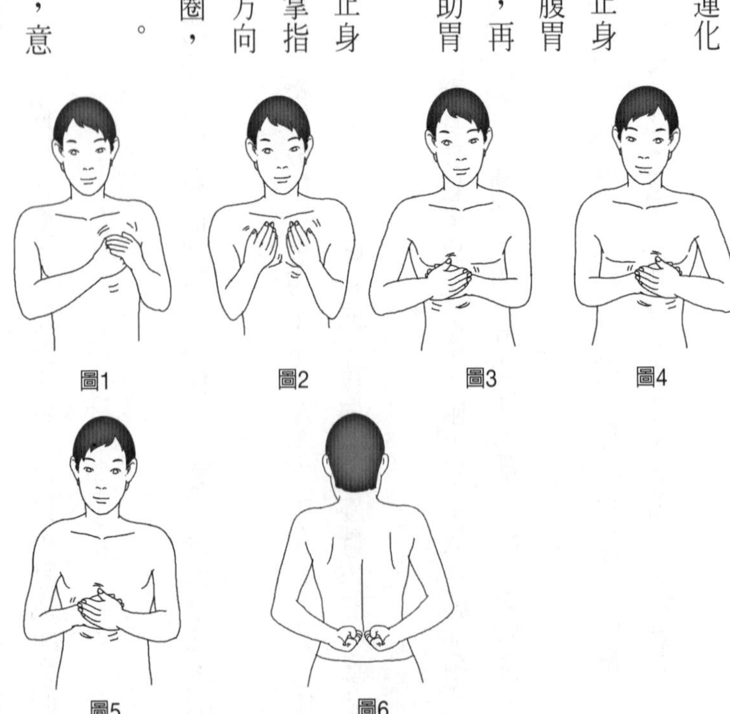

圖1　圖2　圖3　圖4

圖5　圖6

五臟按摩功

用力，意念要隨著動作走。

摩腹功

《黃帝內經》的經絡理論，使得摩腹健身法在春秋戰國時期，就已在民間廣為流傳，後為歷代醫家所青睞。晉代葛洪曾言「若要衍生，腸胃要清」，唐代名醫孫思邈也在《枕上記》中告誡人們：「食飽行百步，常以手摩腹」。並身體力行，以練「摩腹功」為益壽之道。要知道，摩腹不僅可以調整腹部器官，還能對全身各個組織和臟器起調整作用。

「摩腹功」共有9節，其具體內容為：

第一節　以兩手中三指按心窩，由左順摩圓轉21次（圖1）。

第二節　以兩手中三指由心窩順摩而下，且摩且走，摩至恥骨為度，連做21次（圖2）。

第三節　以兩手中三指由曲骨處向兩邊分摩而上，且摩且走，摩至心窩，兩手交接為度，連做21次（圖3）。

第四節　以兩手中三指自心窩向下，直推至曲骨21次（圖4）。

第五節　以肚臍為中心，用右手向左繞臍摩21次（圖5）。

第六節　以肚臍為中心，用左手向右繞臍摩21次（圖6）。

第七節　以左手將左邊軟肋下腰腎處（腎俞穴），大指向前，四指托後，輕捏定；用右手中三指，自左乳下直接推至腹股溝處，21次（圖7）。

第八節　以右手將右邊軟肋下腎俞穴處，大指向前，四指托後，輕捏定；用左手中三指，自右乳下直接推至腹股溝處，21次（圖8）。

第九節　按摩完畢後，盤腿坐定，兩手握拳分按兩膝蓋上，兩足十趾稍鉤曲。上身自左向右搖轉21次，再自右向左搖轉21次。搖轉時各動作均以達到極限爲佳，動作須和緩，不可用力（圖9）。

【注意事項】

按摩前應全身放鬆，調勻呼吸，舌抵上齶，意守丹田；按摩的時候要全神貫

圖1　圖2　圖3　圖4　圖5　圖6

圖7　圖8　圖9

摩腹功

注，心到手到；摩腹動作要輕緩，要連續不斷，不可過於用力，以免損傷內臟。

經絡穴位灸法養生

《靈樞．經別》說：「夫十二經脈者，人之所以生，病之所以成，人之所以治，病之所以起，學之所始，工之所止也。」認為經絡對生理、病理、診斷、治療等方面有重要意義。而經絡學說就是研究人體經絡系統的循行分布、生理功能、病理變化及其與臟腑相互關係的一種理論，它與針灸療法是密不可分的。《素問．異法方宜論》中有：「藏寒生滿病，其治宜灸焫。」即指此言。

☯針灸學的形成

針灸療法是包括針法與灸法兩種，是一項傳統的治療方式，它的適應症廣、療效顯著、應用方便又經濟安全，數千年來一直深受廣大人民的歡迎。對於一般疾病，通常針法和灸法同時使用。因此，稱為「針灸」。

至秦漢時期，醫學家們不但已構築起以經絡學說為核心的理論框架，而且已卓有成效地運用刺法、灸法等技術防病治病，同時還在實踐中不斷發展和更新理論，初步形成了以理、法、方、穴、術為一體的獨特的針灸學理論體系。

針灸療法的治病原理

針灸的治病原理是根據《黃帝內經》中的經絡學說衍生發展的，《黃帝內經》的《靈樞》又稱爲《針經》，是專門論述用微針治療經絡的著作。充分說明針灸是中醫學的重要組成部分，現代的針灸治療包括經絡、腧穴、針灸技術及臨床治療等幾部分。不但可以用以抗禦疾病，還可以起到預防疾病的作用。

與經絡、穴位的關係

《黃帝內經》中說：「欲以微針通其經脈，調其血氣，營其逆順出入之會。」也就是說，針灸是利用調節虛實和平衡陰陽的作用，使經絡運行血氣順暢，達到緩解疾病的目的。

與陰陽五行的關係

《靈樞．根結》說：「用針之要，在於知調陰與陽。」調和陰陽就是通過經穴的分經、深淺，並運用適當的刺法來達到的。經絡分陰陽，手三陽經、足三陽經的六條經絡

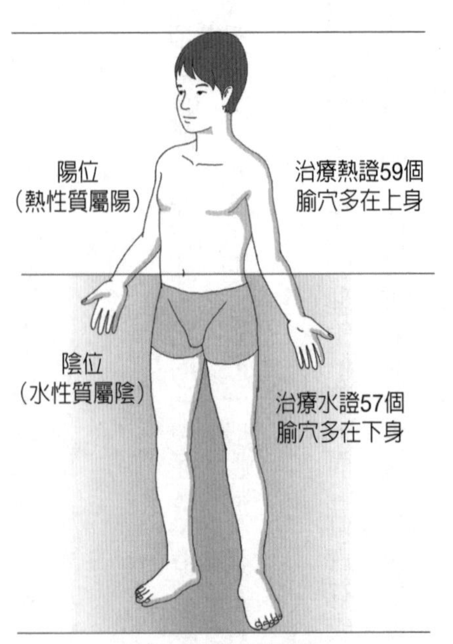

針灸中的陽位與陰位

都屬陽，手三陰經、足三陰經的六條經絡都屬陰；而經絡上的穴位，也都是根據深淺來劃分陰陽的，穴位的淺層爲陽，深層爲陰。針灸學說不僅建立在陰陽學說的基礎上，也是建立在五行學說的理論基礎之上的。認爲要想使陰陽調和，就必須使陰經與陽經之間的五腧穴，具有五行的生剋關係，這樣才能滿足各經脈腧穴在整體上的關係。

針法

針法是以特製的金屬針，刺入人體特定的腧穴部位，施行一定的手法，使之產生刺激作用，以促使陰陽調和，經絡暢通，從而達到緩解、治療疾病的作用。

熱證的性質屬陽，而治療熱證的59個穴位多在上身；水症的性質屬陰，而治療水症的57個穴位多在下身。

針刺的方法——

《黃帝內經》認爲，針法必須合於自然之道，只有符合自然之道的行事方法，才能因勢利導。針法也是如此，要與人的氣血狀態相合，才能取效。針刺的方法有補法和瀉法兩種，對不同的人要用不同的針刺方法。

補法：徐徐進針，撚轉少且是逆時針的，最後急速出針；瀉法：急速進針，撚轉多且是順時針的，最後徐徐出針。

針刺

體質與針刺——

對於皮膚粗黑且唇厚的形體粗壯者，如其血質濃濁，氣行澀遲，整體呈現一種重濁之勢，那麼針刺就要取深刺久留針的強勢之法。

對於皮膚白皙、唇薄且言輕的形體瘦削者，如其血質清稀，氣行滑利，整體呈現出輕清之勢，那麼針刺要取淺刺不留針的弱勢之法。

針刺時間——

一月之中：月亮由缺至盈及由盈轉缺時，機體的氣血處於較弱的狀態，不宜用瀉法；月亮滿盈之時，由於機體氣血處於較盛的狀態，而不宜用補法。

一年之中：春夏之季，陽氣升發，氣血外浮，故針刺要淺；秋冬之季，陽氣收藏，氣血內沉，故針刺要深。

灸法

灸法是以特製的艾絨，在人體特定的腧穴部位

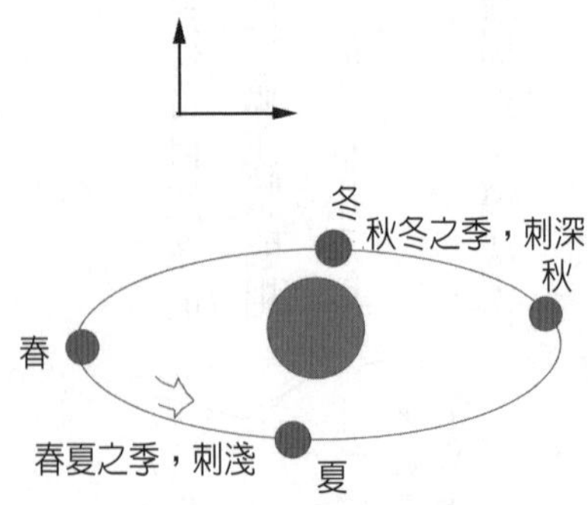

不宜用瀉法

不宜用補法

針刺與時間

上，點火燃燒，產生艾的特有氣味，以溫熱刺激與特定範圍輻射能量，調整各部生理機能，增進身體健康，從而達到治療疾病與預防疾病的目的。

疏經活絡運動養生

疏經活絡運動養生又叫中醫健身術，是指運用傳統的運動方法進行鍛鍊。早在遠古時代，人們就以舞蹈的形式舒展筋骨，祛病除邪。《素問．移精變氣論》中就有：「動作以避寒」、「邪不能深入」等語句。《素問．四氣調神大論》中還有：「廣布於庭」的運動方法。而《素問．上古天眞論》則認爲運動養生法具有「形勞而不倦，氣從以順」的作用，認爲運動可以調整呼吸，從而使臟腑經絡之氣和順；肢體運動可以使人動作柔和協調。其中，漢代華佗的「五禽戲」、宋代的「八段錦」歷來爲人們所重視，流傳甚廣。

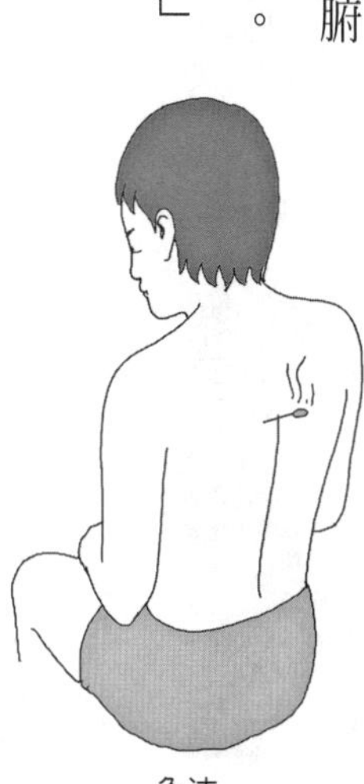

灸法

五禽戲

五禽戲又被稱爲「五禽操」、「五禽氣功」、「百步汗戲」，是一種中國傳統健身方法，是中國民間廣爲流傳的、也是流傳時間最長的健身方法之一。據說由東漢醫學家

華佗模仿熊、虎、猿、鹿、鳥五種動物的動作創編的，但也有人認爲華佗是五禽戲的整理改編者。

五禽戲由5種動作組成，分別是虎戲、鹿戲、熊戲、猿戲和鳥戲，每種動作都模仿了相應的動物動作。每種動作都是左右對稱地各做一次，並配合氣息調理。要求意守、調息和動形相配合，動作模仿形象逼真。

練習五禽戲不僅要全身放鬆、情緒樂觀，還要調勻呼吸，最好使用腹式呼吸，舌抵上齶，吸氣用鼻，呼氣用口。同時還要做到專注意守，保證在意、氣相隨的基礎上，將虎的威猛、熊的沉穩、鹿的溫順、猿的輕靈、鳥的輕翔舒展都形象地表現出來。

■虎戲——

預備：腳後跟靠近成立正姿勢，兩臂自然下垂，兩眼平視前方，舌尖輕抵上齶，全身放鬆，意守臍下2寸處的命門。

1．左式

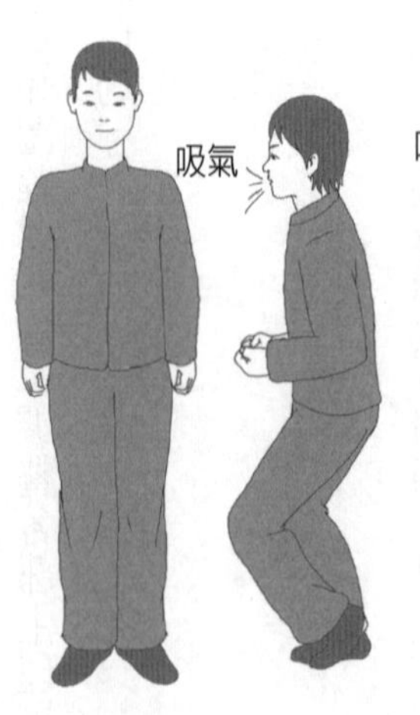

虎戲

①兩腿屈膝半蹲，重心移至右腿，左腳虛步，腳尖點地，靠於右腳內踝處，同時兩掌握拳提至腰兩側，拳心向上，眼看左前方。

②緩緩吸氣，兩拳沿胸部上抬，拳心向裡，抬至口前時，呼氣。兩拳相對翻轉變掌向前推出，高與胸齊，掌心向前；同時，左腳向左前方斜進一步，右腳隨之跟進半步，兩腳跟前後相對，相距約一尺左右，身體重心坐於右腿，左腳掌虛步點地，眼看左手。

2．右式

動作與左式相同，唯左右方向相反。如此反覆左右虎撲，次數不限。

注意：練習虎戲時，動作與呼吸要協調一致。兩手掌向外推出時，兩腳要同時向前進步，此時宜稍用力，速度稍快，以顯示虎撲時的敏捷、勇猛。

■熊戲

預備：身體自然站立，兩腳平行分開與

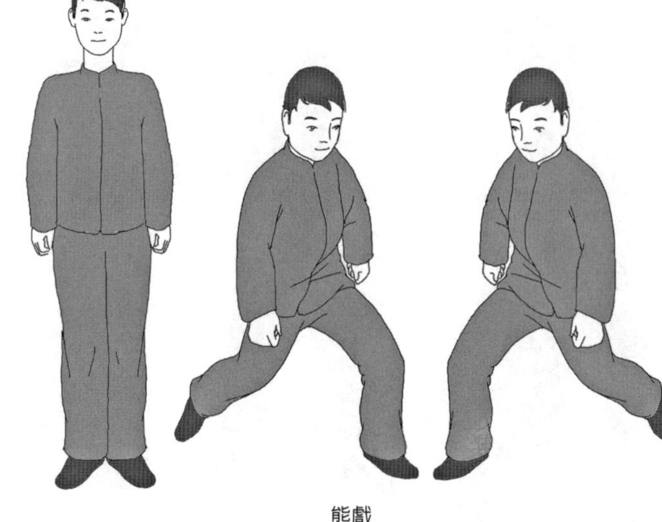

熊戲

肩同寬，雙臂自然下垂，兩眼平視前方，全身放鬆，呼吸均勻，意守中宮。

1．左式

①隨呼氣，左腳向左前方緩緩邁出半步，身體以腰爲軸稍微左轉，左肩向後外方舒展，臂肘微曲。同時，屈右膝，隨上體的轉動，右臂向前下方晃動，手臂亦隨之下垂，身體重心在右腿上。

2．右式

動作與左式相同，唯左右方向相反。如此反覆左右晃動，次數不限。

注意：意守中宮，氣沉丹田，模仿熊體笨力大的動作，動作要沉穩緩慢。

■鹿戲——

預備：身體自然直立，兩腿直立於與肩同寬，兩臂自然下垂，兩眼平視前方，放鬆全身，呼吸調勻，意守尾閭（尾骶

鹿戲

部）。

1．左式

①右腿屈膝，身體後坐，左腿前伸，左膝微屈，左腳虛踏；左手前伸，左臂微屈，左手掌心向右，右手置於左肘內側，右手掌心向左，即兩手掌心相對。

②逆時針方向旋轉腰、胯、尾閭，同時兩臂在身前做逆時針方向旋轉，手臂繞大環，尾閭繞小環，即「鹿運尾閭」之意。久而久之，過渡到以腰胯、尾骶部的旋轉帶動兩臂的旋轉。

2．右式

動作與左式相同，唯方向左右相反，繞環旋轉方向亦有順逆不同。

注意：手臂旋轉是靠腰胯旋轉帶動的，不是肩關節的活動。

■猿戲——

預備：腳跟靠近成立正姿勢，兩臂自然下垂，兩眼平視前方，放鬆全身，口微閉，舌抵上齶，呼吸調勻，意守中宮（臍內）。

1．左式

①兩腿慢慢向下邁出，身體重心放在右腿，左腳向前輕靈邁出，同時左手沿胸前上舉至口平處向前如取物樣探出，將達終點時，手掌撮攏成爪，手腕自然下垂，身體重心

移至左腳。

②右腳向前輕靈邁出，身體重心逐漸移至右腳，左腳隨至右腳內踝處，腳掌虛步點地。同時右手沿胸前至口平處時向前如取物樣探出，將達終點時，手掌撮攏成爪，手腕自然下垂。左手同時收至左肋下。

③身體後坐，重心由右腿逐漸轉移至左腿，左腳向後退步，踏實，右腳隨之退至左腳內踝處，腳掌虛步點地，同時左手沿胸前至口平處向前如取物樣探出，手掌撮攏成爪，手腕亦隨之自然下垂。右手同時收回至右肋下。

2．右式

動作與左式相同，唯左右方向相反。先左後右，再先右後左，反覆多次練習。

注意：練習時，要意守中宮，吸氣要閉嘴，自齒縫微微吸氣；呼氣時，自口緩緩呼

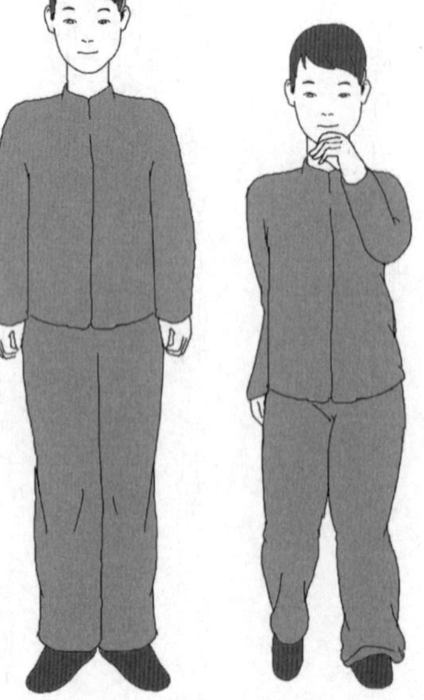

猿戲

出。肢體要靈活，精神要寧靜。

■鳥戲——

預備：兩腳平行站立，兩臂自然下垂，兩眼平視前方，意守氣海。

1．左式

①左腳向前邁進一步，右腳隨之跟進半步，右腳尖虛點地，同時兩臂慢慢從身前抬起，掌心向上，與肩平時兩臂向左右側方舉起，隨之深吸氣。

②右腳前進與左腳相並，兩臂自左右兩側下落，掌心向下，同時屈膝下蹲，兩臂在膝下相交，掌心向上，隨之深呼氣。

2．右式

動作與左式相同，唯左右方向相

鳥戲

反。可連續做多次。

注意：要做到意守氣海，動作與呼吸要協調，伸展時吸氣，屈體時呼氣。

五禽戲具有養精神、調氣血、益臟腑、活筋骨、利關節的作用，如果能經常練習，能達到祛病強身、益壽延年的效果。經常練習對高血壓、冠心病、肺氣腫、神經衰弱有良好的治療功效。

八段錦

八段錦起源於宋代，距今已有八百多年的歷史，是我國民間流傳較廣、作用較好的一種導引術。八段錦就是八段動作，古人認為這八段動作十分優美，好似錦一樣，故稱之為八段錦。

八段錦的動作簡單，運動量適中，不受環境、場地限制，隨時可做。堅持每天練習，既可強身健體、延年益壽，又可防治慢性疾病。練習八段錦時動作要柔和，要將意、氣、形三者結合，以意領氣，以氣催形，以動為主，動靜相兼。同時呼吸要自然，採用自然、平穩的腹式呼吸；還要意守丹田，注意力集中；最後要剛柔結合，全身放鬆，用力輕緩。

有人將八段錦的動作編成了歌訣，以便記憶——

雙手托天理三焦，左右開弓似射雕。

調理脾胃須單舉，五勞七傷往後瞧。

搖頭擺尾去心火，兩手攀足固腎腰，

攢拳怒目增力氣，背後七顛百病消。

〈八段錦練習動作〉

1．雙手托天理三焦

預備：自然站立，兩足平開，與肩同寬，雙臂自然下垂，雙目平視，含胸收腹，腰脊放鬆。口齒輕閉，寧神調息，氣沉丹田。同時足趾抓地，足心的湧泉上提。

①兩手掌心向上，兩臂自左右兩側徐徐上舉，至頭頂上方時，兩手十指交叉，翻掌，掌心向上做托舉動作，頭後

雙手托天理之焦

左右開弓似射雕

仰，眼看手背；同時，兩足儘量上提，並吸氣，站立片刻。

②兩手十指分開，兩臂從兩側徐徐放下，兩足跟也隨之落地，並呼氣，還原至預備姿勢。如此反覆進行多遍。

這段動作可以調理三焦。手上舉，足跟提起，可舒展筋脈，有利於呼吸，使三焦氣機暢達。三焦通則內外左右上下皆通，從而達到氣血調和的目的。

2．左右開弓似射雕

預備：自然站立，左腳向左側橫開一步，身體下蹲成騎馬步，雙手半握拳平放胸前，拳眼向上，左手在內，右手在外。

①左手食指與拇指撐開，成「八」字形，目視左手食指，左手緩緩拉向左外方並伸直，吸氣，頭隨手轉至左側。同時右手向右平拉至右胸如拉弓狀。

②還原成預備式，同時呼氣。

③動作同①，唯左右手換手進行，方向亦相反。如此反覆練習多遍。

這段動作可以擴胸，使肺氣得以宣降，雙臂、雙肩得以活動。

3．調理脾胃須單舉

預備：自然站立，雙臂在胸前平屈，十指自然併攏，兩掌心向上，指尖相對。

①左手緩緩自體側上舉至頭，翻轉掌心向上，並向左外方用力舉托，同時右手下按

附應。舉按數次後，左手沿體前緩緩下落，還原至體側。

②右手舉按動作同左手，唯方向相反。如此交替反覆數遍。

這段動作升降並舉，有利於脾胃的升降，能調理脾胃，去積食。上舉、下按要同時進行，舉、按時要吸氣，復原時呼氣。

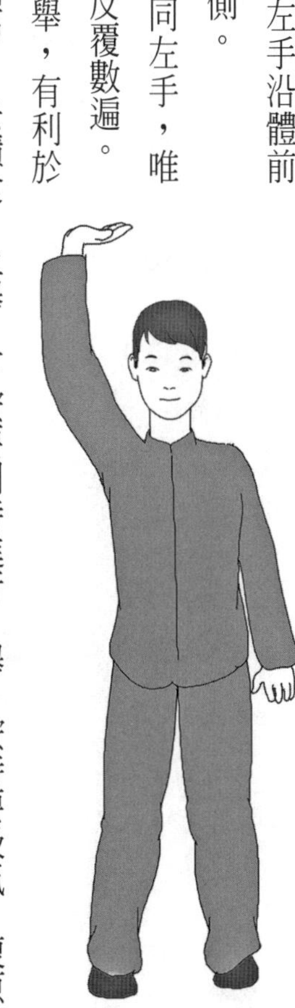

調理脾胃須單舉

4．五勞七傷往後瞧

預備：自然站立，雙腳與肩同寬，雙手自然下垂，寧神調息，氣沉丹田。同時兩手扠腰。

①頭部微微向左轉動，兩眼目視左後方，稍停頓後，緩緩轉正。

②再緩緩轉向右側，目視右後方稍停頓，轉正。如此十數次。

這段動作可使精血充足，神氣寧靜，可以治療五勞七傷，也可以治療頸椎病。轉頭時，身體不動，保持正直，向後看時吸氣，復原時呼氣。

5．搖頭擺尾去心火

預備：兩足橫開，雙膝下蹲，成「騎馬步」，兩手自然放於膝上，虎口對著身體，

上體正直。

①頭及上體前俯、深屈，隨即向左側做弧形擺動，同時臀部向右擺，然後還原成預備姿勢。

②頭及上體前俯、深屈，隨即向右側做弧形擺動，同時臀部向左擺，然後還原成預備姿勢。如此反覆十數次。

搖頭可使心火下降，擺尾可使腎水上濟，故可去心火，亦可防治腰肌勞損。搖擺時，四肢隨著擺動自然伸屈，擺動時吸氣，復原時呼氣。

6．兩手攀足固腎腰

預備：兩足平開，與肩同寬，雙臂平屈於上腹部，掌心向上。

①身體緩緩前屈，兩臂垂下，膝

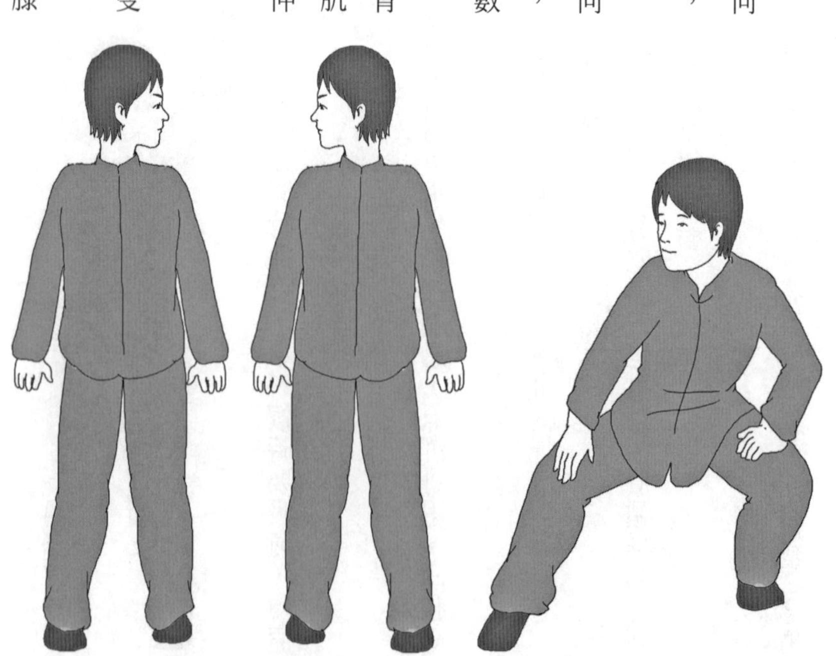

五勞七傷往後瞧　　擺頭擺尾去心火

部挺直，雙手觸摸腳尖，頭稍抬，還原成預備式。

②兩手放於背後，以手掌抵住腰骶部，身體緩緩後仰，還原。如此反覆多遍。

這段動作以活動腰部爲主，可以強腰固腎，並有助於治療腰椎勞損等病症。練習時要自然呼吸，動作宜緩慢，身體前屈時，膝部不能彎曲，後仰要儘量達到最大限度。

7．攢拳怒目增力氣

預備：兩足橫開，兩膝下蹲，呈「騎刀步」。雙手握拳，拳眼向下，兩目圓睜。

①左拳向前方擊出，順勢頭稍向左轉，兩眼通過左拳凝視遠方，右拳同時後拉。與左拳出擊形成一種「爭力」。隨後收回左拳。

②按照前一方法擊出右拳，頭向右轉，左拳與右拳爭力。如此左右交替數次。

攢拳怒目增力氣

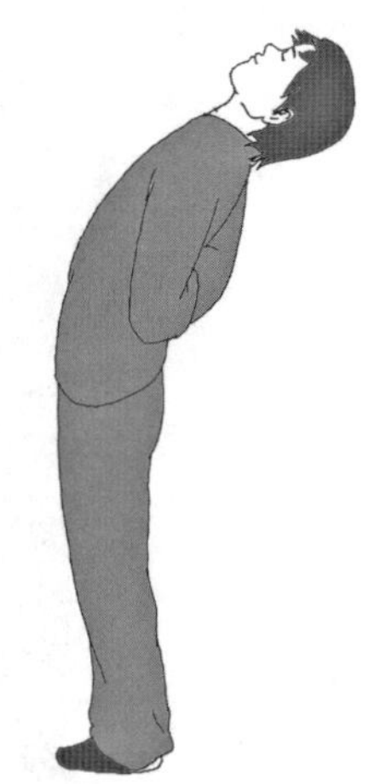

兩手攀足固腎腰

這段動作可強壯胸、臂、腰、背、腿部的肌肉，增強力量。練習時要腳爪用力抓地，出拳要用力，拳緊握。出拳時呼氣，睜眼怒目，復原時呼氣，全身放鬆。

8．背後七顛百病消

預備：兩足併攏，兩腿直立、身體放鬆，兩手臂自然下垂。

①手指併攏，掌指向前，隨後雙手平掌下按，順勢將兩腳跟向上提起，頭用力上頂。

②兩腳跟下落著地，還原。如此反覆練習數次。

這段動作通過足跟起落使全身受到震動，可以暢達經脈，通行氣血，健身醒腦。足跟落地的速度要快，足跟提起時吸氣，落下時呼氣。

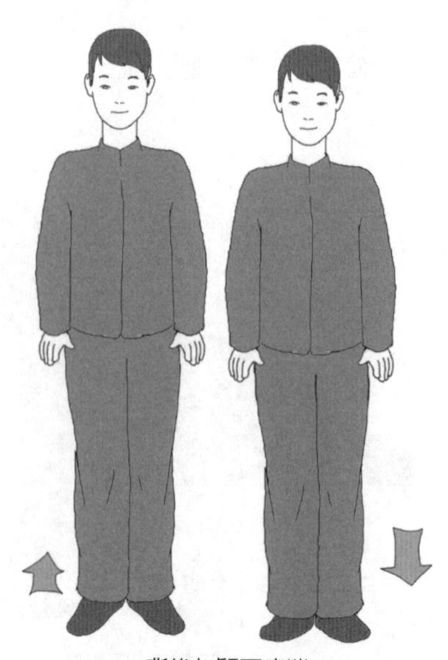

背後七顛百病消

☯老人導引法

老人導引法出自清代曹庭棟的《老老恒言》，是一套專門用以防治老年性疾病的自我保健功法。全套功法由臥功、立功各5節和坐功10節組成，動作簡單，易學易練，適於老年人及體弱者修煉。對老年性疾病如骨質增生、動脈硬化等有一定的防治功效。

練習本法時，動作幅度要由小漸大，不可過分用力，各節練習次數要適可而止，不可超負荷練習；不宜在飯後立即練習，須在飯後至少半小時以後才能開始練習；主要適用於慢性病或功能性疾病，急性病或嚴重器質性病變，須配合其他措施治療；練習前，可適當做些叩齒、咽津等相關動作。

臥功

練習臥功時要採取仰臥位。

①伸直兩腳，十趾向上豎立；兩臂向上伸直，十指朝天，掌心相對，距離約30～50公分。然後雙手及整個身體向左右側擺

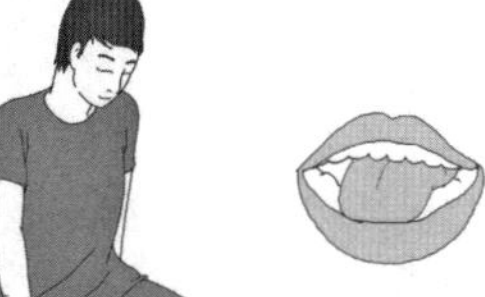

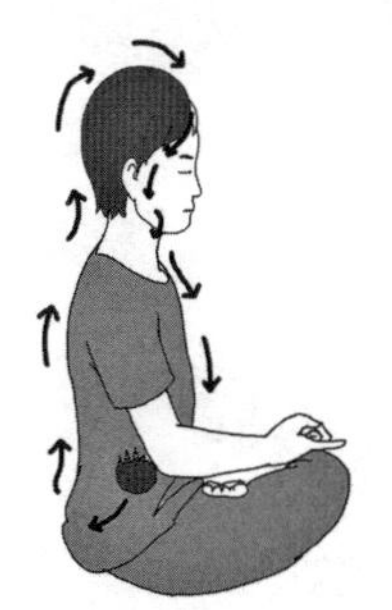

老人導引法練習前的熱身動作

動數遍。

②伸直右腿，左腿前屈，雙手挽左腳，向右脅下方引拉數遍；然後伸直左腿，右腿前屈，雙手挽右腳，向左肋下方引拉數遍，左右交替進行。

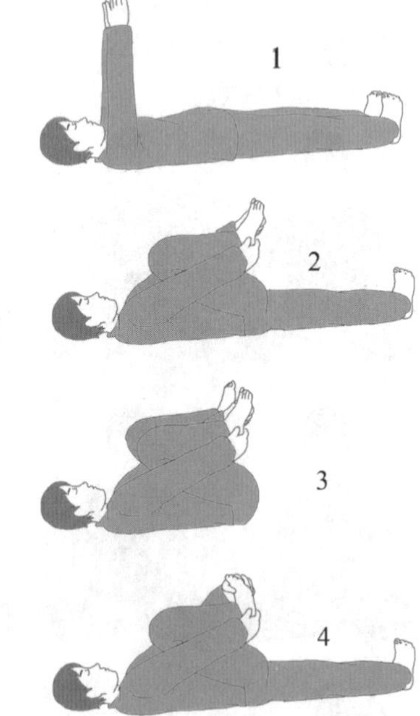

臥功

③兩膝向上彎曲，膝頭相並，兩足外展，兩手各挽同側足，用力向外挽數次。

④伸左腳，曲右膝豎起，膝頭向上，兩手勾住右足底，用力向上頂，使右膝貼胸；然後勾左足，左右交替進行，輪流做數遍。

⑤伸直兩腳，兩手分別握住左右大拇指，頭及上身抬起，以兩手肘做支架，使腰部向上稍挺起離床面，並使腰部左右搖動數次。

☯立功

立功練習時要採取直立位，且要立正。

①兩手背各按住左右腰部，先抬起左足在空中搖曳數遍，然後抬起右足在空中搖曳

數遍。

②仰面挺胸，兩臂向前伸直，兩手掌相並，掌心朝上，如抬重物般向上抬高至頭平，連續數次。

③兩臂側平舉，兩手握住大拇指呈虛握拳狀，然後兩臂做順、逆時針方向轉搖各數十遍。

④兩臂自然下垂，兩手指靠近小腹前，兩拇指尖橫直相頂，另八指呈半握拳，用兩拇指如提重物般聳動肩臂數次。

⑤兩手掌伸開，一臂伸直向前，如托重物，另一臂向下伸直如按壓重物，左右交替進行數次。

坐功

坐功練習時要採取自然盤坐位。

①兩手相互摩擦至熱，然後以手掌掌心如洗臉狀摩擦面部，眼眶、鼻梁、耳根各處皆摩遍，以面覺微熱爲度。

②伸腰，兩手放置膝頭，兩眼隨頭向左右顧盼，如

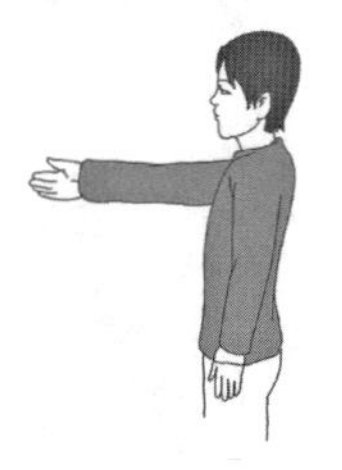

1 2 3 4 

5

立功

搖頭狀數十遍。

③伸腰，兩臂用力，如拉硬弓姿勢，左右交替進行數十遍。

④伸腰，兩手仰掌置於小腹部，肘關節用力伸直。同時上舉，如托舉千斤重物數遍。

⑤伸腰，兩手四指握住拇指成拳，然後同時向前用力沖拳，拳心相對，如做沖拳運動數十遍。

⑥兩手掌支撐於身體兩側後，使臀部微微舉起，以腰帶動臀部擺動數遍。

1 2 3 4

5 6 7 8

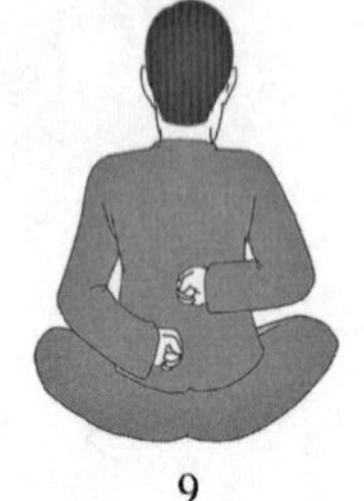
9

10

坐功

⑦伸腰，兩手安置膝頭，腰部前後、左右交替扭轉數十遍。

⑧伸腰，兩手開掌，十指交叉，兩肘拱起，掌按胸前，反掌推出，覆掌挽回數次。

⑨兩手四指握大拇指成拳，反身捶擊腰背；然後又左右交替捶擊上下肢，以舒暢爲度。

⑩兩手按膝頭，兩肩前後扭轉，使關節咯咯作響，背覺微微發熱爲度。

老人導引法可全套練習，用來治療全身性疾病或用於養生保健，也可以針對病症選擇幾節。如頭面疾病可選練坐功第一節；頸項疾病可選練立功第二節，坐功第二節；上肢疾病可選練立功第二、第三節，坐功第三、第四、第五節；肩背疾病可選練立功第四節，坐功第三、第四、第十節；腰部疾病可選練臥功第五節，坐功第六、第七、第九節；下肢疾病可選練臥功第一至四節，立功第一節，坐功第九節等。

第五章

《黃帝內經》養生法〈三〉

日常生活

《黃帝內經》指出，「飲食有節，起居有常，不妄勞作，故能形與神俱，而盡終其天年」，意在告誡我們要「日出而作，日落而息」，遵循「天人合一」的養生之道，方能做到調陰陽、和氣血、保精神，頤養天年。

長命百歲重在起居

中醫學認爲，「起居有常」是保持健康長壽的基本要素之一。《黃帝內經》指出，「上古之人，其知道者，食飲有節，起居有常，不妄作勞，故能形與神俱，而盡終其天年，度百歲乃去；起居無節，故半百而衰也。」這裡的起居，主要是指日常生活，中醫所謂的起居調攝，主要包括作息規律、勞逸適度和節制房事等內容。簡單的說，只要生活規律、不妄作勞、勞逸結合，遵循自然養生的法則，長年堅持不懈，就能做到起居有常，達到祛病強身、益壽延年的目的。

起居宜適應四時變化

《素問．上古天眞論》認爲，四時陰陽氣的變化，是萬物由始到終、由生到死變化規律的根本，人體氣血運行、盛衰及臟腑經絡的生理機能，都會隨著四季與晝夜之間的變化而發生變化。爲此，人的日常起居就應與之相應而規律變化，方可健康延年。反之，與之相悖則會患病、折壽。

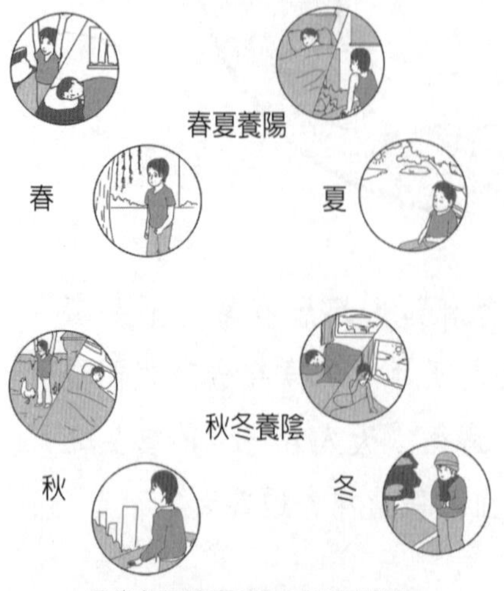

日常起居應順應四季陰陽變化

具體來說，日常起居須根據「春夏養陽，秋冬養陰」的原則來進行調養，做到春季宜晚臥早起，外出散步，無拘無束，應生發之氣；夏季宜晚睡早起，多動少怒，應長養之氣；秋季宜早睡早起，神志安靜，應收斂之氣；冬季宜早臥晚起，避寒就溫，應潛藏之氣。這種順應四時之氣的起居之道，才能達到體健長壽的目的。

☯ 起居有常以養神

人的一天活動，「皆須巧立制度」。「起居有常」首先要求作息有規律。清代名醫張隱庵說：「起居有常，養其神也。夫神氣去，形獨居，人乃死。」這說明起居有常是調養神氣的重要法則。神氣是人體生命活動的抽象概括，人們若能起居有常，合理作息，就能保養神氣，使人體精力充沛，生命力旺盛，面色紅潤光澤，目光炯炯，神采奕奕。可見，起居作息有規律、保持良好的生活習慣，能提高人體對自然環境的適應能力，避免發生疾病，達到延緩衰老、健康長壽的目的。

同時，《黃帝內經》還告誡人們，如果「起居無節」，便將「半百而衰也」。就是說，若生活作息毫無規律，恣意妄行，逆於生樂，以酒為漿，以妄為常，天長日久則神氣衰敗，人也表現得精神委靡，生命力衰退，面色不華，目光呆滯無神。正如《素問・生氣通天論》所說：「起居如驚，神氣乃浮。」特別是年老體弱者，生活起居失調，則精神紊亂，臟腑功能損壞，身體各組織器官更容易產生疾病。

「二六功課」養生法

人與自然息息相關。人們的起居活動只有與自然界陰陽消長的變化規律相適應，才能有益健康。「日出而作，日入而息」，就是古人養生之道之一。平旦之時，陽氣從陰始生；日中之時，陽氣最盛；黃昏之時，陽氣漸虛而陰氣漸長；深夜之時，陰氣最爲隆盛。就是說，人們應在白晝陽氣隆盛之時從事日常活動，而在夜晚陽氣衰微時，就要安臥休息，這樣才能起到保持陰陽運動平衡協調的作用。

古代養生家根據此變化規律制定了一套「時辰養生法」，即「二六功課」。以兩小時爲一個時辰當作標準，白天晚上各六個時辰。「二六功課」就是一張24小時的作息時間表，尤其對老年人有更好的保健作用。

·卯時（早晨5點~7點）

見晨光即披衣坐床，叩齒300次，轉動兩肩，活動筋骨。將兩手搓熱，擦鼻兩旁，熨摩兩目6~7遍，再將兩耳揉搓5~6遍。再用兩手抱後腦，手心掩耳，用食指彈中指，擊腦後24次，這個動作叫「鳴天鼓」。然後可去室外練氣功等活動。

·辰時（早晨7點~上午9點）

這個時候適合飲一杯白開水。用木梳梳頭髮，更好地醒腦明目。再洗臉漱口，吃早餐，早餐一定要吃得清淡些切不可太油膩。飯後行百步，邊走邊用手摩腹。對於脾胃虛弱的老年人，按摩腹部可促進腸胃蠕動，動作一定要輕微緩和。

·**巳時**（上午9點～11點）

這個時間適合讀書、做家務或養花草。上班族是最容易疲倦的時候，適宜眺望遠方或閉目靜坐，讓身體和眼睛稍微放鬆一下；也可以叩齒咽津數十口。對於體虛瘦弱的老年人，不宜高聲長談，須「寡言語以養氣」。

·**午時**（上午11點～下午1點）

午餐食物要暖軟，不吃生冷堅硬的食物，只吃八分飽，飯後用茶漱口，滌去油膩，然後靜坐或午休。

·**未時**（下午1點～3點）

這個時間段適宜午休或邀友弈棋，或瀏覽報紙時事，或練練氣功。

·**申時**（下午3點～5點）

此時是讀詩文、寫作、練書法或去公園活動的好時間。

·**酉時**（下午5點～晚7點）

可練氣功或太極拳。晚餐宜早吃、飯量也宜少。飯後需漱口，去掉飲食之殘物，以利口齒。還可在庭院散步、觀落霞、聽鳥鳴。

·**戌時**（晚7點～9點）

這個時間不可多思多閱，否則多思傷心，多閱傷目。睡前建議用熱水洗腳；睡時宜右側臥，先睡心，後睡眼。

・亥、子時（晚9點～次日凌晨1點）

睡眠環境宜靜，排除干擾，以養元氣。睡時可屈膝而臥，醒時宜伸腳舒體，以使氣血流通，不要固定一種姿勢。

・丑、寅時（凌晨1點～早晨5點）

這個時間段爲精氣發生之時，宜保養精神，蓄集力量，以充沛的精力開始新的一天。

此外，一年之中，四時的陰陽消長，對人體的影響也非常明顯。《素問・四氣調神大論》根據季節變化制定的指導作息制度：春夏「夜臥早起」、秋季「早臥早起」、冬季「早臥晚起」。我們可根據這一指導安排作息時間，並養成按時作息的習慣，人體生理功能就能保持在穩定平衡的良好狀態中，這也是起居有常的眞諦所在。

十二時辰養生法

睡得好才能活得好

人的一生約有三分之一的時間是在枕頭上度過的。睡眠與健康可謂是對「終生伴侶」。《黃帝內經》說：「安寢乃人生最樂。」中醫學歷來也非常重視睡眠養生，所謂睡眠養生，就是根據自然界與人體陰陽變化的規律，採用合理的睡眠方法和措施，來保證睡眠品質，改善疲勞，養精蓄銳，從而達到防病治病、強身益壽的目的。

《內經》對睡眠的三個回答

人與自然相應，自然界有晝夜交替，人類則是日出而作，日落而息。這是為什麼？為什麼說睡眠是人體寤寐之間陰陽動靜、對立統一的機能狀態？到底誰在主宰你的睡眠？

睡眠的生理基礎：營衛運行

人體寤（醒）寐（睡）的變化以營衛（營氣、衛氣）的運行為基礎，其中與衛氣的關係最為密切。營氣是由人體食入的水穀精微之物化生的一種物質，它運行於血脈之中，有推動血液運行和化生血液的功能。衛氣是由水穀精微和肺吸入的清氣化生在人體肌表的物質，有防禦和抵抗外邪侵犯的作用。營氣在裡，屬陰；衛氣在外，屬陽。

研究衛氣的運行規律，發現其與睡眠——覺醒節律密切關係。《黃帝內經》中說：

「衛氣行於陰二十五度，行於陽二十五度，分爲晝夜，故氣至陽而起，至陰而止。」就是說，早晨衛氣從身體內部達到人體表面，給人活力，人從睡夢中醒來，並在衛氣的保護下進行各種生命活動。到了晚上，衛氣必須進入營陰，進行補充，人應進入睡覺狀態，這時衛外的功能就減弱了。

《靈樞・大惑論》更進一步指出睡眠—覺醒異常與衛氣的關係，說：「病而不得臥者，何氣使然？」「衛氣不得入於陰，常留於陽。留於陽則陽氣滿，陽氣滿則陽驕盛，不得入於陰，則陰氣虛，故目不瞑矣！」說明失眠是衛氣不能入陰而造成的。

睡眠是人體陰陽交替互根互生的結果

《黃帝內經》認爲，晝屬陽，夜屬陰。寤（醒）屬陽，爲陽氣所主；寐（睡）屬

衛氣與營氣

陰，爲陰氣所主。陰氣盛則寐，陽氣盛則寤。人體陰陽之氣隨晝夜的交替而往來盛衰，於是有了寤寐的交替。人的晝寤夜寐是人體順應自然變化的結果。早晨，自然界的陽氣開始旺盛，人體的陽氣也從內而外開始升發，身體處於宣發狀態，意識和身體都從睡眠狀態中被喚醒，各種生命活動開始運行。到了傍晚，隨著自然界陽氣的收斂，人體陽氣也內藏，陽入於陰，陰氣占主導地位，生命活動減慢，人體也進入睡覺狀態。

正如《黃帝內經》中所說夜半「陽氣盡而陰氣盛，則目瞑」，白晝「陰氣盡而陽氣盛則寤矣」。就是說，人體經過一天緊張的工作和學習，陽氣由盛轉衰，而入陰；黑夜到來時，陽衰陰盛，需要休息，進入睡眠階段。待到黎明時，陰氣盡而陽氣開始旺盛，睜眼可見，於是覺醒。這一系列變化說明人體陰陽之氣也隨晝夜陰陽消長而變化，於是就有了寤和寐的交替。可以說，自從有了人類，就有了「日出而作、日落而息」的作息規律，它像有規律的潮水漲落一樣，呈現

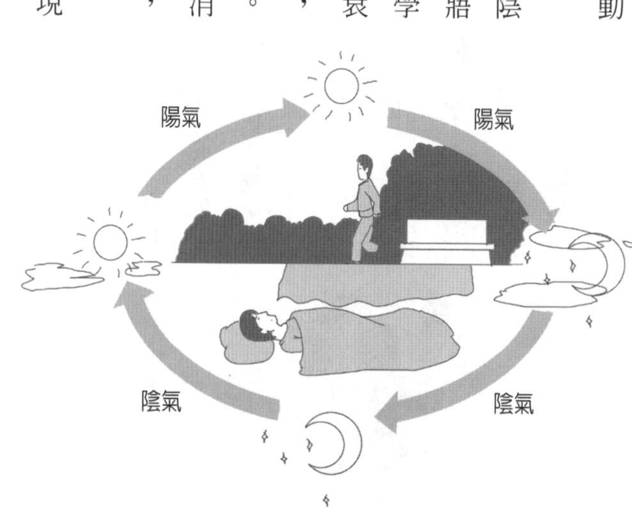

人體陰陽之氣隨晝夜交替而往來盛衰

週期性變化，這也是人們應該遵循的養生之道。

心神是睡眠與覺醒的主宰

中醫認爲，神靜則寐，神動則寤；而「心主神明」，所以「心」是你睡眠的主宰。因此，心氣舒暢，情志暢達，才能安然入眠，不易驚醒；若是心中抑鬱，情緒不暢，則會睡眠不實，易被驚醒，或失眠。

睡眠決定健康

《黃帝內經》說：「眠食二者爲養生之要務。」人們經過一天的辛苦勞作，能好好地睡上一覺是最好的享受，覺睡足了，第二天醒來才能精力充沛。正如古人所言：「不覓仙方覓睡方……睡足而起，神清氣爽，眞不啻無際眞人。」那麼，睡眠到底有哪些獨特的功效呢？

1．抗疲勞

《黃帝內經》中提到「肝爲罷極之本」，意思是說肝是主管疲勞的，或者是耐受疲勞的。肝氣足，就耐得住疲勞；肝氣不足，就容易疲勞。而人體處於睡眠狀態時，精氣神皆內守於五臟，而五臟養五體，全身自然會氣血調和，體溫、心率、血壓、

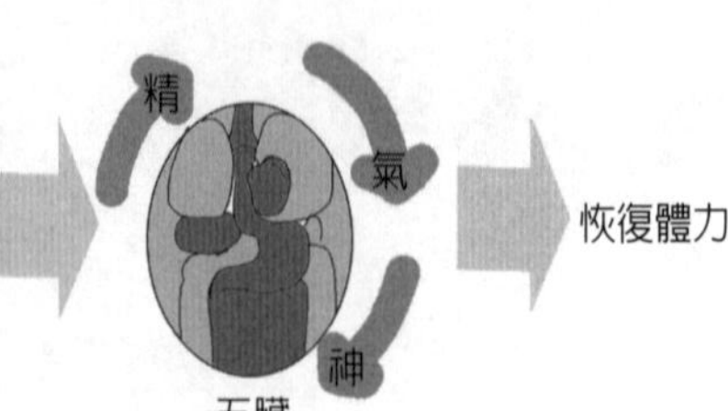

睡眠與五臟

呼吸都會處於平穩狀態，體力自然能夠得到恢復。可見，睡眠是消除身體疲勞的主要形式。現代人尤其不要經常疲勞工作，也不要疲勞運動，否則對身體百害而無一益。

2．保護大腦　《靈樞・本神篇》中說：「心主神明，開竅於舌，其華在面。」這裡所講的這個「心」，不僅僅是指解剖學上的心臟，還包括了大腦。說明大腦是人體血氣彙集之處，也是身體的司令部，人的思維、情感、記憶力，乃至智慧等均爲心所主管和統轄。而大腦能否正常運作需要精氣的濡養，才得以情志正常，睡眠可使人體精氣較多地處於上升狀態，並不斷上升至頭目，睡眠充足者自然是精神愉快，體力倍增，食欲旺盛，工作自然做得好。而睡眠不足者，容易出現煩躁、激動、精神委靡、注意力分散、記憶力減退等不良現象。

同時，大腦在睡眠狀態時耗氧量大大減少，有利

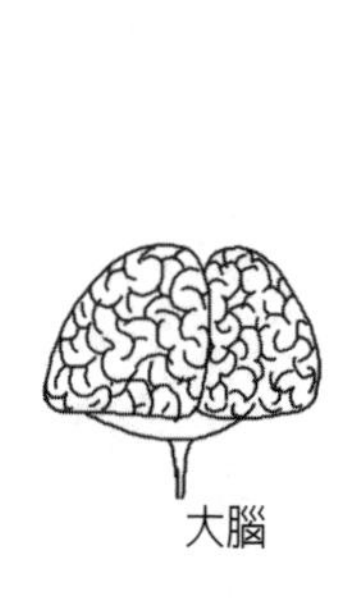

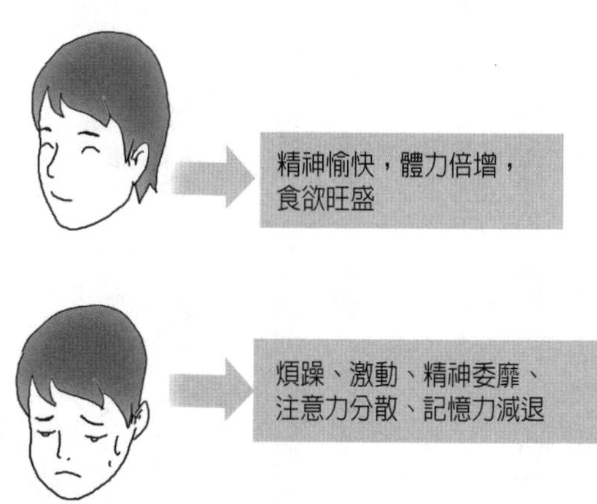

睡眠與大腦

於保護大腦和腦細胞的能量貯存，可以恢復精力，提高工作、學習效率。

3．增強免疫力　免疫力是人體的保護神，每當疾病入侵身體時，它都能以其精密無比的方式聯合作戰，將邪氣驅逐出去。正如《黃帝內經》中說：「正氣存內，邪不可干」。這裡的「正氣」即指機體的抵抗力——免疫力，「邪」即疾病，就是說當機體正氣（免疫力）強盛時，疾病就不能侵犯機體。睡眠不僅可使機體免疫器官產生更多的抗體，增強機體抵抗力，還能促使各組織器官自我修復。而免疫功能低下或缺乏時，機體則會出現感冒、咳嗽等不適，甚至還會誘發胃腸炎、肺炎、支氣管炎、肝炎、腎炎等疾病。

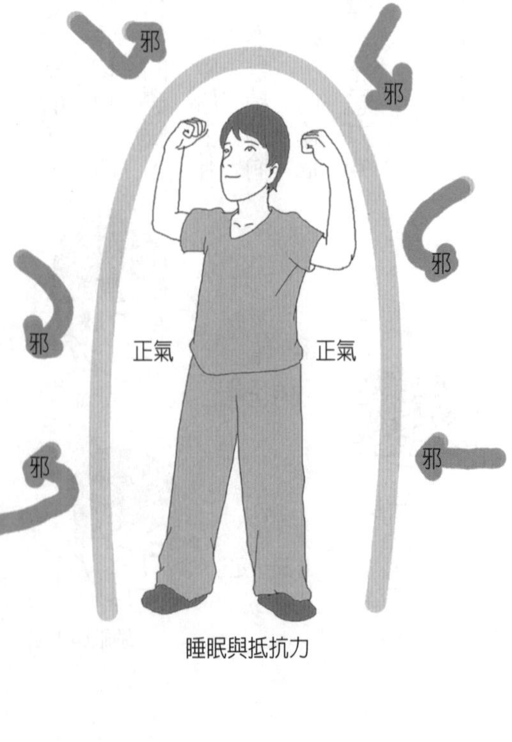

睡眠與抵抗力

4．有利於美容　睡眠是調整身心和休養生息的重要時機，睡眠時，身體的各個系統都在這個時間修復耗損，補充能量，肌膚也不例外。傳統中醫理論認爲，子（夜間11點到凌晨1點）、午（白天11點到13點）兩個時辰是每天溫差變化最大的時間，此時的人體最需要休息。

簡單說來，就是要求在每天的子時、午時按時入睡，做到「子時大睡，午時小憩」。因爲子時陰氣最盛，陽氣衰弱之時。而《黃帝內經》認爲「陽氣盡則臥」，此時休息睡眠效果最好，睡眠品質也高。午時是陽氣最盛，陰氣衰弱之時，「陰氣盡則寐」，所以午時也應睡覺。

同時，這四個小時也是骨髓造血的時候，流經肝臟的血液最多，順應規律而睡眠才能有助於肝功能的修復。因爲五行的「木」對應肝，又對應青色，睡眠不好的人常會面色發青、有斑點和長痘痘，這多半與肝功能不好有關，肝出問題則體中的毒素排不出去，臉上自然「不乾淨」。可見，睡眠還是保養肌膚的一大法寶。

☯睡得多不如睡得好

人的一生有三分之一的時間是在睡眠中度過的，睡得快、睡得香、睡眠品質高是身體健康的標誌之一，可延年益壽。《黃帝內經》極爲重視睡眠的重要性，《素問・宣明五氣篇二十三》中提到「久臥傷氣」，意思是說人們過度躺著休息或睡眠，不進行肢體活動，時間長了，容易出現氣虛的症狀，如精神不振、身體疲倦、食欲不振、心悸、氣短等。另外，久臥也會使臟腑之氣運行不暢，直接影響臟腑功能，出現一系列的氣虛表現。《養生要集》也說：「禁無久臥，精氣斥」、「禁無多眠，神放逸」。因此，睡眠

養生還要保證高品質的睡眠。

睡眠與醒寤是陰陽交替的結果。陰氣盛則入眠，陽氣旺則醒來。也就是《黃帝內經》中說的「故陽氣盡則臥，陰氣盡則寐」。晚上11點至凌晨1點即子時，人體陰氣最盛，陽氣衰弱；中午11點至下午1點即午時，人體陽氣最盛，陰氣衰弱。這個道理告訴我們，子時和午時都是睡眠的最好時間。在這兩個時間段養成睡眠的習慣，順應了大自然晝夜的陰陽變化，有利於養陰養陽。尤其是子時，爲一天中陰氣最重的時候，這個時候休息，最能養陰，睡眠效果最好，睡眠品質也最好，可以起到事半功倍的作用。

有些中青年，特別是腦力勞動者，工作壓力過大，如果夜生活過多，不注意按時入睡，就會耗損人體陽氣，極易產生睡眠障礙，不利於體力和腦力恢復，長此以往，容易處於亞健康狀態，對健康的危害是很大的。除了養成規律的睡眠習慣外，還需要注意哪些方面來保證高品質的睡眠呢？

☯先睡心

要想有個好睡眠，首先要先睡心，做到形神合一。正如《黃帝內經》所說：「靜則神藏，躁則消亡。」先睡心，就是做到睡前一定要情緒平穩，不要興奮激動。

所以古代許多養生家在《黃帝內經》的理論基礎指導下認爲，好的睡眠品質，必須「先睡心」。如《老老恒言》認爲，清醒時神上注於目，睡眠時神歸於心，心主神

志，心神應以寧靜爲本。《睡訣》也指出，睡覺時要專心安靜思睡，先讓身心安適，使「心」先睡，再上床閉眼入睡。

而喜怒不節、悲憂不解、思慮過度，會使氣血上湧，情緒激動，煩躁不安，神不守舍而難以入睡，甚至導致失眠，無益健康。爲此，睡眠前必須保持良好的心態，放鬆身心，調節好心理，切忌過度思慮、生氣、興奮或安排刺激性文娛活動，尤其是患有高血壓、動脈硬化的中老年人，睡前不可長時間集中精力在牌桌和棋盤上，以免誘發心絞痛、升高血壓，甚至發生中風。如果出現睡眠障礙，不妨用傳統氣功、冥想、瑜伽等方式來調神、調息，以減輕不利情緒、提高睡眠品質。《延壽藥言》也說，臨睡前應用熱水洗腳，儘量不去想不愉快的事情，而去想讓人高興、愜意的事，或是閱讀內容平和、恬適的詩文，使人心情舒暢、神志安寧，這樣就容易入睡。

後睡身

心態穩定之後，接下來要做的就是如何「安置四肢」來提高睡眠品質。古人云：

形神合一才能睡得好

「坐如鐘、立如松、臥如弓。」養生家認爲，坐臥行走都要遵行一定的規律，才能「自然不求壽而壽延」。睡眠姿勢雖有千姿百態，以體位來分，不外乎仰臥、俯臥、側臥三種。縱觀歷代睡姿，主要有以下幾種：

1．常人宜右側臥　《論語》中說：「寢不屍」，「睡不厭屈，覺不厭伸」，說的是睡眠時不能像屍體一樣僵硬地仰臥，側屈爲宜。說明側屈並蜷臥是理想的睡姿。中醫認爲，夜屬陰，身體蜷起有利於晚間「斂陰」。而且側臥能夠益氣活絡，不容易引起噩夢或打鼾。《續博物志》說：「臥不欲左肋。」可見，醫學家都選右側臥爲最佳臥姿。因爲心臟在人體左邊，右側臥位可以減少心臟在胸腔中的受壓，減輕心臟負荷，增多血液輸出量。而且右側臥時，進入肝臟的血液最多，加強了肝臟對食物的消化和營養物質的代謝。另外，右側臥時，胃及十二指腸的出口均在下方，利於胃腸內容物的排空，正如《老老恒言》所說：「如食後必欲臥，宜右側以舒脾氣。」睡眠時，不要俯臥睡，因爲這樣易使胸、肺受壓，影響呼吸。也不要左側睡，因易使心臟受壓，

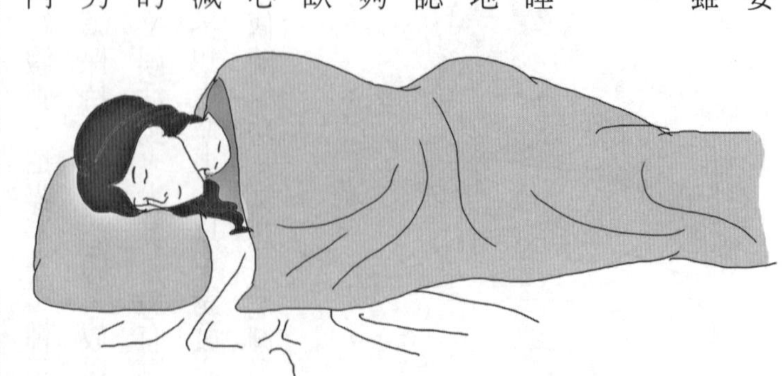
常人右側臥

影響心肌運動和血液循環。最好是右側睡，使心臟血流通暢。

2．孕婦宜左側臥　孕婦左側臥最利於胎兒生長，還可以減少妊娠併發症的發生，尤其是妊娠中、晚期的孕婦，更宜採用左側臥的睡姿。

3．嬰幼兒的睡姿　嬰幼兒睡覺時，應在大人的幫助下每隔1～2小時變換一下體位。這是因爲嬰兒身體發育還未完善，不能主動翻身，而且顱骨軟嫩，未成形，俯臥時間過長，易受壓變形，甚至導致面部五官畸形。長期一邊側臥或仰臥也易使頭顱發育不對稱。

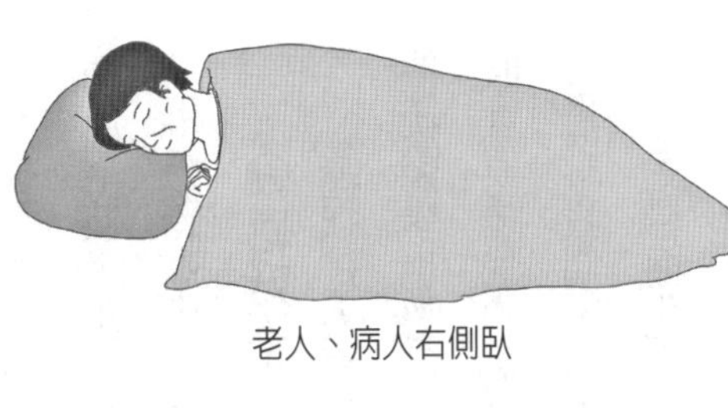

老人、病人右側臥

4．老年人及患者的睡姿　右側臥是老年人最理想的睡姿，尤其是患有心衰及咳喘病史的老年人，一旦突然發生這些急性病時更需取半側位或半坐位的姿勢。

此外，對於胸腔積液的患者，宜取患側臥位，使胸水保持在較低的位置，利於肺的呼吸運動。對於淤血症的心臟患者，不宜取左側

孕婦宜左側臥

臥，避免加重心臟負荷。對於腎臟病患者，頭部一定要高於下肢，正如《千金要方》中孫思邈所說：「凡人眠勿腳懸踏高處，久成腎水。」

吃好不失眠

睡眠是人類生命活動中十分重要的生理現象，中國傳統醫學也認為，「眠、食二者為養生要務。」可見，飲食與睡眠的關係十分密切。但《黃帝內經》養生之道又告訴我們，「胃不合則臥不安」，「飲食過度，食不消化，鬱而化火，熱擾心神。」說明飽餐後立即寢臥，飲食停滯於胃，使中焦氣機壅塞，腹中脹滿，人臥床上輾轉反側，難以入睡。那麼，晚上究竟吃什麼才有利於睡眠，而哪些食物會讓你夜不能寐呢？

中醫認為，某些食物或藥物有補心益脾、養血安神、鎮驚的功效，可以有效促進睡眠，如百合、桂圓、蓮子、小麥、銀耳、枸杞子、桑葚、靈芝和西洋參等，睡前食用或泡水飲用可以幫你「做個好夢」。同時，牛

飲食影響睡眠

奶、小米、核桃、葵花子也是有益於睡眠的理想食物，不僅餐後可以促進消化液分泌，利於消食化滯，幫助睡眠，還能抑制大腦興奮，使人產生疲倦感，儘快進入安眠狀態。此外，大棗、蜂蜜、醋和全麥麵包，也是有助於睡眠的食物。

但是也有一些食物會讓你夜不能寐，睡前一定要慎吃。比如，含咖啡因食物會刺激神經系統，而且利尿作用也無異於健康睡眠；辣椒、大蒜、洋蔥等刺激性食物會造成胃中有燒灼感，妨礙正常睡眠；過度進食油膩食物會加重臟腑工作負擔，引起消化不良，刺激神經中樞，讓它一直處於緊張狀態，也會導致失眠；還有一些食物在消化過程中會產生較多氣體，容易產生腹脹感，進而影響睡眠品質，如豆類、大白菜、洋蔥、玉米、香蕉等都不宜多吃。此外，睡前飲酒也會干擾睡眠，帶來頻繁的覺醒，最終也會影響睡眠品質。睡前還不宜飲茶。睡前飲茶往往使人興奮難眠。茶又有輕微利尿作用，飲茶後往往會夜尿過頻，影響睡眠。

影響睡眠的食物

《靈樞》解夢

與睡眠相伴發生的夢，是人類生活中重要的心理生理現象，是機體臟腑氣血陰陽虛實變化的一種表現，通過夢象可以了解臟腑陰陽氣血的變化，進而洞察全身各個組織的變化。

外邪刺激而生夢

做夢是睡眠中常見的現象之一。每個人都會有形形色色、變幻莫測的夢境。夢是人在睡眠狀態下的一種特殊的意識活動，由於它發生的不自覺，內容虛幻離奇，一直以來是現代科學的重點研究對象，而夢在《黃帝內經》中也有重要的認識。

《黃帝內經》是最早提出做夢也可因生理因素而引起，有「陰氣盛則夢涉大水而恐懼，陽氣盛則夢大火而燔灼……，甚饑則夢取，甚飽則夢予，肝氣盛則夢怒……」，「長蟲多多則夢相擊毀傷」等論述。例如，夜眠時被褥被掀起，腿部受涼會夢到洗足涉河；一臂置胸前，會夢到有人按撲、胸悶難忍；膀胱積尿充盈，會夢到想要小便而到處找廁所。身體不適症的人群也會出現各異的夢境，如冠狀動脈硬化、供血不足者會夢見有人追逐，呼喊不已；心臟病患者多夢見從高處跌下或是懸掛於空中。因此，《黃帝內經》從生理因素和心理因素兩方面歸納致夢的原因：

五種生理致夢因素

1．體內陰陽之氣缺少或過量　夢是睡眠中的一種不安穩狀態。睡眠中由於缺少某種「氣」的缺少或過量，容易使睡眠處於不安穩狀態，從而出現夢境。

2．五臟之氣過盛　「肝氣盛則夢怒，肺氣盛則夢恐懼、哭泣、飛揚，心氣盛則夢善笑恐畏，脾氣盛則夢歌樂、身體重不舉，腎氣盛則夢腰脊兩解不屬。」這樣的道理正說明五臟之氣過盛，也是致夢的一個生理因素。

3．內臟感覺可以致夢　比如口渴的人常會夢見水、饑餓的人常會夢見食物，無不說明夢因「內臟所感」或「心所感通」而引起。

4．氣血有餘而致夢　古人認爲，夢是由於體內血氣有餘而產生。

5．疾病致夢　《黃帝內經》還認爲，生理疾病是人做夢的一個重要原因。疾病致夢在現代醫學中，也有充分的科學根據。

三種心理致夢因素

心理因素也同樣可產生夢境，如：感知、記憶、思慮、情感、性格都會影響夢的產生及其內容。但思慮、情感、性格這三種心理因素對夢境的影響最爲顯著。

1．情感致夢　「晝無情念，夜無夢寐。」可見，情感是產生夢境的一個重要因素。

2．思慮致夢　「日有所思，夜有所夢。」夜間之夢就是白日「思」的延伸、繼

續。古人也認爲「晝想」與「夜夢」密切相關。比如，「孔子生於亂世，日思周公之德，夜即夢之。」說明人的整個認知過程都是夢境的來源。夢除了可由思慮引起外，也可由感知、記憶引起。

3．性格致夢　「好仁者多夢松柏桃李，好義者多夢刀兵金鐵，好禮者多夢簠簋籩豆，好智者多夢江湖川澤，好信者多夢山嶽原野。」這些都說明不同的性格對夢的內容有不同影響。所謂「驕吝之心」者在夢中會爭強鬥勝；「忮求之心」者在夢中會追貨逐利。

氣盛之夢

人體是一個有機整體，臟與臟、腑與腑、臟腑之間在生理上都相互聯繫，臟腑與精神情志活動也密切相關。《素問・脈要精微論》和《靈樞・淫邪發夢第四十三》都講到各種氣盛所致的夢。主要有陰氣盛、陽氣盛、陰陽俱盛、上盛、下盛、甚饑、甚飽、

思慮致夢
情感致夢
性格致夢
心理致夢

肝氣盛、肺氣盛、心氣盛、脾氣盛、腎氣盛、短蟲多、長蟲多等類型。

爲此，在以神志變化爲基礎的夢證治療中，調理臟腑就顯得非常重要。《靈樞・淫邪發夢》就探討了五臟氣盛與夢境的關係。

・心氣盛　容易夢到哭泣、驚恐、騰空飛翔，因心藏神，在志爲憂，在聲爲笑，若是心脈不暢，則會夢到歡笑不休。

・肝氣盛　容易夢怒，因肝藏魂，在志爲怒，性喜條達，主疏泄；若是肝氣盛，則會肝失調。

夢到哭泣、驚恐、騰空飛翔，因心藏神，在志為憂，在聲為笑，若是心脈不暢，則會夢到歡笑不休。

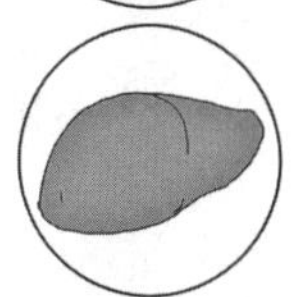

夢怒，因肝藏魂，在志為怒，性喜條達，主疏洩；若是肝氣盛，則會肝失調。

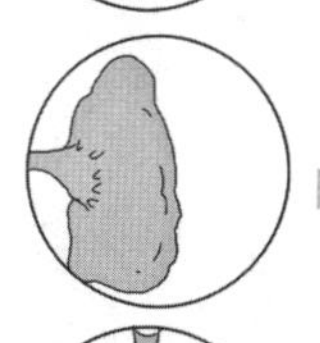

夢到恐懼、哭泣、騰空飛翔，因肺主氣，司呼吸，藏魂，在聲為哭，在志為恐，於是肺氣盛則會失魂落魄，夢到善笑恐畏。

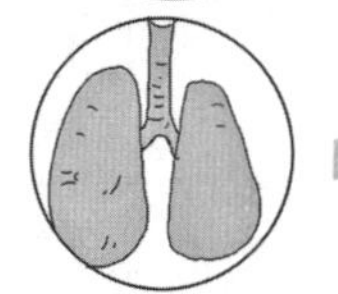

夢到歌樂、身體重不舉，因脾藏意，在聲為歌，一旦脾氣運化能力失常，水濕停滯於肌膜，則會夢到身體沉重不能抬起。

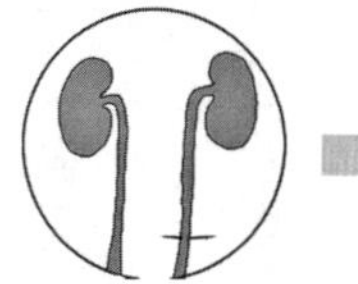

腎氣盛容易夢到腰脊兩解不屬，因腰為腎之府，腎氣盛容易夢到腰脊離而不能相連。

五臟與夢境

・肺氣盛　容易夢到恐懼、哭泣、騰空飛翔，因肺主氣，司呼吸，藏魂，在聲爲哭，在志爲恐，於是肺氣盛則會失魂落魄，夢到善笑恐畏。

・脾氣盛　容易夢到歌樂、身體重不舉，因脾藏意，在聲爲歌，一旦脾氣運化能力失常，水濕停滯於肌膝，則會夢到身體沉重不能抬起。

・腎氣盛　容易夢到腰脊兩解不屬，因腰爲腎之府，腎氣盛容易夢到腰脊離而不能相連。

可見，只有當我們正確辨別病屬何臟及其寒熱虛實，並注意夢證與臟腑之間的相互關係，方能正確判斷出病痛的由來，及時施治。

氣虛之夢

天有春生、夏長、秋收、冬藏四時，其中，冬屬水則寒、夏屬火則暑、秋屬金則燥、春屬木則風、長夏屬土則濕。大自然的這種四時五行的關係，對應人體則有五臟化五氣一說。如《素問・天元紀大論》所說：「人有五臟化五氣，以生喜、怒、思、憂、恐。」人若喜怒不節制，寒暑又過度則必然生機不固，影響內臟功能。然而五臟不健康不但會顯現在外貌上，還會反映在夢中。因五臟氣虛引起的夢境有心氣虛、肝氣虛、脾氣虛、肺氣虛、腎氣虛五種，大致情況如下——

・心氣虛者　常會夢到火燒紙或男人陽物，而夏屬火，若是在夏天做夢便會夢到大火燒山、救火救災。

・肝氣虛者　常會夢到奇花異草，香菇蕈草，而春屬木，若在春天做夢會夢到自己在茂林密葉、深山叢林中。

・脾氣虛者　常會夢到饑餓難當，而長夏屬土，若在八九月做夢會夢到蓋房築屋、塡土埋磚。

・肺氣虛者　常會夢到金屬兵刃之物和斬人殺雞鴨之事，而秋屬金，若是在秋天做夢便會夢到兩兵交戰或是與人鬥毆。

・腎氣虛者　常會夢到乘船溺水游泳，而冬屬水，若是在冬天做夢會夢到自己戰慄躲在水中或是冰天雪地裡。

夢到火燒紙或男人陽物，而夏屬火
若是在夏天做夢便會夢到大火燒山、救火救災。

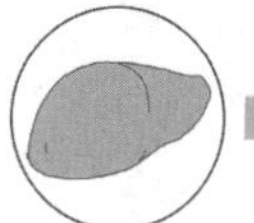

夢到奇花異草，香菇蕈草，而春屬木
若在春天做夢會夢到自己在茂林密葉、深山叢林中。

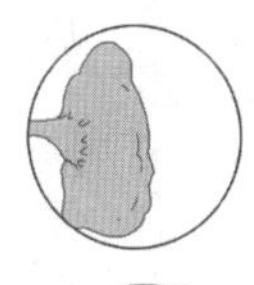

夢到饑餓難當，而長夏屬土
若在八九月做夢會夢到蓋房築屋、塡土埋磚。

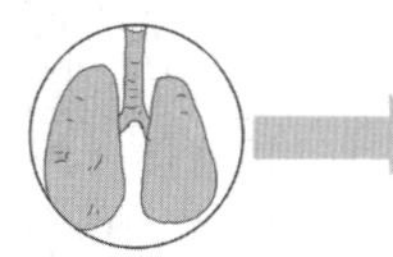

夢到金屬兵刃之物和斬人殺雞鴨之事。而秋屬金
若是在秋天做夢便會夢到兩兵交戰或是與人鬥毆。

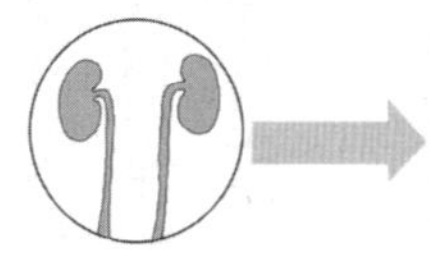

夢到乘船溺水游泳，而冬屬水
若是在冬天做夢會夢到自己戰慄躲在水中或是冰天雪地裡，畏懼恐慌的神情。

氣虛與夢境

對於氣虛及陰陽偏衰，陰或陽一方的虛損不足，如陰虛、陽虛或陰陽兩虛等，應採用補其不足的方法來加以防治。如《黃帝內經》有「少氣之厥，令人妄夢，其極至迷」之說。若是出現陰虛陽亢的虛熱夢證，需補陰以制陽；若出現陽氣虛不能制陰或是陰寒偏盛的夢證，須補陽以制陰；若陰陽兩氣俱虛，則須陰陽雙補。

邪寓之夢

因邪氣客寓於體內各器官而導致的夢即邪寓之夢。主要有十五種類型的邪寓之夢預示著身體各個部分的虛實情況。涉及五臟的如下——

- 夢見山丘煙火彌漫預示邪氣侵犯心，容易心氣不足；
- 夢見連綿丘陵和巨大湖澤，預示邪氣犯脾，脾氣容易不足；
- 夢見飛揚、騰越，預示邪氣犯肺，易引起肺氣不足；
- 夢見站在深水潭邊或浸沒在水中，預示邪氣犯腎，易引起腎氣虛陷。

身體其他部位的主要有以下七種——

- 夢見到處遊蕩，預示邪氣犯到膀胱；
- 夢見在田野中，爲邪氣侵犯到大腸；
- 夢見身在眾人聚集的交通要道，預示邪氣侵犯到小腸；
- 夢見性交，預示邪氣侵犯到陰器；

・夢見行走而不能前進，預示邪氣侵犯到脛；
・夢見行跪拜禮，預示邪氣侵犯到大腿和上臂；
・夢見大小便，預示邪氣侵犯到膀胱和直腸。

對於夢的過程，從正邪關係來看，是正氣與邪氣相互鬥爭並反映於夢境中的過程。

所以《靈樞・淫邪發夢》中明確提出改善的方法是「扶正袪邪」，「補之立已、瀉之立

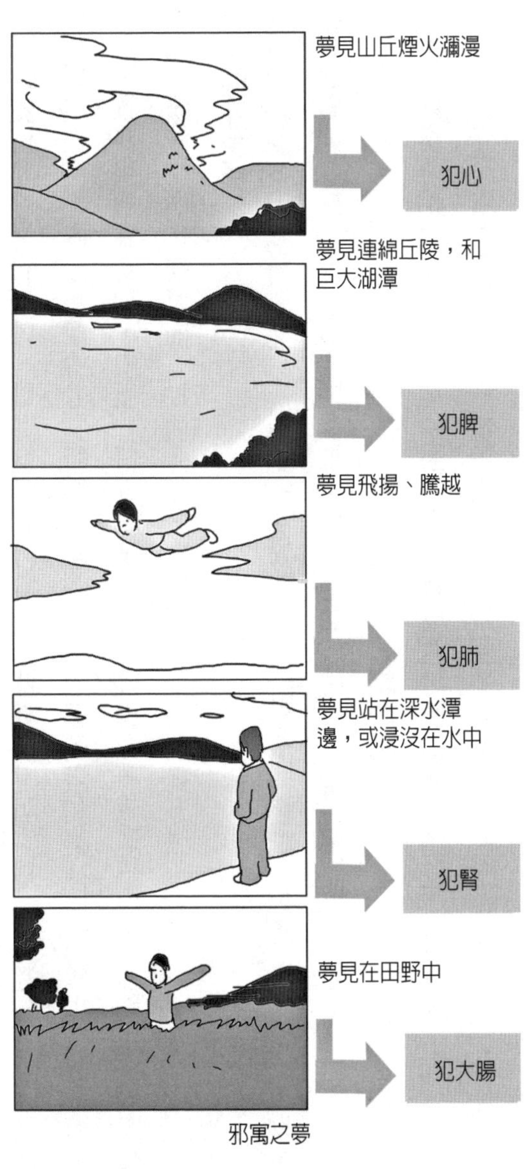

邪寓之夢

已」，改變正邪力量的對比，以促進疾病自愈。另外需要說明的是，致夢邪氣有原發性病因和繼發性病因兩類，前者分軀體的外部刺激、內部刺激和精神情志變化三個方面，對於外感致夢宜解表安神，內傷七情宜調神安神，腸蟲致夢應驅蟲安神。繼發性病因包括淤血、痰飲兩個主要方面，以活血化淤、祛痰化飲爲調養方法。

體滯之夢

體滯之夢多因軀體局部受擠壓，而使此處氣血阻滯而致。《列子・周穆王》說：「籍帶而寢則夢蛇，飛鳥銜髮則夢飛。此以物類致感。」常見體滯之夢如下——

・夢到蛇：多因墊著帶子而寢，背部受壓引起氣血阻滯；
・夢見盡力說話而說不出：多因口中含有東西，使口周氣血阻滯所致；
・夢到登高處而墜落：多是頭墜枕頭、頭頸部受壓，氣血阻滯所致；
・夢到虎豹：多因墊著不平的衣服睡覺，背部血流不暢所致；
・夢到身體倒懸：多因頭髮被樹枝之類東西掛住，使頭部氣血流動不暢所致。

房事養生，陰陽和合

「男女居室，人之大倫，獨陽不生，獨陰不成，人道有不可廢者。」男女交合乃陰陽之道，是天地間第一大道。長命百歲的人皆因遵此這一養生之道而身體健康。

養生不避房事

房事即性行爲，是人類的生理本能，是人類生活中一種最普遍的行爲，是人的正常生活需要。「食色性也」一語道破了性愛色欲與飲食一樣，是人類天生本性。所以在房事養生方面，《黃帝內經》中早就有不少經驗的積累和總結。如《素問・上古天眞論》告誡世人：「嗜欲不能勞其目，淫邪不能惑其心……所以能年皆度百歲而動作不衰者，以其德全

夢到蛇，多因墊著帶子而寢，背部受壓引起氣血阻滯；

夢見盡力說話而說不出，多因口中含有東西，使口周氣血阻滯所致；

夢到登高處而墜落，多是頭墜枕頭、頭頸部受壓，氣血阻滯所致；

夢到虎豹，多因墊著不平的衣服睡覺，背部血流不暢所致；

夢到身體倒懸，多因頭髮被樹枝之類東西掛住，使頭部氣血流動不暢所致。

體滯之夢

不危也。」達到這樣的境界才合於養生之道。

唐代壽星藥王孫思邈《千金要方》中曾說：「男不可無女，女不可無男，無女則意動，意動則勞神，勞神則損壽。」可見，性生活對人體健康的意義十分重要。只有和諧、健康、方法得當的性生活，才能使人精力充沛，延年益壽。而不懂性科學、缺乏性知識，不僅不能享受性生活的愉悅，還會造成許多問題和疾病，不利健康，甚至折壽。

《黃帝內經》在性養生方面，還進一步提醒人們，如能做到「增八益、去七損」，則陰陽氣血調和而長壽。如不能做到這些，則會早年衰弱。這裡的「七損八益」是中國古代房中養生文化的重要概念，最早見於《黃帝內經．陰陽應象大論》。七損是指性生活中七種有損人體健康長壽之事；八益是指有益於人體身心康壽的八種做

陰陽氣血和而長壽

法。《黃帝內經》對「七損八益」之說的評價很高，說：「能知七損八益，則二者可調，不知用此，則早衰之節也。」說明掌握和理解「七損八益」可以和諧性生活，達到養生保健的目的。具體說來，「七損八益」的大致內容如下——

一、「七損」

一曰閉。是指性交時陰莖或陰戶疼痛，精道不通，甚至無精可瀉。

二曰泄。是指性交時大汗淋漓不止；叫陽氣外泄。

三曰竭。是指性生活不加節制，交接無度，使精氣耗竭；稱「竭」或「衰腠」。

四曰勿。是指性交時陽痿不舉。

五曰煩。是指性交時呼吸喘促，氣喘吁吁，心中懊惱，神昏意亂。

六曰絕。是指女方根本沒有性衝動或性要求時，男方性情急躁，不善於等待，強行性交，這樣的性生活極不協調，會給女方帶來很大痛苦，不僅損害身心健康，還會影響胎孕的優劣，給下一代造成危害，因而叫「絕」，即陷入絕境。

七曰費。是指性交時過於急速圖快，濫施瀉泄，徒然耗散精氣。

二、「八益」

一曰治氣。清晨起床打坐，伸直脊背，放鬆臀部，收斂肛門導氣下行至陰部，使周身氣血流暢。

二曰治沫。呼吸新鮮空氣，吞服舌下津液，可滋補身體；蹲馬步狀，伸直脊背，收斂肛門，通其精氣，促使陰液不斷產生。

三曰知時。是指性交前，男女應愛撫嬉戲，放鬆情緒，待雙方都產生了強烈的性欲時再性交。

四曰蓄氣。性交時放鬆脊背，收斂肛門，導氣下行，做到強忍精液不瀉。

五曰和沫。性交時不要急躁粗暴，雙方在交合中要非常協調。

六曰竊氣。臥床性交時，陰莖入陰戶而不要動，使其挺舉，不要暴擊。

七曰待贏。性交快要結束時，納氣功運行於脊背，保持精氣充盈，做到不傷元氣。

八曰定傾。當性交結束時，不要戀歡不止，男方應將餘精射盡，清洗陰部。

由上可知，「七損八益」對保證兩性身心健康，減少婦科疾病，乃至提高下一代的優生優育，都有著積極的意義。

☯房事養生禁忌

陰陽和合，男女交媾，乃自然之道。然而，不適當的性生活則對健康有害無益。正如古人所說：「房中之事，能殺人，能生人。故知能用者，可以養生；不能用之，立可致死。」

房事養生禁忌包含天、地、人三方面的因素，天即自然氣候變化，地即影響人體穩定、極易引起不衛生行房的環境，人即人體內環境的不穩定。

《萬壽丹書．采補篇》在《黃帝內經》的基礎上對性禁忌的內容有了更大的發展，將性禁忌歸納為：大戒、防傷、戒急、忌饑、忌飽、忌交、交感、兩傷、指迷、感畢等十項，總稱為「戒忌十段錦」。

慾不可早

人的性機能與性器官尚未完全發育成熟的時候，是不宜結婚，不宜過早的過性生活的。只有當男女腎氣平均，眞牙生而長極，男女性發育已經完全成熟時，才可進行房事，以及考慮婚嫁大事。根據《黃帝內經》關於人的生命週期的理論，男子大概24歲才能腎氣充滿，牙齒長全；而女子大概21歲才能腎氣充盈，牙齒長全。

所以性生活應該在「男二十四，女二十一」之後開始。否則，男子破陽太早則傷其精氣，女子破陰太早則傷其血脈，若精未通而強行御女以通其精，可能會導致「難狀之疾」，而女子天癸初至，即有房事，血脈陰氣破傷，會影響身體的正常發育，甚至引起早衰。

所以古人從《黃帝內經》男女的生理發育上加以論證，提倡「男三十而娶，女二十而嫁」，這樣才利於養生延年，對孕育優生都有益處。

欲不可縱

欲不可縱是古代房中養生學的重要內容，即人的性行爲不可放縱，要加以節制。有節制的房事生活，可以調節體內的各種生理機能，有益於男女身心健康。若貪欲酒色，嗜而不禁，則蠶食精魂，精竭而氣虧，氣虛而神衰。

具體說來，縱欲的害處可概括爲以下幾個方面：

首先，縱欲是引起性功能障礙的主要原因。《黃帝內經》就有房事過度，宗筋馳縱，發爲陰痿的論證。

其次，不縱欲有利於疾病預防與治療。《黃帝內經》認爲，天癸是促進性發育和維持性功能一種精微物質，與心、肝、脾、腎、胞宮等臟腑及沖任二脈關係密切，臟腑經絡正常與否直接影響著天癸的功能。而房事過度，傷精耗液，臟腑虛損，最容易發生多

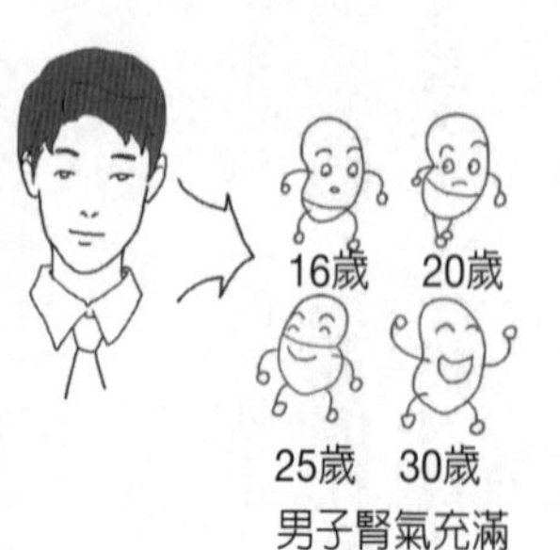

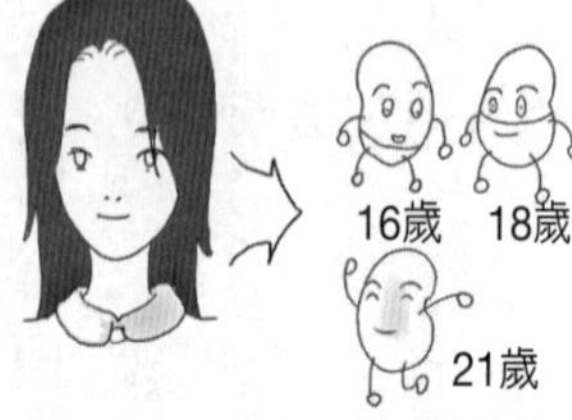

男女間天癸與腎氣

種病症。

再者，古代養生家、醫學家在《黃帝內經》的理論基礎上，對此從各自角度進行了比較全面而深刻的闡述。孫思邈認爲，房中術的主要目的一是養生，二是補益以遺疾，而非「務於淫佚」、「幸女色以縱情」、「苟求快意」。否則雖得一時快意，但因精髓竭絕，終會減損壽命。

所以在中醫養生理論中，保精護腎是最爲重要的。《素問・金匱眞言論》指出：「精者，身之本也。」因而強腎保精是房事養生的重中之重。而交接過多則傷筋，施瀉多則傷精，而肝主筋，腎藏精，性生活不節制就會損傷肝腎。特別是老人，更應注意到這個問題。

引起性功能障礙

未老先衰

有利於疾病預防與治療

有利於保精護腎

欲不可縱

欲不可強

《素問》說：「因而強力，腎氣乃傷，高骨乃壞。」意思是說強行房事會耗散精氣，精氣耗散則會損傷腎氣，腎傷則會使髓氣在體內乾枯，導致腰背疼痛不能低頭仰頭。古書也說：「強勉房勞者，成精極，瘦弱，驚悸，夢泄，遺瀝，便濁，陽痿，小腹裡急，面黑，耳聾。」說明強行房事會造成精氣耗盡，容易身體虛弱、瘦弱、心悸、夢遺、精液淋漓、小便白濁、陽痿、小腹拘急疼痛、面部發黑、耳聾。

其他房事禁忌

歷代房中養生家認爲，房事要有節制，不僅應注重天忌、地忌、人忌中的某些重要因素，還須注意一些生活中常被忽視的細節。

①體力勞動後最好不要立即行房，因爲體力勞動後，男性氣血短時間內無法完全恢復，若在此時行房不僅會影響行房品質，還會導致腎精虧虛、精氣損耗；緊張的腦力勞動後或情緒異常時也不宜行房，此時人體氣機紊亂，陰陽不相順結，立即行房容易引起氣血失衡或性功能障礙。

②行房不宜忍便。因爲此時行房容易引起氣血運行不暢，並引發病

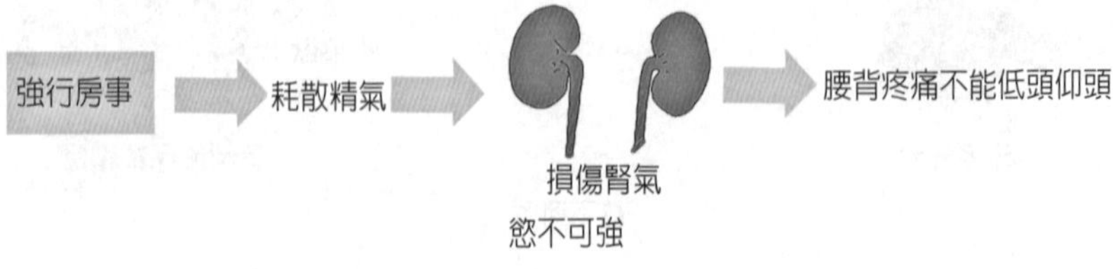

強行房事 → 耗散精氣 → 損傷腎氣 → 腰背疼痛不能低頭仰頭

慾不可強

症，古人所說的「忍尿行房得淋」、「忍大便行房欲得痔」就是這個道理。

③《靈樞》認為在房室生活方面，還需特別注意兩點：一是行房出汗後，不可立即洗澡。要等汗水收斂後再洗浴，否則容易遭受風寒之邪的侵襲，使腎臟受到損傷。二是切戒醉酒行房，否則會損傷脾臟，進而引起其他疾病。

飲食與房事養生

「男女之欲，乃陰陽自然之道」，正所謂「食、色，性也。」此話一語道破了人類自然本性的道理，即性欲和食欲一樣都是人與生俱來的自然本能。而和諧美好的性生活不僅需要夫妻雙方的情感催化劑，還有賴於營養物質的充分供給與調養，只有這樣才能使性生活更加和諧完美，夫妻感情更加甜蜜。

補益有方益壽延年

《素問・藏氣法時論》認為，「五穀為養，五果為助，五畜為益，五菜為充，氣味和而服之，以補益精氣。」意思是說，人們必須賴以穀、肉、果、菜之類的食物，來補充營養，增強體質。房事前的飲食補益同樣如此，這樣才能益壽延年。因精為人體生命之本源，要強調惜精、護精、固精的飲食觀念，使精氣盡可能地減少耗損，人體精氣充盈、持滿，行房有度，合房有術，生命才會強健；反之生命則會衰敗。

對於男性而言，房事前一般宜吃壯陽通精的食物，以增強男性性功能。這些代表食

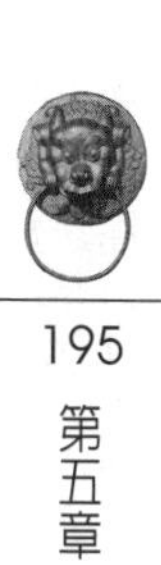

物如韭菜被稱作「起陽草」，有溫補肝腎，助陽固精的功用。男性經常食用對多尿、陽痿、遺精等症均有防治作用。羊肉對男性也有很好的滋補作用。《本草從新》指出，羊肉能「補虛勞，益氣力，壯陽道，開胃健力」，對男性體虛陽痿更有顯著的食療效果。此外，狗肉滋補壯陽的作用可謂家喻戶曉，具有「安五臟，輕身益氣，益腎補胃，暖腰膝，壯氣力，補五勞七傷，補血脈」等功效，是男性補腎壯陽的絕佳食品。

對於女性而言，房事飲食進補貴在滋陰。《素問．陰陽應象大論》中說：「陰陽者，血氣之男女也。」「夫男陽也，屬火，女陰也，屬水。」說明從陰陽來看，男屬陽，女屬陰。女性爲了避免或是緩解因體內津液精血等陰液減少而容易引起的腰膝酸軟、畏寒腹冷、頭暈

韭菜

有溫補肝腎，助陽固精的功用

羊肉

羊肉能「補虛勞，益氣力，壯陽道，開胃健力」，對男性體虛陽痿更有顯著的食療效果

狗肉

有「安五臟，輕身益氣，益腎補胃，暖腰膝，壯氣力，補五勞七傷，補血脈」等功效

目眩等症，需要進補滋陰類的食物來滋養身體內的陰液，這才是女性一生幸福的法寶。

下面就為大家推薦幾種滋補食物：中醫很早就有「枸杞子養生」的說法，認為常吃枸杞能「滋陰、堅骨、耐寒暑」。對於現代人來說，抗疲勞和降血壓更是枸杞子最實用的功效。所以，枸杞子常被當作滋補調養和抗衰老的良藥。銀耳也是一種非常滋陰的食物，除了有滋陰補腎的作用外，還有潤肺生津、提神補氣等功效。女性吃點銀耳還能祛除臉部的黃褐斑、雀斑，長期食用滋養肌膚的效果甚比燕窩好。此外，阿膠既能活血補血，又能滋陰潤肺，也是有利於女性房事養生的佳品。李時珍在《本草綱目》中稱之為「聖藥」，與人參、鹿茸並稱「中藥三寶」。女性若是出現形體消瘦、腰膝酸軟、口燥咽乾、視物昏花、眩暈耳鳴等不適反應，更適合選擇阿膠來滋補養生。

無益房事的飲食

房事應遵循自然之道，在飲食方面也要注意補氣填精，而不得其術，飲食調理不當，則會遭致損傷，以下幾點飲食禁忌大家一定要注意：

1．忌過食肥甘厚味　大油大膩，味道香醇的食物容易傷及脾胃，導致精氣不足，體虛氣弱，房事前過食容易導致性欲減退，房事後進食容易引起氣虛症狀。尤其是男子過食這類油膩之物，更會釀生濕熱，擾動精室，引起遺精、早洩。這類食物包括動物脂肪、甜食、白酒等。

2．忌飲食過鹹　《黃帝內經．靈樞．五味第五十六》中說：「穀味鹹，先走腎。」這是古人根據食物性味總結出的飲食之道，因腎主全身最基本的陰陽，鹹者入腎，雖然適度的鹹味可以養腎，但過鹹則會使腎功能受損，不僅不利於房事後的恢復，甚至還會使人罹患高血壓，加重心臟負擔，促發心力衰竭，出現全身浮腫及腹水。這類食物如大麥、小米、莧菜、紫菜、海蜇、海帶、海參、蟹肉、螺、豬肉、豬腎、豬髓、豬蹄、豬心、豬血、火腿、狗肉、鴿蛋、鹽、醬、鹽蛋、泡菜等。

3．忌過食寒涼之物　這裡的寒涼是指食物的屬性而言。「性涼，多食損元陽、損房事」，說明過度進食這類食物會導致寒邪直接入侵內臟，傷脾胃、害腎臟，使性功能衰退。而且寒性食物還會吸引凝滯，抑遏陽氣，使血液阻滯不通，令腎陽不足，阻礙陽氣化生，影響性機能的恢復。像蝦、蟹、海藻等海產品都不可過食。尤其是在房事發熱出汗時，切不可立刻飲用冷飲和冰品，否則會使陽氣驟降和閉鬱，誘發多種疾病。

4．忌飽食後或饑餓時房事　飽食會使脾胃被食物壅滯，造成脾胃功能紊亂而影響人體的五臟六腑，減弱臟器功能，此時行房不僅房事品質低，還會影響食物消化，甚至引發腹脹等症狀。相反，饑腸轆轆，體力下降，精力不充沛，性生活往往不易達到滿意效果。

房事後的飲食需補益得當

正常健康的房事以每週2～3次爲宜，以性交後第二天沒有疲倦不適感爲標準。而房事過度頻繁、體力不支時還強力行房、思欲太過而手淫失度則會導致房事勞傷，如《黃帝內經》所說：「入房，以欲竭其精，以耗其眞……故半百而衰也。」可見，房事不可太過，過則動根傷腎，耗氣損精，即中醫所說的「房勞」。

精、氣、神是人身三寶，三者相互轉化。在精氣神三者之間，精爲生命的基礎，因爲「精盈則氣盛，氣盛則神全。」若精虧則體弱神衰，臟腑功能失調，百邪易侵。房事過度，最易損傷腎精，精傷則氣餒，氣餒則神散，精氣神俱傷而致大病。若性生活已經過度，應該及時節制，在飲食上適當進補調養來補益人體氣血陰陽之缺損，那麼，如何進行飲食調補呢？

對於男性而言，性生活的特點是排精，房事過度則會損失陰精，耗傷陽氣，使機體處於陰陽精氣相對虧虛

男性在房事後的食補

女性在房事後的食補

的狀態。正如《素問・生氣通天論》說：「陰之所生，本在五味；陰之五宮，傷在五味。」說明人體陰精的產生來源於飲食五味，而飲食五味攝取不當，易使儲藏陰精的五臟乃至人體受損。故飲食要選擇能夠補充陰陽精氣，維持陰陽平衡的食物來進行調補。最好在房事後的5分鐘內補充水分，然後稍做休息以恢復體力。

對於女性而言，性交時的擠壓容易使女性尿道受傷，並會將尿道周圍或尿道前端的細菌帶入膀胱。若是性生活過頻，還會降低膀胱的抵抗能力。最好在房事後喝些酸性較強的果汁飲料，來降低尿道中細菌的數量。

《黃帝內經》所說，「五穀為養，五果為助，五畜為益，五菜為充。氣味合而服之，以補精益氣。」這就是說，適度吃些果類食物可以增強體質、抵禦病菌或病毒的侵襲。正如《黃帝內經》指出：「正氣記憶體，邪不可干」。當人體正氣強盛時，邪氣才不容易侵入機體，也就不會發生疾病。

第六章

《黃帝內經》養生法〈四〉

情志閒適

每一個人都有喜怒哀樂，都有七情六欲，這些情志活動屬於人類正常生理現象。但同時，《黃帝內經》也告訴我們「恬淡虛無，真氣從之，精神內守，病安從來。」所以說，保持淡定的情志才是健康長壽的重要環節。

人類正常的生理現象：情志

情志是七情和五志的合稱，七情指喜、怒、憂、思、悲、恐、驚七種情緒，五志指怒、喜、思、憂、恐五種志意，七情和五志的表現形式不一樣。相對五志而言，七情是在外來刺激作用下表現於外的情緒，而五志是在外來刺激作用下隱藏於內的志意。七情和五志皆屬於人類正常的生理現象，是神的重要表現形式，是人對外界刺激和體內刺激的保護性反應，有意於身心健康。

《靈樞．本藏》中指出：「志意者，所以禦精神，收魂魄，適寒溫，和喜怒者也……志意和，則精神專直，魂魄不散，悔怒不起，五藏不受邪矣！」說明正常情況下，七情、五志在維持身體健康過程中的地位和作用是無可取代的。但是，任何

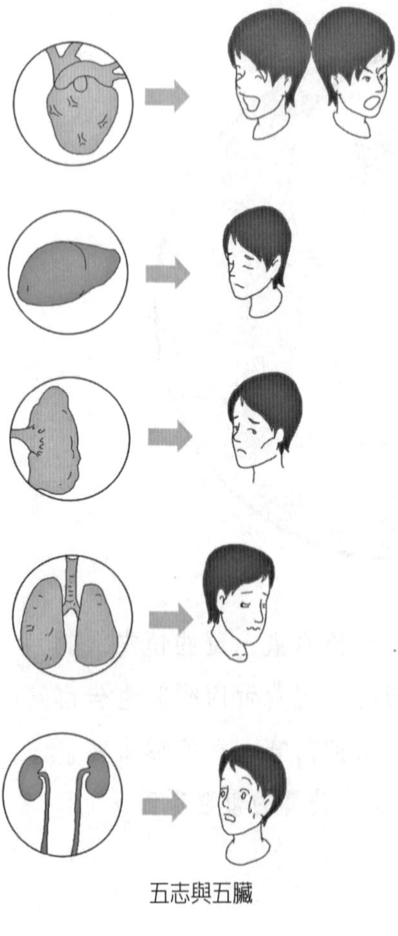

五志與五臟

事物的變化，都有兩重性，既有有利的一面，又有不利的一面。人的情緒、情感的心理變化，同樣也是有利有弊。

人之五志由五臟功能化生而來，《黃帝內經》將其分屬於五臟：心志喜，肝志怒，脾志思，肺志憂，腎志恐。正常的精神活動，有益於身心健康。但如果宣洩太過，會導致情緒失控，引起五臟不和轉而五志失常、體內陰陽失衡，氣血不和或逆亂妄行，甚至百病叢生或促人早衰，甚至壽損。因此，我們在生活中一定要注意調攝情志。

五臟虛實引起的情志變化

七情是臟腑氣血陰陽功能活動在精神情志方面的外在體現，若臟腑氣血陰陽失調，則會產生異常的情志變化。

1．心對情志的影響　心是「君主之官」，爲五臟六腑之大主，精神之所舍，主血藏神，有推動血液運行、主宰人體生命活動和精神、意識、思維活動的作用。心在志是喜，屬心情愉快的情緒表現，有正邪之分。正者輸布四方，血脈充足。邪者經脈不通，血脈過度外散，易傷心神。同時，五志活動必須在心神的統攝下才能正常進行。心神一旦錯亂，則會喜怒無常、悲思太過、驚恐萬狀。因此，心和血是產生喜的生理和病理基礎。

2．肝對情志的影響　肝主疏泄，藏血藏魂，有貯藏和調節血流量、疏通全身氣

機、調節情志的作用。肝的情志爲怒，是情緒激動的表現，人體氣機通暢，則情志舒暢，心情開朗。如果肝失疏泄，則肝氣鬱結，心情不舒，鬱鬱不樂，多愁善慮；如果肝氣亢奮，則急躁易怒。

3．脾對情志的影響　脾主運化，在志爲思。《靈樞．本神》說：「因志而存變，謂之思；因思而遠慕，謂之慮……」因此，思是正常的思維活動。如果過度思慮，所思不遂，就會出現邪氣，影響氣機升降出入，而致氣結爲病。而且脾主肌肉，過度思慮還會使人體變得更加消瘦；只有正常的思維才可以輸布四方，暢通經絡。所以，脾及其化生的水穀精氣，是產生思情志的生理和病理基礎。

4．肺對情志的影響　肺主氣藏魄，在志爲憂，憂是愁苦憂慮、悲是悲哀的情緒表現。通常，悲自外來，憂自內發。二者雖有不同，但對人體生理活動的影響大體相同。因此，憂、悲同屬肺志。同時，悲、憂動於心而肺應。所以，肺和心是產生悲、憂情志的生理和病理基礎。

5．腎對情志的影響　腎藏精，在志爲恐，是害怕、畏懼，是人體對某些事物懼怕的一種心理狀態。恐也有正邪之象，正像是指謹慎內守。邪像是指「恐外散」，比如「恐則氣下」，意思是說人一驚恐，氣就會散了，收攝不住。恐驚相似，同屬腎志。但驚事出突然，爲不自知；恐爲自知。腎、心、肝、膽、胃均是產生恐的生理和病理基礎，尤其是心、腎，都可以激起恐懼，作用於心而腎應，產生恐懼。

五志太過對人體的影響

五志本屬是正常的情志活動，但如果宣洩太過，會對人體產生諸多的不利影響。

1．損傷臟腑　《黃帝內經》中說：「喜怒不節則傷臟。」說明不節制情志會損傷臟腑功能。具體意思是，「怒傷肝、喜傷心、思傷脾、憂傷肺、恐傷腎」。但實際上並非是一情只傷某一固定臟腑，而是既會一情傷幾臟，又會幾情傷一臟。比如，思慮過度會影響脾的消化吸收功能，同樣悲憂過度也會影響脾，導致食欲不振、脘腹脹滿。又如大喜會傷心，而「心爲五臟六腑之大主」，心受傷，人的整個功能皆會受損。

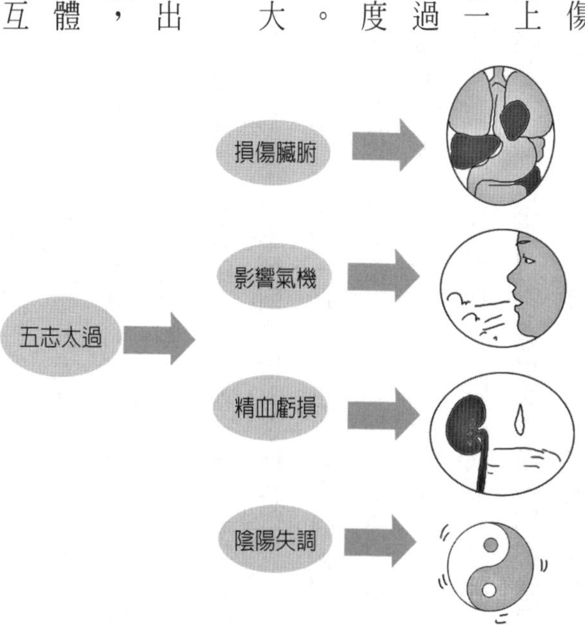

五志太過則損害健康

2．影響氣機　《黃帝內經》中提出「百病生於氣」的論點。這裡的氣即氣機，人體升降出入是氣在人體運動的主要形式，人體臟腑經絡、氣血津液功能的正常發揮及相互

聯繫，都有賴於氣機的升降出入。而且氣機的病變，關係著人體的盛衰壽，要想保養好生命，必須注意觀察氣在體內的運行是否正常。然而情志太過，首先會擾亂氣機，導致氣機升降失常，直至氣機鬱滯、運行不暢，引起各種疾病。可見，七情太過對人體氣機的影響非常嚴重，許多疾病的發生皆與七情刺激引起氣機失常有關。

3．精血虧損　《黃帝內經》中說：「怒則氣逆，甚則嘔血及飧泄。」說明暴怒會導致血隨氣逆，發生嘔血。《黃帝內經》又說：「恐懼而不解則傷精……精時自下。」說明恐懼太過會導致精時自下，使五臟所藏之陰精失去統攝，耗散不止。《醫學入門》也指出：「暴喜動心不能主血」，告訴我們過喜易使氣血渙散，血行不暢。此外，過分思慮，既會耗傷心血，又會影響食欲，造成氣血生化不足，皆可使精血虧損。

4．陰陽失調　陰陽協調是維持人體生命活動的基本條件，「陰平陽祕，精神乃活，陰陽離決，精氣乃絕」，可見，七情致病必須加以重視。若情志過激，則損陰傷陽。如《黃帝內經》中說：「暴喜傷陽，暴怒傷陰。」說明情志過激，會損傷陰陽。《黃帝內經》又說：「大驚卒恐，則氣血分離，陰陽破散。」說明陰陽破散，則陰陽失調。

情志過度積而成病

引起疾病的原因多種多樣，中醫理論認為，「千般疢難，不越三條」，即六淫、七情、飲食勞傷。六淫即「風、寒、暑、濕、燥、火」六種邪毒侵入人體而引發的疾病；七情即「喜、怒、憂、思、悲、恐、驚」七種情志過度刺激而引起的疾病；飲食勞傷即飲食不節，起居不慎等引起的病變。可見，情志是引發疾病的重要因素之一。

喜、怒、憂、思、悲、恐、驚七種情感或心情，在正常情況下，對健康影響不大，也不會引起什麼病變。《黃帝內經》中說：「有喜有怒，有憂有喪，有澤有燥，此象之常也。」意思是說，一個人的高興、喜笑、發怒、憂愁、悲傷，就像自然界氣候變化時而下雨、時而天晴一樣，是一種正常的現象。但是，若是遇到突然、強烈或是長期持久的刺激，一旦超過人體自身的正常生理活動範圍及承受能力時，則會使人體氣機紊亂，臟腑陰陽氣血失調，以及損傷機體陰陽、精血等，最終導致疾病的發生。

七情致病

七情太過致病主要指兩種情況：一是情緒波動太大，過於激烈，如狂喜、盛怒、驟驚、大恐等突發性激烈情緒，往往很快致病傷人；一是激烈的七情持續時間太長、過久，也會使人致病，如久悲、思慮的心境，皆可積而成病。

1．喜——這裡說的「喜」指的是狂喜。這種突然的狂喜，會導致「氣緩」，即心氣渙散，血運無力而淤滯，出現心悸、心痛、失眠、健忘等病症。「得意忘形」這個成語，最能說明大喜而神不藏，不能控制形體活動。可見，過喜對人體健康不利。

2．怒——即暴怒或怒氣太盛。當某種目的和願望不能達到時，就會逐漸加深緊張狀態，表現出暴跳如雷、拳打腳踢、毀壞器物等發怒反應。輕者肝氣鬱滯，食欲減退；重者出現面色蒼白、四肢發抖，嚴重時還會引起昏厥死亡。

3．憂——即憂愁、苦悶、擔心。俗話說：「多愁多病，越憂越病」，「憂愁煩惱，使人易老」、「愁一愁、白了頭」。人一憂愁苦悶，就會表現出悲傷慟哭，氣怯神弱。輕者愁眉苦臉，悶悶不樂，少言少語，憂鬱寡歡，意志消沉，獨坐歎息；重者難以入眠、精神委頹或緊張，心中煩躁，並會出現咳喘、噎逆、嘔吐、食呆、失眠、便秘、陽痿、癲癇等症，甚至誘發癌症或其他

喜 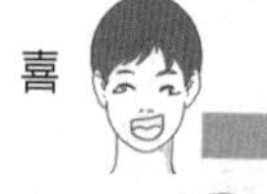 心悸、心痛、失眠、健忘

憂 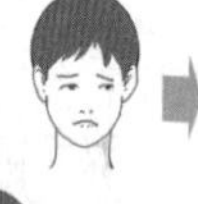 咳喘、噎逆、嘔吐、食呆、失眠、便秘、陽痿、癲癇

怒  輕者肝氣鬱滯，食欲減退；重者現面色蒼白、四肢發抖，嚴重時還會引起昏厥死亡。

思 最易傷脾，一旦脾胃運化失職，以致積食內停，則會食欲減退。

悲  悲哀太甚，還能引起昏厥或突然死亡，容易悲傷的人，比他人更容易患上癌症或其他疑難重症。

驚  顏面失色、神飛魂蕩、目瞪口呆、冷汗滲出、肢體運動失靈或手中持物失落的表現；嚴重者還會驚叫，神昏僵仆，兩便失禁。

恐 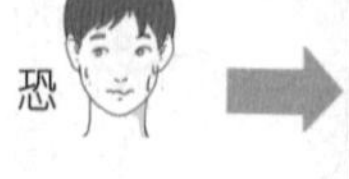 恐懼過度則消耗腎氣，使精氣下陷不能上升，升降失調則出現大小便失禁、遺精、滑洩等症，嚴重時還會發生精神錯亂、癲病或疼厥。

七情致病

疑難重症。

4・思——即集中精神考慮問題，而思慮過度則會導致多種病症。其中最易傷脾，一旦脾胃運化失職，以致積食內停，則會食欲減退。腦力勞動者因爲大腦需要長時間處於高度緊張的狀態，易患心腦血管疾病和消化道潰瘍病，這和中醫理論的「思慮損傷心脾」是一致的。

5・悲——即悲傷、悲痛、悲哀，可致心肺鬱結，意志消沉。人若遇到非常難過傷心的事情，傷心到極點便會變成沮喪和絕望。悲的產生與失去所要追求、所盼望的事物和目的有關；悲的程度與失去的事物的價値有關。《黃帝內經》中說：「悲則氣消。」說明悲哀太甚，還能引起昏厥或突然死亡，容易悲傷的人，比他人更容易患上癌症或其他疑難重症。

6・恐——即恐懼不安、心中害怕、精神過分緊張。嚴重者還會導致神昏、兩便失禁。《黃帝內經》認爲，恐懼過度則消耗腎氣，使精氣下陷不能上升，升降失調則出現大小便失禁、遺精、滑泄等症，嚴重時還會發生精神錯亂，癲病或昏厥。

7・驚——即突然遇到意外、非常事變，心理上驟然緊張。耳聞巨響、目睹怪物、夜做噩夢等都會受驚。受驚後會有顏面失色、神飛魂蕩、目瞪口呆、冷汗滲出、肢體運動失靈或手中持物失落的表現；嚴重者還會驚叫，神昏僵仆，兩便失禁。

百病生於氣

氣是百病之源。《黃帝內經》中指出：「百病皆生於氣」、「怒則氣上，損其身」、「怒傷肝」、「怒不節，生乃不固」。不同的情志反應會引發不同的症狀，有的甚至還可能誘發其他一些疾病，甚至造成痼疾的惡化。

1．喜則氣緩　過喜容易使心氣渙散，神不守舍，甚至表現出精神無法集中、心神恍惚、嘻笑癲狂等症。

2．怒則氣上　暴怒容易激發肝氣，使之鬱勃上沖，引起氣血奔迫於上，出現眩暈頭痛、面赤耳鳴、昏厥等症。

3．悲則氣消　過度悲憂易傷肺氣，使形體憔悴、毛髮枯萎、精神不振，整個人看來生氣索然。

4．恐則氣下　過度恐懼使腎氣失固，氣泄於下。若不能自制，會因人而異地出現兩便失禁、精滑遺泄等症。

5．驚則氣亂　猝然受到驚嚇容易引起氣機逆亂，嚴重者還會影響肝、腎兩臟，出現驚厥、失精等症狀。

6．思則氣結　思慮過度則傷及心脾，引起氣機鬱結。出現心悸少寐、不欲飲食、脘腹悶脹等心脾兩傷的症狀。

喜　使心氣渙散，神不守舍

表現出精神無法集中、心神恍惚、嘻笑癲狂等症。

怒　激發肝氣，使之鬱勃上衝

出現眩暈頭痛、面赤耳鳴、昏厥等症。

思　傷及心脾，引起氣機鬱結

出現心悸少寐、不欲飲食、脘腹悶脹等心脾兩傷的症狀。

悲　傷肺氣

使形體憔悴、毛髮枯萎、精神不振、生氣索然。

恐　使腎氣失固，氣洩於下

出現大便失禁、精滑遺洩等症狀。

驚　驚嚇容易引起氣機逆亂

影響肝、腎兩臟，出現驚厥、失精等症狀。

七情太過影響人體氣機

生命現象的總稱——神

《黃帝內經》的養生觀非常重視「神」的概念，《素問・寶命全形論》說：「一曰治神，二曰知養身，三曰知毒藥爲眞。」可見養生的重要性被列在治病之前，而治神又列在養生之前。所謂「治神」，即養神、調神。一個人身體素質的好與壞，首先由神態和神采表現出來，調神養生就是要在安靜環境中，做到靜心養神，調適情志。此謂長壽之本、延年益壽之道。

「神」由先天之精生成，胚胎形成之時，生命之神也就產生了。其含義主要有三：

其一，神是人體生命活動的總稱，即廣義上的神，是整個人體生命活動的外在表現，如整個人體的形象、面色、眼神、言語、應答、肢體活動姿態等。簡單的說，凡是機體表現於外的「形徵」，都是機體生命活動的外在反映。

其二，神是人體生命活動現象的總稱，包括精神意識、知覺、運動等在內，以精血爲物質基礎，是血氣陰陽對立的兩個方面共同作用的產物，由心所主宰。這是狹義上的神的概念。

其三，神是指自然界物質運動變化的功能和規律，正如《素問・天元紀大論》中說：「陰陽不測謂之神。」神在人體居於首要地位，是主宰生命運動的中心要素。唯有神的存在，才能有人的一切生命活動現象。

「主身者神」，說明在人體統一整體中，起統帥和協調作用的是心神，只有在心神的統帥調節下，生命活動才能表現出各臟器組織的整體特性、整體功能、整體行爲、整體規律。這就更說明了養生必須養神的道理。

神者，水穀之精氣也

神並不是超物質的東西；它的產生是有物質基礎的。《靈樞．本神》中說：「生之來謂之精；兩精相搏謂之神。」說明神由先天之精氣所化生，精氣就是產生神的物質基礎。當肧胎形成之際，生命之神也就產生了。人類的生命來源於父母，生殖之精的相蕩相推是生命起源的原動力，神就是生命起始的原動力。因此《靈樞．天年》說：「失神者死，得神者生。」同時，人類出生後，在個體發育過程中，神還必須依賴於後天水穀精氣的充養。

首先，神的物質基礎表現在氣血方面。因爲氣血是化生精神的基礎物質，氣血的多少，與人的精神狀態息息相關。氣血充盛，則神志精明；氣血不足，則精神委靡。如

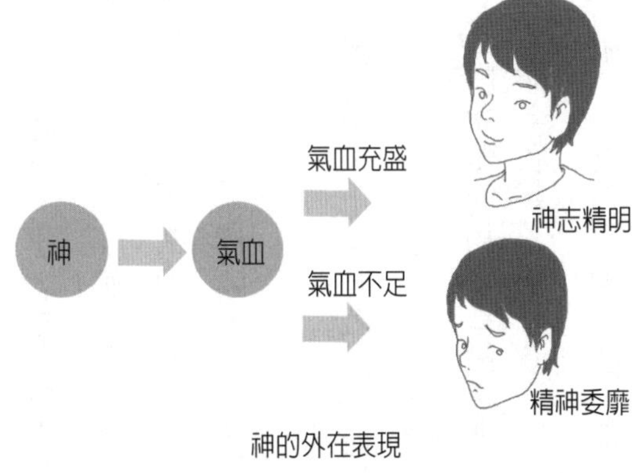

神的外在表現

《黃帝內經》所說：「神者，血氣也。」說明人體的精神活動正常與否，要以氣血功能的正常活動爲前提。氣血化生出現障礙，運行、輸布失調，都會影響神的活動。現實生活中，如果心血不足，則表現出心跳、心慌、健忘、失眠等反應；外傷失血、婦女血崩、嘔血、便血時，會出現頭暈心悸、體倦無力，甚至昏迷，乃至死亡。反之，若精神過用，又會暗耗氣血，引起氣虛、血虛，或氣血兩虛。

其次，神與五臟息息相關。《黃帝內經》說：「心藏脈，脈舍神」；「肝藏血，血舍魂」；「肺藏氣，氣舍魄」；「脾藏營，營舍意」；「腎藏精，精舍志」。這裡的神、魂、魄、意、志都屬於人的精神活動範疇，分別有賴於五臟所藏的物質基礎，即血、氣、脈、營、精，說明五臟功能正常，精氣充足，人就會精神充沛。

「五臟藏神」並不是說每個臟腑分別對應產生某種精神活動，而是在強調人體內部有承擔心理活動的統一系統。「神」就是在全部生理活動的基礎上，產生出來的最爲高級的機能，是產生精神活動的先決條件。如果臟器不能協調運作，則不會有正常的神志活動。

☯影響神的因素

人的精神狀態的好壞與多種因素有關，像社會、自然環境，以及自身疾病等因素，都會引起神的變化。

1．社會因素　《黃帝內經》中說：「余聞上古之人，春秋皆度百歲，而動作不衰；今時之人，年半百而動作皆衰者。」說明古今之人壽命長短，健康狀況存在明顯差異，這與人們不同的養生態度有關。上古之人可以活到百歲以上，與當時民風淳樸，沒有激烈鬥爭的「人患」相關。而社會動亂、流亡生活、饑荒等，都會造成人們精神的異常變化，引起強烈的精神變化。

2．自然環境因素　《素問・四氣調神篇》認爲，「春……以使志生、夏使志無怒、秋使志安寧、冬……使志若伏若匿。」說明四季不同，情志和心理亦不同。這就明確告訴人們：要順應自然界春夏秋冬四時生、長、化、收、藏的規律保養神氣，調節情志，過度則傷害五臟，發生病變。

3．自身疾病因素

《黃帝內經》說：「人有五

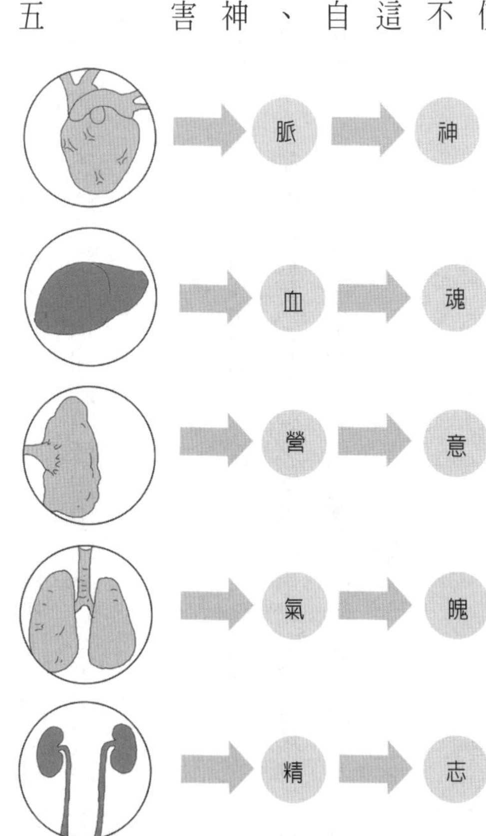

神與五臟

臟化五氣，以生喜怒悲憂恐。」意思是心「在志爲喜」，肝「在志爲怒」，肺「在志爲悲」，脾「在志爲思」，腎「在志爲恐」。這些道理說明情志由內臟產生；內臟發生病變，情志也會發生異常變化。

心主神志

心藏神，爲人體生命活動的中心。《靈樞・邪客》中說：「心者，五臟六腑之大主也，精神之所舍也」。正常情況下，神明之心接受和反映客觀外界事物，進行精神、意識、思維活動，並對外界事物做出判斷。同時，神明之心爲人體生命活動的主宰。五臟六腑必須在心的統一指揮下，才能進行正常的生命活動。

1．心主神志與五臟藏神的關係　《素問・宣明五氣篇》把神分成五個方面，分屬於五臟，即「心藏神，肝藏魂，肺藏魄，脾藏意，腎藏志」。

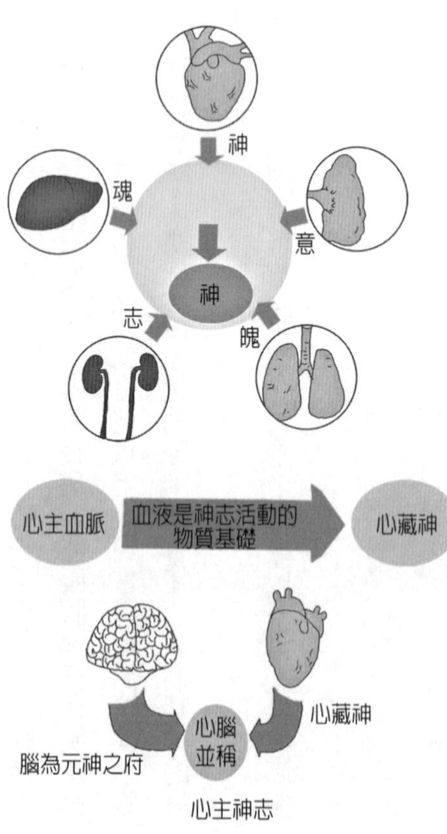

心主神志

說明人的精神意識思維活動，雖五臟各有所屬，但主要歸屬於心主神志的生理功能。

2．心主神志與主血脈的關係　氣、血、津液、精等物質是人體臟腑功能活動的物質基礎，《素問．八正神明論》中說：「血氣者，人之神。」可見，血液是神志活動的物質基礎。為此，心主血脈的功能異常，也必然出現神志的改變。

3．心主神志與腦為元神之府的關係　腦為髓海，髓由精生，精源於五臟六腑之氣血。可見，腦的功能與五臟相關。而人之記性、思維語言、視、聽、嗅等活動均由腦所主，故稱腦為元神之府，是人體生命活動的中樞。而心主血，上供於腦。故心腦相繫，常心腦並稱，心腦同治。

由上面道理可知，心主神志的生理功能正常，人就會精神振奮，神志清晰，思維敏捷。心主神志的功能異常，則出現精神意識思維活動的異常，如失眠、多夢、神志不寧或反應遲鈍、精神委靡，甚至昏迷、不省人事，並會影響到其他臟腑的功能活動，甚至危及整個生命。

所以《素問．靈蘭祕典論》說：「主明則下安……主不明則十二官危」。只有做到清心靜神才可以祛病延年，防止早衰。

神宜靜不宜躁：養神之道

《黃帝內經》中說：「太上養神，其次養形。」生命之貴在於神，神興則生命力旺；神衰則生命力弱；神健則生命力強；神失則生命力敗。所以，養生之要養神爲貴。如玄中子言：保全精力，養神之本。和順氣息，養神之基。修養性情，養神之源。端正心地，養神之根。節制七情，養神之道。強健體魄，養神之法。

靜則神藏，躁則神亡

《黃帝內經》說：「靜則神藏，躁則神亡。」即神宜靜，而不宜躁。在這種狀態下，「清靜則肉腠閉拒，雖有大風苛毒，弗之能害」，強調養神之道貴在一個「靜」字，唯有如此，人的精神情志活動才能保持在澹泊寧靜

神宜靜，不宜躁

的狀態，做到摒除雜念，內無所蓄，外無所逐。而且這樣有利於防病去疾、促進健康，抗衰防老、益壽延年。

《黃帝內經》第一次從醫學的角度提出了靜神防病的思想，《素問》中說：「恬淡虛無，眞氣從之。」「恬淡虛無」即指安靜而言，思想安靜，神氣內持，邪氣自然無法侵害人體。而且《黃帝內經》還仔細分析了前人的靜養思想，從實際出發，賦予「靜神」以新的內容。所謂清靜一般是指保持精神情志澹泊寧靜的狀態，若神氣清淨則無雜念，可使眞氣記憶體，心神平安。

精神內守，病安從來

「精神內守，病安從來」出自《黃帝內經．養生篇》，也是養神的一條重要原則。「內」針對外而言，「守」是堅守、保持的意思。所謂「精神內守」，主要是指人對自己的意識思維活動及心理狀態，進行自我鍛鍊、自我控制、自我調節的活動，並使之與機體、環境保持協調平衡而不紊亂。道家代表人物老子和莊子在「精神內守」方面，亦有異曲同工的妙語。

老子言：「少思寡欲。」莊子言：「無視無聽，抱神以靜，形將自正；必靜必清，無勞女形，無搖女精，乃可以長生；目無所見，耳無所聞，心無所知，女神將守形，形乃長生。」這是要求人們保持心情舒暢，精神愉快，氣機才得以調暢，氣血才能平和，

精神不散而安定內守。當體內正氣充旺了，就會像陽光一樣，掃去所有的陰霾障礙，這時全身的經絡、關節也會變得暢通明達，即使有隱藏的疾病，也會在不知不覺中慢慢消除，這樣疾病就無從發生了。又何患區區疾病、衰老哉？「精神內傷，身必敗亡。」、「正氣存內，邪不可干。」講得便是此理。而長期處於消極情緒中，會降低生活能力，減弱精力，像高血壓、潰瘍病，以及月經失調等病，大多與不良情緒有直接關係。

形神合一，身心並治

《黃帝內經》曾提出過類似的健康長壽的標準，正所謂「形體不弊，精神不散」。情志養生即是在《黃帝內經》「形神一體」觀的指導下，根據個人的形神氣質類型，綜合運用各種調神方法，從自我調攝的角度去塑造和維持健康的心理狀態，以適應周圍環境，並盡可能避免或消除各種不良刺激對人體的影響，保持身心的健康穩定。

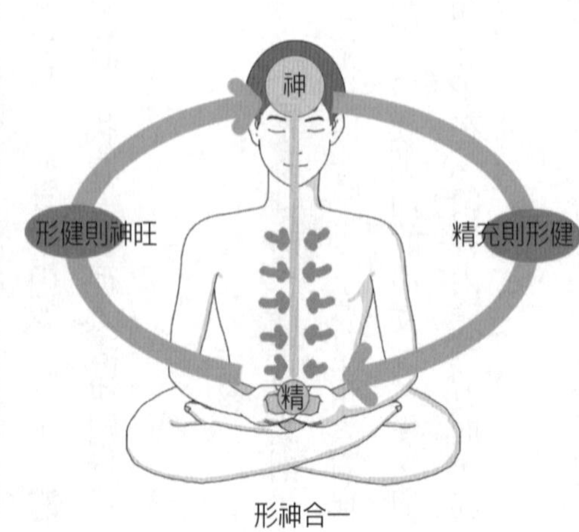

形神合一

形，即形體，包括人體的臟腑、皮肉、筋骨、脈絡及充盈其間的精血，是一切生命活動之宅。神，即人體的精神意識思維活動，包括神、魂、意、志、思、慮、智等，是人體生命活動的主宰。「形」與「神」渾然一體，不可截分，《黃帝內經》及後世醫家的基本認識是：人的精神活動，必須依賴於臟腑正常活動所產生的有營養的精微物質。即精充則形健，形健則神旺，說明形是神的物質基礎，神是形的產物，兩者既對立又統一。如《黃帝內經》所說：「上古之人，……飲食有節，起居有常，不妄作勞，故能形與神俱，而盡終其天年，度百歲乃去。」可見，只有人的身體與精神緊密結合在一起，即形與神俱、形神合一，才能保持健康，享盡天年，「度百歲乃去」。

四氣調神

《黃帝內經・四氣調神大論》篇講述了四個季節不同的養生原則：

春天的養神之道是「夜臥早起，廣步於庭，被髮緩形，以使志生」，也就是要晚睡早起，到戶外散步，悠然自得地舒展肢體，才能達到養神的目的。

夏天的養神之道則要「無厭於日」，不要厭惡日長天熱，要適當運動。同時要

春　夏

春夏調神

秋　冬

秋冬調神

「使志無怒」，做到不發怒，才能使精神「開花結果」。

秋季的養神之道貴在安定寧靜精神，來緩和秋季肅殺之氣對人體的影響，使神氣收斂，以適應秋季的特徵，不讓外來因素擾亂意志，保持肺氣的清肅功能，正所謂「使志安寧，以緩秋刑，收斂神氣，使秋氣平，無外其志，使肺氣清。」

冬天是萬物閉藏的季節。人們要適應冬季的特點，養神要做到不輕易擾動陽氣，使精神內守伏藏而不外露，並要「若有私意，若已有得，」就像人的隱祕，嚴守而不外泄，又像得到了渴望所得到的東西，把它祕藏起來一樣。

四時陰陽的變化，乃萬物生長、衰老、死亡的根本。順從根本自然可以維持正常生長發育的規律，眞正掌握了養生的道理。如果違反規律，就會使機體與自然環境失去協調，破壞生命的根本，敗壞眞元。

養神之術

身體強壯爲「健」，心情愉快爲「康」，兩者兼得才能獲得「健康」。而「抱神以靜，形將自正」，也就是說，重視養神才能頤養天年，擁有健康。

平衡心理

所有健康長壽的處方中，心理平衡是第一重要的。有了心理平衡，才能有生理平衡；有了生理平衡，人體臟腑經絡氣血功能才能處於最佳的協調狀態，疾病自然減退。對於現代人來說，誰掌握了心理平衡，誰就掌握了健康的金鑰匙與生命的主動權。

《黃帝內經》認爲，人的情緒對身體健康影響極大，心理平衡才能健康。如《靈樞·本藏第四十七》認爲，「志意者，所以御精神，收魂魄，適寒溫，和喜怒者也是……故血和則經脈流行，營復陰陽，筋骨勁強，關節清利矣……志意和，則精神專直，魂魄不散，悔怒不起，五臟不受邪矣！」

心理平衡的人信念堅定、堅韌不拔、克己服理，適應社會的能力強，這類人多五臟淳

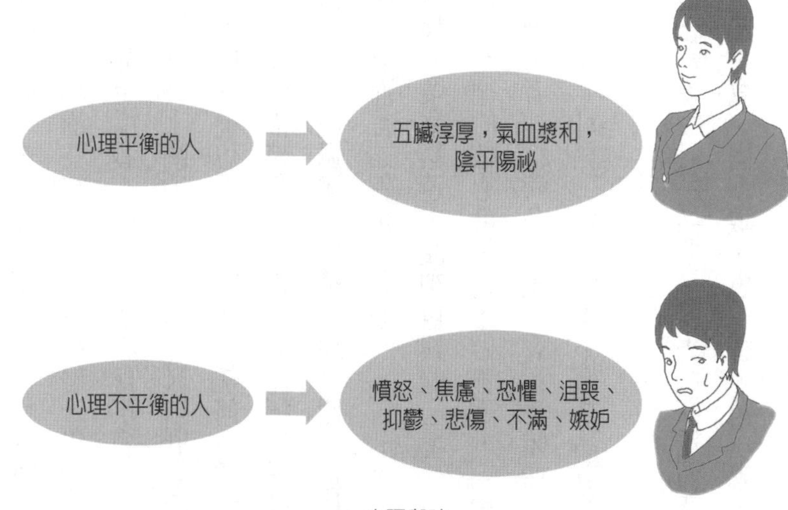

心理與神

厚，氣血勻和，陰平陽祕，這樣才有利於臟腑的功能活動，對於預防疾病、保持健康也是有益的。即所謂「陰平陽祕，精神乃治。」而心理不平衡往往使人產生憤怒、焦慮、恐懼、沮喪、抑鬱、悲傷、不滿、嫉妒等負面情緒，甚至引發心理障礙或心身疾病。

如《素問．玉機眞臟論第十九》中說：「因而喜大，虛則腎氣乘矣，怒則肝氣乘矣，悲則肺氣乘矣，恐則脾氣乘矣，憂則心氣乘矣，此其道也！」告訴我們任何一種情緒過激，都會引起各種內臟的損傷。必然對人的生理健康帶來嚴重影響，從而招致這樣那樣的疾病。可見，爲了健康，就要調節自己的情緒，不使過激，保證心理平衡，這樣才可以減少疾病，維護健康。怎樣做到心理平衡呢？簡而言之就是「養心」。

《黃帝內經》認爲，「恬淡虛無」，即平淡寧靜、樂觀豁達、凝神自娛的心境。

1．德者養心　孔子曾指出：「大德必得其壽。」德的核心就是要多做善事，「積善成德。」荀子曾說：「有德則樂，樂則能久。」德劣者往往病多壽短。貪污受賄罪行的人，患癌症、心臟病、腦出血的發病率往往比常人高。可見，道德修養不僅是品質的要求，還是養生的手段。

2．仁者養心　仁是孔子思想的核心，基本思想是「己欲立而立人，己欲達而達人」和「己所不欲，勿施於人」，具體可以概括爲恭、寬、信、敏、惠、智、勇、忠、恕、孝、弟等。如爲仁者心境欣慰和寬鬆，而不是懊惱、憤恨和恐懼。因此，「仁者壽」；善良者能內心溫暖，故而少疾；惡意者氣機逆亂，陰陽失衡，故而多病短壽。

☯延緩衰老

健康長壽是人們追求的目標，然而衰老是生命運動的必然規律，古今中外，概莫能外。那麼，能否延緩衰老，如何在有生之年活得更健康呢？《黃帝內經》在延緩衰老、健康長壽方面有著極其豐富的內涵，值得今人借鑒。

《黃帝內經・上古天眞論》已指出人類生命的天然年限是百歲。《靈樞》也說：「人百歲五臟皆虛，神氣皆去，骸獨居而終矣！」說明人壽一百歲是天賦的年限，故活到一百歲就算盡其「天年」。但是人壽命的長短不在於時世之異，而在於人是否能養成良好的生活習慣。如果人體陰陽平衡，氣血充足，精力充沛，五臟安康，就一定會健康和長壽。

1．調攝七情　七情不和會使臟腑功能失調，從而引發疾病產生，促人早衰。正如《素問・舉痛論》所言：「怒傷肝，喜傷心，思傷脾，憂傷肺，恐傷腎。」尤其是老年人，臟腑氣血功能衰減，一旦患病陰陽氣血損傷恢復較慢，易累及心神，造成情緒失調，更容易出現意志消沉，多疑急躁，恐懼不安和黃昏垂暮感等症狀。爲此，日常生活中要注意調攝情志，關鍵在於善於控制和調節自己的情緒。

2．正確看待疾病　人一旦患病，則會加重陰陽平衡失調，加重氣血臟腑的虧損失

病治未病」。

衡，甚至導致氣散、精竭、神去，陰陽離決直至死亡。可見，疾病是導致早衰的最重要的原因之一。在這方面《素問·四氣調神篇》有一個非常重要的思想就是——「不治已病治未病」。

未病即健康，意思是說，人體要維持健康，達到延年益壽，除了軀體的完整和健全外，還要保證心理及社會適應能力的正常。現代人表面上看似健康，而潛伏在體內的變化，往往被人們忽視。若突發重病，往往會難以回生，這種情況絕不是偶然的，這實質就是現代醫學所說的亞健康。

這段話告訴我們，為了身心健康，養生的最高境界不是治療已發生的疾病，而是防止疾病的發生。當你沒有任何身心疾病的時候，便應勤鍛鍊身體，注意飲食調養和身心和諧，使自己既不患上身體疾病，也不產生心理問題，方能做到陰陽平和。這裡雖強調「治未病」，但並非反對「治已病」。從總體看，把「治未病」與「治已病」兩種形式結合起來，二者相輔相成，才能更好地促進身心健康。

3．飲食有節　脾胃為後天之本，飲食不節，則傷及脾胃，使人多病早衰。正如《黃帝內經》所說：「陰之所生，本在五味」，「飲食自倍，腸胃乃傷」，「多食鹽，則脈凝泣變色，多食苦，則皮枯而毛衰……」

但是，生命有賴於營養，不然又會因營養不良、氣血不足而致病。為此，《素問·

臟氣法時論》提出膳食結構需要注意：「五穀爲養，五果爲助，五畜爲益，五菜爲充，氣味合而服之，以補精益氣。」；《素問・陰陽應象大論》還提出食物寒熱溫涼屬性對人體健康的影響，亦即「水穀之寒熱，感則害於六臟，而且由於飲食入胃，其氣由經脈上肺，飲食過寒過熱，不但損傷脾胃，也容易傷及於肺。」

4・勞傷適度　人若貪圖安逸，缺乏運動或是勞累過度，容易引起「勞傷」，過度勞倦則會傷及人體正氣。《素問・上古天眞論》說：「以妄爲常，……故半百而衰也。」明確指出若把妄作妄爲當作生活規律，活到50歲就會顯得很衰老。爲此，日常生活中要改變錯誤的生活方式，避免妄作妄爲。

5・平衡陰陽　人體的生命活動必須以陰陽爲依據，調節陰陽至平衡才能起到防老抗衰的作用。人到中年，陰陽平衡漸漸失調，機體容易受到各種致病因素的侵襲，從而疾病叢生，出現衰老，這時如能「法於陰陽」，補其不

人體衰老的因素

足，糾其偏勝，自可處於「陰平陽祕、精神乃治」的平衡狀態中，身體抗病能力才會強，邪氣才不易侵襲。而陰陽失調極易導致衰老，如《素問．陰陽應象大論》指出人之衰老同陰陽失調有關，即「能知七損八益，則二者可調，不知用此，則早衰之節也。」

6．臟腑安康　人體以五臟為中心，五臟陰陽是人體陰陽之根本。五臟堅固，則長壽延年；五臟皆虛，則衰老致病。

7．精氣虛衰　精，即陰精，是構成人體和促進機體生長發育的物質基礎，任何損傷精氣的內外因素，都會加速衰老，減損壽命。氣，是生命活動的根本和動力，為生化之根。五臟之精氣虛衰亦是衰老的本質。如《素問．陰陽應象大論》中說：「年四十而陰氣自半也，起居衰矣！」而五臟精氣盛衰，不僅決定生命力的強弱，還決定生命的存亡。尤其是五十歲知天命者，臟腑精氣由盛轉衰，神氣逐漸衰敗，五臟六腑皆需充養，四肢百骸皆需滋潤，方能至百歲。

☯調攝七情

古今養生家都非常重視對喜、怒、憂、思、悲、恐、驚七種情志的調攝，以此作為健康益壽、治療疾病或促進康復的手段。具體方法多種多樣，歸納起來有下面幾種：

一、以情制情法　以情制情法又叫情志制約法，出自《素問．陰陽應象大論》，該法根據情志與五臟陰陽五行生剋的原理，用相互制約、相互剋制的情志，來轉移和干擾原來對機體有害的情志，藉以達到調節情志的目的。

二、五臟情志制約法

《素問・陰陽應象大論》認為，「喜傷心，恐勝喜」；「思傷脾，怒勝思」；「怒傷肝，悲勝怒」；「憂傷肺，喜勝憂」；「恐傷腎，思勝恐」。這說明精神因素與形體內臟、情志及生理病理上都存在相互影響的辯證關係，《黃帝內經》根據「以偏救偏」的原理，創立了「以情勝情」的獨特方法。

1．喜傷心者，以恐勝之　又叫驚恐療法，適用於神情興奮、狂躁的病症。

2．思傷脾者，以怒勝之　這是利用發怒時肝氣升發的作用，來解除體內鬱滯氣機的一種療法，適用於長期思慮不解、氣結成疾或情緒異常低沉的病症。

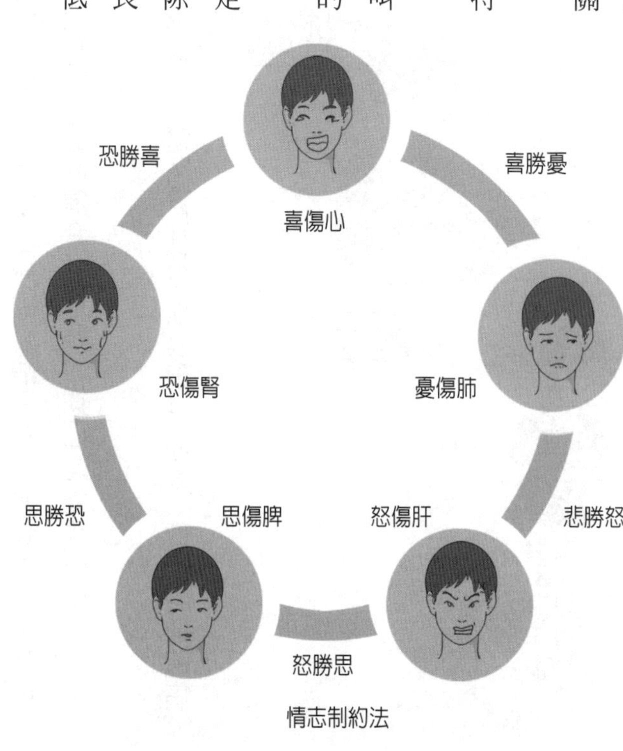

情志制約法

3．怒傷肝者，以悲勝之 《黃帝內經》認爲，「悲則氣消」和「悲勝喜」，利用該法使患者發生悲哀，以消散內鬱的結氣和抑制興奮的情緒，從而達到康復身心的目的。

4．悲傷肺者，以喜勝之 又稱笑療，對於由於神傷而表現得抑鬱、低沉的種種病症，皆可使用。

5．恐傷腎者，以思勝之 主要是通過「思則氣結」，以收斂渙散的神氣，使病人主動排解不良情緒，達到康復之目的。

在運用「以情勝情」法治療情志因素導致的病變時，要注意刺激的強度，保證治療的情志刺激，要超過或是壓倒致病的情志因素。可以採用突然的強大刺激，或是採用持續不斷強化刺激。否則就達不到以情勝情的治

移情法

療目的。

三、陰陽情志制約法　人類的情志活動相當複雜，往往是多種情感相互交錯，很難區分其五臟所主及五行屬性，然而情志活動可用陰陽屬性來分辨。陰陽情志制約法即是運用情志之間陰陽屬性的對立制約關係，來調節情志，協調陰陽。《素問・舉通論》言：「怒則氣上，喜則氣緩，悲則氣消，恐則氣下，……驚則氣亂，……思則氣結。」

七情引出的氣機異常，具有兩極傾向的特點。而根據陰陽分類，人的多種多樣的情感，皆可配成對，如喜與悲、喜與怒、怒與恐、驚與思、怒與思、喜樂與憂愁、喜與惡、愛與恨等等，彼此性質相反的情志，對人體陰陽氣血的影響也正好相反。

故此，相反的情志可以相互調節控制，使陰陽平衡。喜可勝怒，悲也可勝怒；喜可勝怒，怒也可勝喜；怒可勝恐，恐也可勝怒等。可見，通過相反的情志變動，可以調整整體氣機，從而起到協調情志的作用。

四、移情法　又稱轉移法，是通過一定的方法和措施改變人的情緒和意志焦點，使人從情感糾葛中解脫出來，或轉移到另外事物上去。從而達到調整氣機，精神內守的作用。正如《素問・移精變氣論》中說：「古之治病，惟其移精變氣，可祝由而已！」

移情法可採取以下幾種方法：

1．昇華超脫　昇華，是用理智戰勝生活中的不幸，用頑強意志戰勝不良情緒，並

化理智和情感爲行動的動力。超脫即超然，要做到把事情看得淡一些，主動脫離導致不良情緒的環境。在心情不愉快、痛苦不解脫時，可以到環境優美的公園或視野開闊的海邊散散心，以驅除煩惱，豁達心境。如果條件許可，還可以短期旅遊，使精神愉快，氣機舒暢，忘卻憂煩。

2．移情易性　移情，即排遣情思，改變內心情緒的指向性；易性，即改易心志，通過排除內心雜念和抑鬱，改變不良的情緒和習慣。「移情易性」的具體方法很多，應根據每個人不同的心理、環境和條件等因素，採取不同的措施。如《北史．崔光傳》說：「取樂琴書，頤養神性。」《理瀹駢文》說：「七情之病者，看書解悶，聽曲消愁，有勝於服藥者矣！」當然，移情易性並不是壓抑情感。如對憤怒者，要疏散怒氣；對悲痛者，要使其脫離產生悲痛的環境與氣氛；對屈辱者，要增強其自尊心；對癡情思者，要沖淡思念的纏綿等。

3．運動移情　運動可以有效地散發不良情緒，調整機體平衡，從而增強生命活力，改善不良情緒，讓人精神愉快。當你遇到苦悶、煩惱，或與別人爭吵時，最好的紓解方法是轉移注意力，不妨打打球、散散步，也可嘗試一下傳統運動項目，如太極拳、導引保健功等，這種靜中有動、動靜結合的運動，能使形神舒暢，心神安合，一切不良情緒隨之而消，從而達到陰陽協調平衡。

五、節制法

節制法就是調和、節制情感，避免七情過極，從而做到心理平衡。「欲有情，情有節，聖人修節以止欲，故不過行其情也。」可見，重視精神修養，首先要節制自己的感情，這樣才能維護心理的協調平衡。

1．遇事戒怒　「怒」是一種常見的消極情緒，對人體健康危害極大。《素問・五運行大論》指出：「怒傷肝」，說明怒則氣上，會傷及肝，而出現悶悶不樂、煩躁易怒、頭昏目眩等反應，嚴重者還會誘發高血壓、冠心病、胃潰瘍等疾病。《千金要方》也指出：「衛生切要知三戒，大怒、大欲、並大醉，三者若還有一焉，須防損失眞元氣。」這些論述指出了氣怒傷身的嚴重性，視「戒怒」爲養生的一大課題。

制怒之法，首是以理制怒。日常工作和生活中，但凡遇到可怒之事，要先想一想不良後果，用理性克服感情上的衝動，學會理智地控制自己的過

節制法

激情緒。其次，要及時宣洩。可向知心朋友傾訴，甚至痛痛快快地哭一場，千萬不要悶在心裡，否則會致氣鬱成疾，或者大發雷霆。另外，制怒要注意養肝，《黃帝內經》認爲，每一個臟腑都對應於一種情志，「心主喜，肺主憂，脾主思，肝主怒，腎主恐」。所以要制怒，必須要保護好肝臟的功能。若是因肝氣鬱結而引起發怒，當舒肝解鬱；若是肝火上炎而引起發怒，當清瀉肝火；若是肝陽上亢而引起發怒，當滋陰潛陽。

2．寵辱不驚　人世滄桑，諸事紛繁。對於身邊的喜怒哀樂，此起彼伏，我們要保持一個穩定的心態，不要超過正常的生理限度。老子提出的「寵辱不驚」的處世態度，就是告訴我們要榮辱若一，做到不因得失而動心，方可寵辱不驚。爲了健康長壽，任何過分的情緒都是不可取的。爲此，要善於自我調節情感，以養神治身。

六、暗示法　暗示的作用不僅可以影響人的心理與行爲，還能影響人體的生理機能。如《素問．調經論》所說：「按摩勿釋，出針視之，曰：我將深之，適人必革，精氣自伏，邪氣散亂。」就是說，醫生給病人針刺時，要先在針刺的地方進行按摩，並拿出針給患者看，口裡說我要把針扎得很深，這樣，患者會集中注意力，使精氣深伏於內，邪氣散亂而外，自然能提高針刺的療效。暗示的方法，多採用語言，也可用手勢、表情或是暗示性藥物及其他暗號。

七、說理開導法　《黃帝內經》中說：「人之情，莫不惡死而樂生，告之以其敗，語之以其善，導之以其所便，開之以其所苦，雖有無道之人，惡有不聽者乎。」此爲說理開導法的起源。所謂「說理開導」，是指正確運用語言，對患者採取啓發誘導的方法，宣傳疾病知識，分析疾病原因，解除患者的思想顧慮，提高戰勝疾病的信心，積極配合治療，從而促進健康的恢復。以下四點即是講如何使用說理開導法。

1．「告之以其敗」　意思是向患者指出疾病的性質、原因、危害，病情的輕重深淺，以引起患者對疾病的重視，使患者對疾病既不輕視忽略，也不畏懼恐慌，以認眞的態度去對待。

2．「語之以其善」　指出患者要與醫務人員配合好，做到治療及時，措施得當，這對恢復健康，增強患者戰勝疾病的信心都非常有益。

3．「導之以其所便」　告訴患者調養和治療的具體措施。

4．「開之以其所苦」　說明要幫助患者解除緊張、恐懼、消極的心理狀態。

心理開導最常用的方法是解釋、鼓勵、安慰、保證。解釋是說理開導法的基礎，要向患者說明疾病的前因後果，解除思想顧慮。鼓勵和安慰是在患者心理受到挫傷、情緒低落時實行的康復方法。保證是在患者疑心、憂愁不解時，醫者以充足的信心做出承諾，以消除患者的緊張與焦慮。

保持樂觀

答話說：「不如人意常八九，如人之意一二分。」人的一生中處於逆境總是多於順境。所以《素問．上古天眞論》說：「虛邪賊風，避之有時，恬淡虛無，眞氣從之，精神內守，病安從來。」這裡的「恬淡虛無」即告訴我們做人要有一種樂觀豁達的心境，精神樂觀是健身的要素、長壽的法寶。「喜則氣和志達，榮衛通利」，精神樂觀可使人體營衛之氣正常運行，氣血和暢，生機旺盛，從而身心健康。

正如《黃帝內經》所說：「內無思想之患，以恬愉為務，以自得為功，形體不敝，精神不散，亦可以百歲。」可見，「以恬愉爲務」的結果是「養神」，並延年益壽。樂觀的心態不僅是心理健康的「靈丹妙藥」，甚至還能成爲治療疾病的「良劑」。

特別是老年病患者首先應從心理上克服「未老先衰」的思想，培養開朗樂觀的性格，保持心胸開闊，精神愉快的心情。對生活充滿希望，對自我有正面的評價，也能得到精神上的滿足和樂趣，才能健康長壽。

樂觀法

那麼，心情不愉快時，又怎麼保持樂觀的情緒呢？先讓我們看看樂觀的具體表現：樂觀的表現分情緒上的樂觀和意志上的樂觀，前者主要表現在氣色、言語、行動、眼神

和意識等方面；後者主要表現如意志堅決，以苦爲樂，常知足，善處事等。

1．形於色　心情舒暢者，氣和志達，氣機暢流，血脈和利。面紅膚潤，氣色協調，精神煥發，肌膚紅潤有光澤。

2．樂於言　言爲心聲，心神喜樂，則言必出於外。心神舒暢，氣機協調，宗氣充足，呼吸均匀，必然語言準確，語調柔和，悅耳動聽。

3．行於動　神樂則五官四肢欲動。心神司位，氣血各主，肌肉豐健，筋脈舒利，敏捷靈活，喜樂自然，談笑風生。

4．彰於目　目爲心靈的窗戶。心神昌樂，五臟有藏，精氣上榮，人也目光有神，黑白分明。

5．著於識　心神樂則心思有序，意識清楚，思維敏捷，遇事不慌，辦法好，工作效率高。

6．意志堅　信念堅定，必然方向明確，百折不撓，有奮鬥到底的決心。

7．苦為樂　有遠大理想，不怕一時的艱辛，能以苦爲樂，奮發進取。

8．常知足　《素問．上古天眞論》言：「美其食，任其服，樂其俗，高下不相慕，其民故曰樸。」說明對現實生活的適應和滿足。

9．善處事　樂觀者對人寬厚，對己克儉；無損人之心，處事和善。

對於如何保持樂觀的情緒，首先要養成樂觀的性格，培養自己成為樂觀、風趣、幽默、詼諧、性格開朗的人。遇事從大處著眼，不因小事而煩惱，不計個人得失，胸懷坦蕩，思想開闊，保持良好的人際關係。

少私寡欲

《素問・上古天眞論》說：「志閑而少欲，心安而不懼，形勞而不倦，氣從以順……所以能年皆度百歲，而動作不衰者。」也就是說，少私寡欲是治療人類心靈疾病的一個良方。只有在清心寡欲、心情安靜愉快的心態下，眞氣才能順從暢通，精神才會守持於內，疾病自然不會發生，生命就不會受到任何傷害。

《黃帝內經》告誡我們，在現實生活裡，不要貪圖財富，追求名利，而應把精力用在事業上，把自己的名利看得輕一些，要寡欲清心，保持心態氣暢、體泰神清的狀態，堅持下去臟腑功能不會紊亂，生命不易受到任何危害，自然可以達到健康延年的目的——這不僅是養生、養神之道，更是養身、養心之道，自在無煩正是源自於此。

克服抑鬱

《黃帝內經》有喜、怒、憂、思、悲、驚、恐七情之說，喜、怒、哀、樂皆屬人之常情；情之超常變異，則生出一些疾病。其中「悲、憂」都屬情感之症，相當於現今的「抑鬱症」。抑鬱之情，人皆有之，現代人有，古代人也概莫能外。

《黃帝內經》對「抑鬱症」發病狀況已有記載，如「鬱之甚者」、「善悲」、「不得臥（失眠）」等。而《靈樞》則集有「癡狂篇」，這與現代所稱的「躁狂抑鬱症」頗爲相似，如「狂始生，先自悲也。」抑鬱是以持久的抑鬱心境、情感低落爲主要特徵的一種精神障礙，會表現出情緒低落、興趣減退、精力不足、過度疲勞和軀體不適等反應，嚴重影響其工作、生活及社交。

現實生活中，由於生活節奏加快和工作壓力的增大，抑鬱已成爲困擾現代人心理健康的一個重要隱患，不少人會莫名其妙地出現疼痛、睡眠紊亂、食欲不振、性欲減退，有的還會伴發煩惱、焦慮緊張和驚慌心理。如果調適不當，不僅治不好病還會加重病情。有的人會從抑鬱症變成躁狂症，有的人則會出現雙向障礙，一會兒抑鬱，一會兒躁狂，甚至產生自殺的念頭。

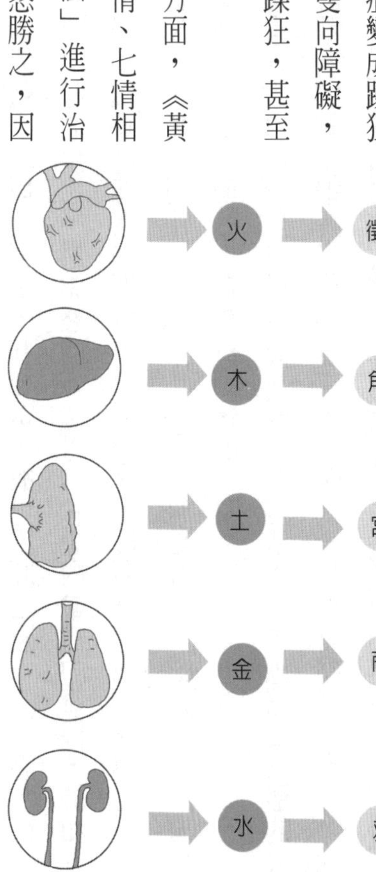

五音、五行與五臟

在如何克服抑鬱方面，《黃帝內經》採用以情勝情、七情相互爲治的「活套療法」進行治療，憂慮不解者，以怒勝之，因思爲脾志，怒爲肝志，木能剋土，而脾屬土，肝屬木，故可用肝之志——「怒」來治療各種由脾之志——「思」引起的疾患，用激怒的方法可解除體內鬱滯的氣機，調和五臟氣機平衡，使憂思之情得到緩解。悲傷過度者，以喜勝之，因憂爲肺志，喜爲心志，火能剋金，而肺屬金，心屬火，所以可用心之志——「喜」來治療由肺之志——「憂」引起的各種疾患，即用喜樂的方法，使悲傷之情得到緩解。

總之，現代人要經常告訴自己一些對付「悲、憂」的方法：首先應培養樂觀的人生態度，學會全面、辯證地看問題；鍛鍊自己的意志，一個人一旦擁有堅強的意志，就會創造生命的奇蹟；學會合理表達自己的感情，喜怒哀樂是人之常情，只要表達得不過分，都會增進身心健康，而壓抑只會造成積鬱；注重家庭關係，家是最能充分舒展人性的地方，家的安全感是世間任何事物都無可替代的；此外，在心情不好時可以培養一些興趣愛好，如養花、養寵物、唱歌，或是傾聽古典音樂，來紓解緊張情緒。

☯音樂養生

天有日月星辰，地有山川河海。自然界中萬事萬物的一切差異與和諧，皆可稱爲「樂」。而「音」又來自何處呢?音之前必有聲，如山間潺潺流水產生的聲，而聲與聲相感應則產生了有規律的變化時，則出現「音」。音與音的和諧相配，自然會發出悅耳的聲音即成音樂。養生音樂可以調節情志怡養心神，還可直接宣洩情緒。音樂的養生保

健作用體現在以下幾個方面：

1．抒發情感，調節情志　音樂是一種特殊的語言形式，既表達了願望的需求，還滿足了情緒的宣泄，而適當抒發情感對人的健康十分有利。如《壽世全書》說：「聲音感人之道，其效力速於訓話與身教，……況絲竹能陶冶性情，謳歌能發抒抑鬱，故無論男女，當職業餘之時，或安弦操漫，或鐵板銅琶，或引吭高歌，或曼聲徐度，於身心二者，交有裨益。」

2．調和血脈，怡養五臟　音樂通過調節情志，使人歡悅，令身體脈道通暢，氣血調達。正如《樂記》中說：「音樂者，流通血脈，動盪精神，以和正心也。」

3．動形健身　欣賞音樂不僅可以令人心情舒暢，氣血和調，而且伴隨優美的樂曲和各種不同的樂器翩翩起舞，也能活動肢體，而且，手指的活動還可以健腦益智，從而達到動形健身的目的。

五音五行養生之道

自古道，書可以養心，而音樂對於人的情緒和行爲有著不同程度的影響，音樂也可以養心。《黃帝內經》記載，角、徵、宮、商、羽五音，與人體五臟相連，與木、火、土、金、水五行也有不謀而合之處。它們之間既相生、相剋，又相互制約，有著非常微妙的內在聯繫。如：

・商音具有「金」之特性，可入肺；聽之使人品端莊，正直好義；

・角音具有「木」之特性，可入肝；聽之使人有惻隱之心，能慈悲愛人；

・羽音具有「水」之特性，可入腎；聽之使人講究整潔規矩，愛好禮節；

・徵音具有「火」之特性，可入心；聽之使人樂於行善，愛好施捨；

・宮音具有「土」之特性，可入脾；聽之使人品溫和，寬容廣大。

五音五臟頤情之道

音樂可動盪血脈，通暢精神和頤養身心。每個人自身的身體結構不同，心、肝五臟的氣質氣機上的差異，造成了對音樂的感受上的不同。而人體不同的臟器需要通過不同的音樂來調適。

1．肺臟失調憂傷的人，喜聽商調式樂曲　肺和外界接觸頻繁，污染的空氣和各種致病菌最易入侵肺臟，產生咽喉部潰瘍疼痛、咳嗽、鼻塞、氣喘、感冒等症狀。而商調式樂曲風格高亢悲壯，鏗鏘雄偉，有「金」之特性。最宜在下午3點～7點體內肺氣較爲旺盛時段聽，代表曲目如《陽春白雪》。

2．肝臟有火易怒的人，喜聽角調式樂曲　人若長期被煩心事困惑，肝臟就會使體內的氣機處於停滯狀態，引起憂鬱、易怒、口苦、舌邊潰瘍、眼部乾澀、膽小、易受驚嚇等現象。而角調式樂曲親切爽朗，有「木」之特性，可入肝。最宜在一天中陰氣最重的晚上7點～11點時段欣賞，這樣才能克服旺盛的肝氣，以免過多的肝氣演變成火。代表曲目如《胡笳十八拍》。

3．腎臟失調驚恐的人，喜聽羽調式樂曲　當人體其他器官缺少足夠能量時，最先從腎臟中抽調，久而久之，腎的能量就會處於匱乏狀態，容易出現面色黯淡、尿頻、腰酸等現象。而在一天中的上午7點鐘～11點鐘時間段裡，體內腎氣會受到外界的感召，在羽調式樂曲的刺激下，可以促使腎中精氣隆盛。因其風格清純、淒切哀怨，如天垂晶幕，行雲流水，有「水」之特性，可入腎。代表曲目如《梅花三弄》。

4．心臟失調過度興奮的人，喜聽徵調式樂曲　現代人生活和工作壓力大、睡眠少、缺少運動等，諸多不良因素往往會傷及心臟，容易引起心慌、胸悶、胸痛、煩躁、舌尖部潰瘍等症狀。晚上睡覺前，聽上一段

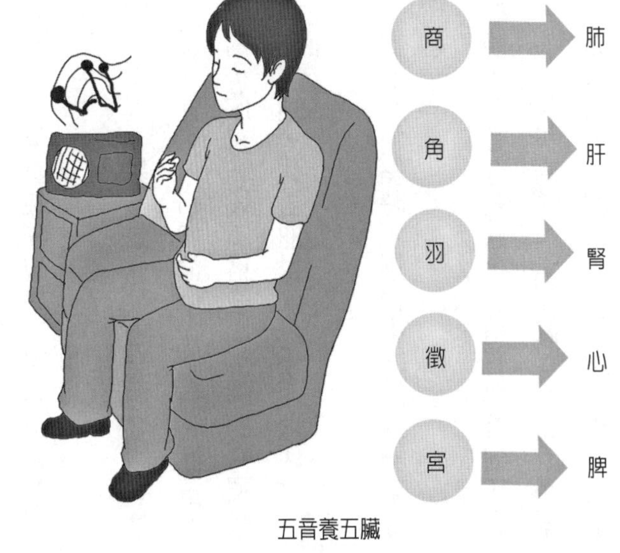

五音養五臟

活潑輕鬆的徵調式樂曲，可以讓心氣平和下來，對補益心氣有較好效果。因爲這類樂曲具有「火」之特性，可入心。代表曲目如《紫竹調》。

5．脾臟失調思慮過度的人，喜聽宮調式樂曲　現代人暴飲暴食、思慮過度的不良生活習慣往往會加重脾胃負擔，嚴重時還會引起腹脹、便稀、口唇潰瘍、肥胖、面黃、疲乏、胃下垂等不適。在進餐期間，或餐後一小時內，欣賞一段風格悠揚沉靜的宮調式樂曲，能有節奏地對食物進行消化和吸收，實屬養生之道，代表曲目如《十面埋伏》。

五音五情調神之道

過多的負面情緒最易傷神，久則傷心傷身，不同心理情緒時，選擇不同的音樂來舒緩心情，也可以達到身心健康的目的。

1．暴躁屬「火」　此種人做事爽快，爭強好勝，好夸夸其談，但稍有挫折則灰心喪氣。平時應聽些徵調式樂曲來引導積極的一面，如《步步高》、《狂歡》、《卡門序曲》等。在情緒急躁發火時，應聽些羽調式音樂，開緩和、制約、克制急躁情緒。如小提琴協奏曲《梁祝》、《二泉映月》、《漢宮秋月》等。

2．壓抑屬「土」　此種人多思多慮，多愁善感。平時宜聽悠揚沉靜、能抒發情感的宮調式樂曲，如《春江花月夜》、《月兒高》、《月光奏鳴曲》等。當遭遇挫折，情緒極度惡劣時，可聽聽角調式音樂，來激發生氣，讓自己從憂慮痛苦中解脫出來，此類

樂曲如：《春之聲圓舞曲》、《藍色多瑙河》、《江南絲竹樂》。

3．悲哀屬「金」　當人們悲痛欲絕、欲哭不能時，最宜聽商調式樂曲來引導排遣負面情緒，這樣才能發洩心頭鬱悶，擺脫悲痛，振奮精神。如《第三交響曲》、《嘎達梅林》、《悲愴》等。而久哭不止，極度悲傷者，則要聽徵調式音樂，以補心平肺，擺脫悲傷與痛苦。如《春節序曲》、《溜冰圓舞曲》、《閒聊波爾卡》等。

4．憤怒屬「木」　當人憤怒萬分，壓抑心頭時，最好選擇角調式樂曲來舒肝理氣，如《春風得意》、《江南好》等。而情緒極度憤怒時，應聽角調式樂曲，佐金平木，如德沃夏克的《自新大陸》、艾爾加的《威風堂堂》等。

5．絕望屬「水」　此類人因遇大挫折及精神創傷，往往會對生活失去信心，產生了絕望。而歡快、明朗的徵調式樂曲是再適合不過的了。能重新喚起人們對美好未來的希望。

第七章

《黃帝內經》養生法〈五〉

四季保養

《黃帝內經・素問》中說：「天地合氣，六節分而萬物化生矣。」又說：「人與天地相參，與日月相應也。」說明人是大自然中生物的一種，人體與四時之間應保持和諧的關係。

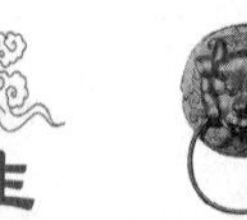

生命之本，通乎天氣

「人與天地相參，與日月相應也。」自然界按照自己的規律不斷運動變化，週而復始，循環往復，而認爲長期在這樣的自然條件下生活，同樣也形成了自身的氣血盛衰、陰陽消長的規律。並且，這一規律要與四時相通，才能達到預防疾病、強身健體的目的，即「以自然之道，養自然之身。」

早在古代，人們就認識到人體氣血的盛衰與四時氣候的變化之間，存在著密切的關係，如《黃帝內經．素問》提出，因天時而調氣血，意思是要根據天地陰陽的變化，結合日月星辰的運行規律來調節人體的氣血，達到養生防病的目的。比如，《黃帝內經》認爲，人體的氣血是隨著月亮的盈虧而呈週期性波動的，

養心、脾、胃、大腸、小腸、三焦、膀胱

養肝

養腎

養肺

五臟與四時相對應，四時陰陽消長與五臟活動密切相關

了解了這一規律，就爲順時養生提供了重要的依據。

除了氣血以外，人體的五臟也與四時相對應。《黃帝內經》藏象學認爲，人是以五臟爲核心的，而自然界的四時陰陽消長與人體的五臟活動是相互聯繫的。《黃帝內經・素問》就指出了五臟與四時的一一對應關係，比如：「心者，陽中之太陽，通於夏氣；肺者，陽中之太陰，通於秋氣；腎者，陰中之少陰，通於冬氣；肝者，陽中之少陽，通於春氣。」又說：「脾、胃、大腸、小腸、三焦、膀胱者，……至陰之類，通於土氣。」因爲，長夏屬土。因此，脾通於長夏。

根據這一理論，《黃帝內經》提出了四時養生的要義，如，春天應心平氣和，少發怒，以養肝；夏季木氣已衰，肝氣式微，心陽日上，應當養心……

四時陰陽是萬物的根本

春溫、夏熱、秋涼、冬寒，是自然界變化的一個顯著規律，人當應之順之，據此便有了四時不同的養生方法。最早提出四時陰陽爲萬物根本的就是《黃帝內經》「從之則生，逆之則死。」說明順應四時陰陽變化的客觀規律是養生的原則。這是因爲四時氣候變化是自然界順應天道的結果，人體也是一樣，只有順應四時生長收藏的規律來養生，

才能夠增強體內臟器的適應能力，達到內環境與外環境的統一。如果我們違背了這個規律就會損傷五臟之氣，降低人體適應自然變化的能力，影響身體健康，甚至引發疾病。

如何調養呢？《黃帝內經》給出了應通過人體精神一致來調攝的方法。《黃帝內經》記載，春三月「以使志生」、夏三月「使志無怒」、秋三月「使志安寧……無外其志」、冬三月「使志若伏若匿，若有私意，若已有得」等。

道理很簡單，《黃帝內經》認爲，在一定的情況下，精神意志能夠強調控制人體臟腑組織功能活動。所以凡是養生、養長、養收、養藏之道，除了生活起居一定要與時令相適應外，還特別強調精神意志的調攝。實際上，我們順應自然界的陰陽消長的規律進行養生的目的，就是爲了使人體的眞氣和元氣更加充盛，增強調節生命節律的能力，以最終達到一個保持人體內環境與外環境統一的目的。

春夏養陽，秋冬養陰

《黃帝內經》中說：「四時陰陽者，萬物之根本，所以聖人春夏養陽，秋冬養陰……陰陽四時者，萬物之終始也，死生之本也，逆之則災害生，從之則疴疾不起，是謂得道。」

意思是說，懂得養生的人在春夏兩季攝養陽氣，秋冬兩季保養陰精。爲什麼呢？因爲一年四季也分陰陽，春夏屬陽，秋冬屬陰。從立春開始，陽氣逐漸上升，而陰氣則逐漸下降，夏至時陽氣達到鼎盛；而從立秋開始，陰氣逐漸上升，而陽氣則逐漸下降，冬至時陰氣達到鼎盛。自然界在「陽長陰消、陰長陽消」的變化中週而復始地循環。

在春夏之時，萬物生機盎然，自然界的陽氣生發，人體內的陽氣也應順應自然界的形勢向外向上抒發。所以，養生者應該保護體內的陽氣，使其充沛旺盛起來，而不要做一些損害陽氣的事情。具體的做法比如，晚睡早起，順應自然界陰氣不足、陽氣充盛的規律，並讓自己的意志生發，精神愉快。

在秋冬之時，萬物收斂，自然界的陰氣逐漸增強，人體也應順應其收藏之勢，將體內的陰精收藏起來，讓經氣內聚，濡養五臟。具體的做法比如，秋季要早睡早起（但比春夏時節起得要晚一

春夏養陽，秋冬養陰

些），以適應其陰長的特點；而冬季則要早睡晚起，以適應其閉藏的特點。此外，自己的情志也不宜太過，意志精神都要斂藏。

總之，我們要順應自然之道，不能與之相違背。雖然違背自然之道不一定立即生病，但時間久了形成習慣，就會大大增加患病的機率。

春季養生，「肝」為首

春天，蟄蟲甦醒，大自然生機勃發，到處一派欣欣向榮的景象，可謂「天地俱生」。春天的第一天是立春，這一天同時也是一年中的第一個節氣。《黃帝內經》提出：「春三月，此謂發陳，天地俱興，萬物以榮……」意思是說，春季爲四時之首，春歸大地之時，冰雪消融，宇宙萬物陽氣勃發，萬物復蘇。此時，人體也與大地相應。

五行之中，春季屬木；而在中醫五行學說中，肝臟與草木相似，也屬木，且春季是肝氣最活躍的季節，也是養肝護肝最好的時候。因此，我們應順應自然，春季養肝。「一年之計在於春」，春天是一年之始，草木在春季開始萌發、生長。而春季，人體少陽氣升，人易急躁、激動，如果春天不能將肝氣養好，周身氣血就會運行紊亂，從而影響其他臟腑器官的功能，使人體產生不適甚至致病。尤其是以下兩種人，一定要注意在春季調正氣血，以備身體在一年之中都能生機勃發。

一、過勞族　現代人生活和工作壓力大，努力工作的結果往往就是過度操勞，而過多操勞的結果之一就是導致肝氣偏弱。因爲長時間的工作狀態，會使得身體各個器官的血液需求量大大增加，而肝是體內的藏血器官，血氣消耗大，肝臟就要疲於工作而受損。所以過勞族第一要維護的就是肝臟。

二、肝火旺的人　春天陽氣驟升，容易引動人體內的熱氣。熱性體質的人一個突出的特點就是「肝火」旺盛，最明顯的表現就是易長痤瘡、怕熱出汗、經期較長。這些症狀雖然看起來不是什麼大病，但長期下去，同樣會加重肝臟的負擔，使肝臟的各種功能受到影響，而引發身體的其他不適。

肝

陽氣

春季少陽之氣上升，人易急躁。若不能將肝氣養好，則易使人體氣機紊亂

如何養肝

春季養陽，重在養肝，養好肝臟，調好一身氣血，才是養生第一要務。養肝一定要注意以下幾點：

1．控制情緒，調正心情　養肝就是養心情，調情緒。肝在志爲怒，惡抑鬱喜調達。因此，在春季，我們一定要努力戒躁戒暴，更忌憂鬱，要做到樂觀向上，心胸開闊，保持良好的心境和情緒。據一項調查顯示，96％的老壽星都是性格開朗的；還有人做過實驗，逗一個高血壓患者笑，結果其血壓下降了20毫米汞柱。

2．生活規律，避免熬夜　肝藏血，休息的道理就在於讓肝藏血的功能得到更好的發揮，這樣才能養肝。人體由「冬藏」進入「春生」，氣血運行於外，容易導致人的心腦相對缺血，如果此時生活再沒有規律，工作總是超負荷，就會大大增加肝臟的負擔。所以要學會休息，保證充足的睡眠，因爲睡眠時血可以養肝。如果總是加班熬夜，就會造成肝失所

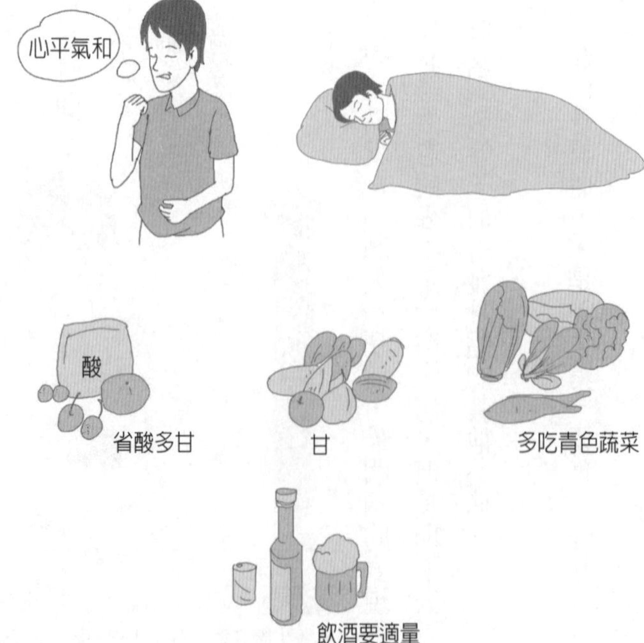

日常養肝

養，導致肝氣透支，人就會愛發無名之火。

3．省酸多甘　《黃帝內經．素問》指出，「肝主春，且肝苦急，既食甘以緩之，肝欲散，既食辛以散之，用辛補之，酸瀉之。」可見，春季陽氣初生，飲食要食辛甘發散之品，不宜食酸性收斂之品。因爲酸味入肝，具收斂之性，不利於陽氣的生發和肝氣的疏泄。

4．多吃青色蔬菜　中醫認爲，五色與五臟相對應，青色入肝。因此，陽剛之人應多吃青色蔬菜，如菠菜、芹菜、油菜、萵筍等，清熱潤燥，利於體內積熱的散發。

5．飲酒要適量　酒精毒素是要通過肝臟來排泄的，過量飲酒對肝臟無疑是一種傷害。特別是一些肝臟功能不太好的人，更不能喝酒，否則不但不利於病情的康復，還會導致病情加重。

春季日常養生

1．春要捂，防背寒　「二月休將棉衣撇，三月還有梨花雪。」另外春季「萬物發陳」，萬物生機勃發的同時，細菌等病害也會「發」起來，尤其是要預防流感等流行性疾病。所以，要適時增減衣物，多捂著點。有晨練習慣的人早上也不宜太早，以免感冒。此外，「春來不可背寒，寒則傷肺。」而禦寒的重要部位就是「背」，背暖了，則病邪就不容易侵入人體了。因此，外出時穿上件披肩，即可禦寒，又很方便。

2．防風，避邪氣　「風爲百病之長」，「邪之所湊，其氣必虛」，「風善行而數變」。說的是正虛則邪乘虛而入，特別是風邪，更是無孔而不入。中醫又認爲：「虛邪賊風避之有時」。就是說邪氣賊風是可以避免和預防的。比如說，我們在劇烈運動後往往會出很多汗，這時一定要避免吹風；在睡覺時，一定要注意窗戶（只要保持室內通風），不要讓風大量吹著。此外，根據個人體質氣血陰陽虛實，還可以吃些增強抵抗力、免疫力的食品，如瘦肉、雞蛋、蘋果、番茄、胡蘿蔔、菠菜等。

3．躲開春雨　「春雨貴如油」。這話不假，但這是指農作物對水的祈盼，但對人體而言，淋雨往往會導致濕邪侵入人體而產生疾病，如引發感冒發燒，肢體沉重、頭痛等，中醫將其稱爲「外濕」。雨後空氣潮濕，濕邪侵內，如遇平素脾胃功能差，脾虛、陽氣不足者，就會出現口淡、納呆、噯氣、胸悶、腹脹腹瀉，中醫將其稱爲「內濕」。

春季氣候多變，應注意風寒濕

因此，春季出門要備好雨具，避免淋雨，沒有乾透的衣物不要穿，居住處要保持乾燥。

春日飲食調養

春季飲食要忌吃油膩、生冷、黏硬等不宜消化的食物，以免傷及肝脾；忌吃辛辣食物，如辣椒、胡椒、花椒等，這些食物不但刺激較大，還具有發散作用，容易「耗氣」，導致免疫力下降。

除了上面的飲食禁忌外，春季應遵循「春夏養陽」的原則，適當多吃一些溫補陽氣的食物。春天氣候不一，需要保養陽氣，而韭菜性溫，最宜人體陽氣的保養。韭菜以春天吃爲最好，所謂「韭菜春食則香，夏食則臭」，可見，春韭不但可以養陽，在味覺上也是最好的。另外，還有蔥。蔥一身都是藥，蔥白可以通陽發汗，解毒消腫；蔥葉可以利五臟、消水腫；蔥根可治便血、痔瘡等。所以，蔥也是春季必不可少的食物之一。

春季總的飲食原則就是要清淡一些，多吃蔬菜和一些食用蕈，如黑木耳、銀耳、蘑菇、香菇、蕈類等。春季又是病毒出沒頻繁的時候，多食這些可增加抗病毒能力。

春季養生原則

春天是萬象更新之始，萬物一派生機蓬勃、欣欣向榮的景象。根據《黃帝內經》的「人與大地相應」的理論，人體的陽氣也應順應天時，向上向外疏發。因此，春令養生主要應從以下三方面著手：

1．調神務使「志生」　「志」，就是志意、情志，是精神範疇。春天裡，人的志意應當與其生發之氣相應，精神舒暢，情志條達，寬懷戒怒，保持樂觀的情緒，這樣精氣就不易耗散，臟器也就不易老化，形體也就不致衰憊，最後就自然可以達到祛病益壽的目的。

2．活動以充生機　「生命在於運動」，動則養形，活則血流。有規律的活動，適當的運動，自古以來就是長壽的祕訣。正如《黃帝內經》所說：春三月宜「夜臥早起，廣步於庭。」就是說人們要晚睡早起，在庭院裡散步或慢跑，這樣經常活動，周身的氣血才能活起來。不過「動」有主動、被動之分，爲應春之生氣，當主動運動、持之以恆，如我國古代著名長壽醫家孫思邈指出：「養生之道，常欲小勞。」養生之道要經常做些小運動，切忌過分活動，否則出汗太多，就容易傷及人身的陽氣，有悖於「春夏養陽」之原則。

春季養生要務

3．寬身利於「發陳」　春季陽氣升發，天地俱生，萬物以榮。人體也是一樣，到了春季肝陽生發，氣血流通，神情活躍，有了這些基礎，人體就會啓故從新，養料源源不斷，功能生生不息。《黃帝內經》指出，春三月，當「被髮緩形」，意即寬鬆衣帶，披散頭髮等，這樣做的目的就是爲了順應此春氣，讓形體得以舒緩，氣血不致遏鬱，內部臟器各種機能才能運轉正常。

夏季養生，關「心」至要

《黃帝內經．四氣調神篇》說：「夏三月，此謂蕃秀，天地氣交，萬物華實。」意思是說夏天這三個月，天陽下濟，地熱上蒸，天地之氣上下交合，植物開花結果，因此是萬物繁榮秀麗的季節。同時，夏季也是一年之中陽氣最爲旺盛的季節，氣候炎熱，生機旺盛，與之相對應，人體的新陳代謝也最旺盛，伏陰在內，陽氣外發，氣血運行也旺盛起來。爲了適應夏季炎熱的天氣，人體也會做出相應的反應，如毛孔張開，使汗液頻出。這樣，人體就可以通過出汗調節體溫，來適應暑季炎熱導致的體溫上升。

五行之中，夏季屬火，五臟之中，心與火相對應，所以夏季的養生重點是養心。且夏季熱氣壓低，人食欲大減，營養補充容易出現不足，再加上晝長夜短，人的勞作時間

加長，休息時間減少，也容易加重人的心臟負擔。

此外，中醫認爲，汗爲心之液，出汗是要傷心的。而夏季的主氣是暑，暑爲火熱之氣所化，爲陽邪，容易耗氣傷津。所以，暑邪侵入人體，最常見的表現就是出汗。汗出的越多，對心的損害也就越大，輕者口唇乾燥、大便乾結、尿黃、心煩悶亂等，嚴重的就會耗傷元氣，出現神倦乏力、少氣懶言、心氣不足等症狀。所以，夏季容易出現心血管系統的疾病，尤其對於有慢性心臟病的人，更要保護好心臟。

如何養心

夏養心的「心」與現代醫學裡「心臟」的概念並非完全相同，它包括心臟在內「主神」的整個神經系統、甚至精神心理因素。所以，夏養心既要從物質方面考慮，又要從精神方面考慮。

1．心靜自然涼　炎炎夏日，常常讓人心煩氣躁，而煩則更熱，從而產生許多精神方面的不良症狀。心靜自然涼是有科學根據的。人在心境平靜的時候，交感神經的興奮性下降，身體分泌的腎上腺素和去甲腎上腺素也下降，所以人的代謝減慢，人的心率

夏季炎熱，人易出汗，而「汗為心之液」，因此應注意養心

也減慢，躁熱感就會減輕。要做到心靜，一是要清心寡欲，善於調節自己的心情，不能大喜大悲；一是要多閉目養神，多靜坐，排出心中的雜念。

2．保證充足的睡眠　夏季晝長夜短，人要順應自然陽盛陰虛的特點，晚入睡，早起床，但這樣就容易造成睡眠不足，使得心臟的負擔加重。因此，在夏季一定要盡力創造條件午睡一會兒，保證每天6～8小時的睡眠。否則長期下去身體就會吃不消。另外，老人在午休時，要注意儘量不要坐著睡，因爲睡眠時人的心率變慢，血流減緩，容易發生供血不足，醒來後會感到全身疲勞、頭暈耳鳴、腿軟等。

多酸而少鹹

夏季養心

3．食物多酸而少鹹　酸味食物有收斂功能，對於養心有相當的作用。因此，可以適當選擇食用；另外，夏季應少吃鹹味食物，這是因爲，鹹入腎，腎屬水，水剋火，飲食過鹹就會傷及心陽。

4．宜多吃紅色食物　心屬火，與紅色相對應，因此，多吃紅色食物對心也有好處。比如紅色甜椒、胡蘿蔔、西瓜等。

關於「冬病夏治」

「冬病」指的是某些好發於冬季，或容易在冬季加重，如支氣管炎、支氣管哮喘、風濕與類風濕性關節炎等多由寒邪所致的疾病；而「夏治」，指的是趁這些病在夏季有所緩解之時，辨證施治，以預防冬季舊病復發，或減輕其症狀。

「冬病夏治」是中醫學的一個重要特色，其原理是利用夏季氣溫高，機體陽氣充沛的時機，調整人體陰陽平衡，使一些宿疾得以恢復。這類好發於冬季的寒邪類疾病爲什麼適合在夏季治療呢？人體之陽氣「生於春，長於夏，收於秋，藏於冬」，冬季陰氣上升到達頂點，機體往往陽氣不足，因而容易遭受寒邪侵犯。而一旦寒邪積久不散則更傷陽氣，導致內寒。同樣，患有「冬病」的人，其體質在這一時期也處於低潮，接受外界治療的能力處於「不佳時期」，見效緩慢。而夏季氣溫升高，人體陽氣上升，經絡通達，氣血充沛。利用這一時機治療某些寒性疾病，可以最大限度地驅風祛寒，調整人體陰陽，爲秋冬儲備陽氣，使人體陽氣充足，到了冬季就不易被嚴寒所傷。

那麼，有哪些「冬病」適合「夏治」呢？所有陽氣不足、肺氣虛弱，以及虛寒疼痛，都可以實行「冬病夏治」，而且都會比其他季節治療效果好。如：支氣管炎、支氣管哮喘、過敏性哮喘、過敏性鼻炎、慢性阻塞性肺病、胃痛、慢性腹瀉、結腸炎、凍瘡、頸椎病、類風濕性關節炎、部分虛寒性疾病、婦科病、關節痛、腎虛引起的腰痛等。其中，特別是呼吸道疾病、氣管炎、哮喘病、膝關節疼痛、凍瘡等，治療效果尤爲顯著。

夏季日常養生

1．情志養生　「冬要藏」、「夏要生」。神氣充足則人體的各項機能旺盛而協調，神氣渙散則人體的一切機能都會遭到破壞。心主血、藏神，因此七情過極皆可傷心，致使心神不安。心的功能受到影響，可使人體的一切機能活動都受到影響。因此，我們要注意調正自己的情緒，不要因事煩而生急躁、惱怒之情。日常要時時對自己的性格進行陶冶，經常用豁達和微笑對待不稱心的人和事。生活中要有

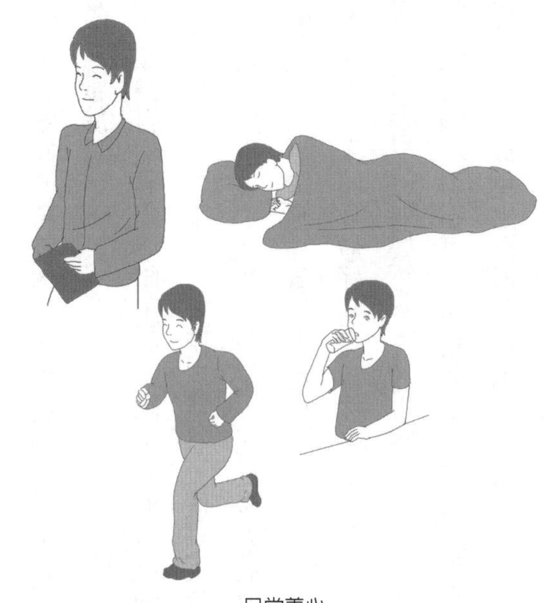
日常養心

事可做，這樣精神就不會空虛，精神也會充實；有較好的精神休養，可免除外界不良情緒的干擾。做好了，精神自然會飽滿，就會「無厭於日」。

2．日常起居　由於夏季晝長夜短，爲了順應自然界陽盛陰虛的特點，人們也應晚睡早起。《黃帝內經》提出，「夏三月……夜臥早起，無厭於日，使志無怒，使華英成秀，使氣得瀉，若所愛在外，此夏氣之應，養長之道也……」意思是說，在夏季人們要早點起床，來順應陽氣的充盈與盛實，要晚點入睡，以順應陰氣的不足。

3．適當運動　夏季氣溫高、濕度大。因此，夏季健身最好到大自然中去，或步山徑、或撫松竹、或弄流泉……多與大自然接觸，既可有涼風送爽，又可陶冶心境。另外，除了戶外健身外，讀書寫字、品茶吟詩、觀景納涼等都可以作爲夏季養生，達到身心統一的境界。一定注意，夏季運動不宜過於劇烈，以免出汗過多而損及心陽。

4．及時補水　夏季出汗多，人體津液損失多。因此，要及時補充水分。但水分的補充一定要講究科學。一般而言，最好是少量多次，就如古人所說的「不欲極渴而飲，飲不過多。」就是這個意思。另外睡前不宜多飲水，以免影響休息。

5．忌因暑貪涼　《黃帝內經》說「防因暑取涼。」就是告誡人們解暑的同時不可過於貪圖涼爽，而導致外邪侵襲。比如有人只圖眼前舒服，空調開到20℃，甚至更低；有人用涼水沖澡，或者露天乘涼過夜，或暴吃冷飲，結果致使中氣內虛，導致暑熱、風寒等外邪乘虛而入，最終引發疾病。

夏季飲食調養

夏季飲食應以清心爲主，忌吃過於寒涼傷陽的食品，應多吃清淡易於消化的食物，比如綠豆、西瓜、苦瓜、黃瓜等，而一些油膩之品則應少吃爲佳。另外，暑令期間，酷熱多汗，人體腸胃功能下降，濕邪之氣容易乘虛而入，引起腸胃疾病或中暑等。爲此，可以吃些蘆根汁、酸梅等開胃消食解暑的食物。

夏季養生原則

盛夏防暑邪，長夏防濕邪，同時又要注意保護人體陽氣，防止因避暑而過分貪涼，從而傷害了體內的陽氣。

盛夏防暑邪。暑爲夏季的主氣，以火熱之氣所化，爲陽邪，容易耗氣傷津。暑邪侵入人體，最常見就是多汗。汗出過多則導致體液減少，這也是傷津的關鍵。津傷後，又會出現口渴引飲、唇乾口燥、便乾尿黃、心煩悶亂等症。若開泄太過，傷津超過生理代

夏季養生要務

謝限度就會耗傷元氣，出現身倦乏力、短氣懶言等陽氣外泄的症狀，甚至猝然昏倒，不省人事而導致死亡。夏季防暑不可等閒視之。

長夏防濕邪。濕爲長夏的主氣。這個季節，既炎熱又多雨，尤其是在我國南方更爲明顯。由於空氣濕度大，加之或汗出沾衣、或外傷暴露，或涉水淋雨，或居處潮濕，以至感受濕邪而發病。濕爲陰邪，好傷人體陽氣，且多纏綿難愈。脾性喜燥而惡濕，因此濕邪好傷脾陽，脾陽被濕邪所遏，則可導致脾氣不能正常運化，出現脘腹脹滿、食欲不振、大便稀溏、四肢不溫等。一般地說，濕邪爲病，病程較長。特別是風濕夾雜，侵犯肌膚在關節形成的風濕痹症往往反覆發作。長夏之時，要注意保持室內適宜的濕度（人體適宜的濕度是40％～60％。當氣溫高於25℃時，適宜的相關濕度爲30％），若適度不合適，可用空調爲室內除濕。

保護體內陽氣。夏季陽氣受損多是因爲貪涼所致。寒涼屬陰，陰盛則害陽。因此，不能只顧眼前舒服，過於避熱趨涼。主要應注意以下幾點：在乘涼時，要特別注意防止腹部受涼；謹防冷氣病，室內空調的溫度不宜過低，應保持在26℃左右；防濕邪侵襲，長夏的濕邪最易侵犯脾胃，導致消化吸收功能低下，所以長夏飲食宜清爽，以溫食爲主，在居住環境上，切忌潮濕。

秋季養生，「肺」為重

《黃帝內經》說：「秋三月，此謂容平，天氣以急，地氣以明。」

意思是說秋天的三個月，可以稱爲容平之季，萬物該開花的開花了，該結果的結果了，平靜安定，且秋季秋高風氣勁，地清萬象清。

秋季是肅殺的季節，是「陽消陰長」的過度階段。從立秋到處暑，秋陽肆虐，氣溫仍然較高，再加上時有秋雨纏綿，濕氣加重，天氣濕熱並重。因此，民間素有「秋老虎之說」。而從白露之後，雨水減少，天氣逐漸乾燥，晝夜溫差加大，氣候寒熱多變，稍不注意，就會傷風感冒，或引起舊病復發。因此，又有「多事之秋」的說法。

五行之中，秋季屬金，五臟之中，肺與金相對應，所以秋季的養生重點是養肺。《黃帝內經》認

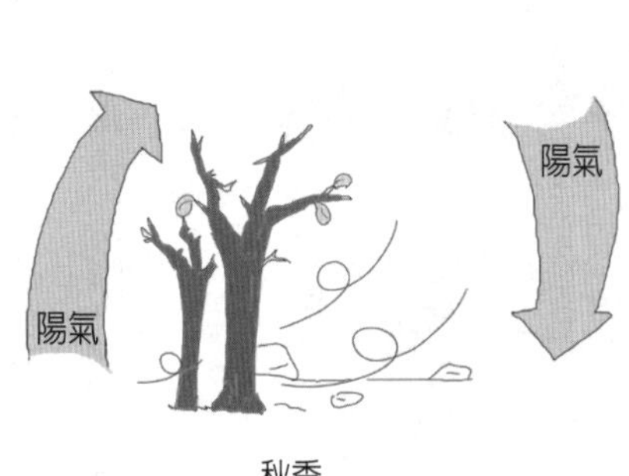

秋季

秋季養肺為主

秋季，陰長陽消，氣候乾燥，容易傷肺，因此，秋季宜養肺

爲，「肺爲嬌臟。」喜濕惡燥。而秋季的特點恰恰就是乾燥，所以很容易傷肺。肺主一身之氣。通過呼吸，自然界的清氣被吸入肺中，與脾運化來的水穀精微之氣結合生成宗氣。

如何養肺

1．內心寧靜，情緒樂觀　在「喜、怒、憂、思、恐」五志當中，肺在志爲憂，憂傷的情緒很容易影響到肺的功能。然而到了秋季，花木開始凋零，特別是霜降之後，落葉紛飛，常使人觸景生情，心生幽怨，尤其是老年人更容易引起垂暮之感。因此，這個季節要特別注意情緒的調控，要保持內心寧靜，注意休息，減少秋季肅殺之氣對人體的影響。時常找一些素材，讓自己開懷笑上一會兒。笑對肺特別有益，發自肺腑的微笑，可使肺氣布散全身，使面部、胸部及四肢肌群得到充分放鬆。同時，肺氣的輸布還可使肝氣平和，從而保持情緒穩定。會心之笑來自心靈深處，笑而無聲，可使肺氣下降與腎氣相通，有強腎之功。

日常養肺

開懷大笑生發肺氣，讓肺吸入「清氣」，呼出廢氣，加快血液循環，使心肺氣血調和。

2．飲食防燥，切忌寒涼　肺喜潤惡燥，所以日常飲食要儘量少吃辛辣燒烤、燥熱傷津的食物，應多吃柔和甘潤的食物，如百合、芝麻、蜂蜜等；另外，藕、梨、山藥、蘿蔔等時令蔬果水分較多，也有很好的防燥功能。適當吃粥，粥可以和胃健脾，潤肺生津，養陰潤燥。還要多喝水，喝水要少量多次，慢慢喝，以維持水液代謝平衡。但要忌寒涼之飲，「形寒飲冷則傷肺」，所以不能吃得太涼。尤其是咳嗽期間，本來就肺氣不宣，再吃寒涼，更會禁錮住肺氣，咳嗽就不容易好。

3．注意保暖，要多運動　不僅飲食過涼會束縛肺氣，身體受涼也會使肺氣不宣。所以秋季要注意隨氣溫隨時增減衣物。同時，要多運動，如每天早晚到室外散步、慢跑等，以增強免疫力，提高肺的功能。

為什麼會秋乏

秋季是陰長陽消的過渡時期，在陰陽轉換的過程中，會出現一些特有的現象，比如秋乏，人體也往往需要做出相應的調正來適應這一變化。

立秋過後，天氣早晚涼，白天熱；到了處暑，更顯秋高氣爽。從生理角度講，人在炎熱的夏季大量消耗體液，再加上沒有充分的休息，就使得身體過度消耗「老本」。而到了秋季，出汗減少，人體代謝逐漸進入修正階段，一些潛伏在夏季的病症就開始出現

了，機體也就會長生一些莫名的疲憊，如清晨醒來還想接著睡，這就是「秋乏」。

舉個簡單的例子，人往往在忙碌的時候，不覺得累，反而是一休息下來，就覺得渾身沒勁兒，疲憊不堪。我們的功能是陽，物質是陰，功能過度消耗就會造成物質過度消耗，結果身體就虛了，不僅陽虛，還陰虛。夏季三個月，人體消耗過大，到了秋季消耗減少，要想使體內的陰陽回復到原有的平衡狀態，就要通過休息和調節飲食，將夏天三個月的消耗補回來，這個過程中就出現秋乏，這是人體的一種自我調適。

除此之外，還有一個原因容易產生秋乏，就是秋天的燥熱氣候，容易耗氣傷陰，導致人體氣虛，氣虛則四肢無力、神疲懶言等，而傷陰常會是人感到咽乾口渴、鼻乾等，也容易是人感到疲乏。

「秋凍」要科學

秋天是一個過渡的季節，所以機體也要學會慢慢適應很冷的季節到來，這就是我們通常說的「秋凍」。「秋凍」是有科學根據的，它可以保證機體從夏熱順利地過渡到秋涼，提高人體對氣候變化的適應性與耐寒能力，對疾病，特別是呼吸道疾病的發生有很好的預防作用。但是，如何「凍」得合理、「凍」得合適、「凍」得健康，也大有學問。

1．秋凍的時間　古語有「凍九捂四」之說，指的是在乍暖還寒的四月，不要急於減衣服，要捂一捂；而到了九月則不必急於加衣服，不妨凍一凍。具體說來，就是氣溫開始下降，但卻並不寒冷之時，是開始「秋凍」的最佳時期，也就是要在夏末秋初開始「秋凍」，才能自然過渡到對秋涼和冬寒的機體調節，增強抗病能力。

2．秋凍的人群　年輕人、中年人和體質較好的老年人和小孩可以適度「秋凍」，而抵抗能力較弱的老人和孩子因其自身調節能力差，禦寒能力減弱，身體會發生不良反應，甚至誘發疾病，因此應隨氣溫變化及時添減衣服。有慢性疾病的患者不宜進行「秋凍」。特別是患有慢性支氣管炎、支氣管哮喘、冠心病、高血壓者，以免寒冷刺激使支氣管和血管痙攣收縮，導致患者舊病復發。

3．秋凍的方式　秋凍除了不要過早穿上厚衣服外，還可進行適當的耐寒鍛鍊，增強機體適應寒冷氣候的能力。不同年齡的人可選擇不同的鍛鍊項目，如散步、慢跑、登山等。無論何種活動，都切勿搞得大汗淋漓，以防寒氣通過排汗而擴張的表皮毛孔進入人體。一般以周身微熱，尚未出汗時即可停止。如果要進行冷水浴鍛鍊，則應從進入秋天就

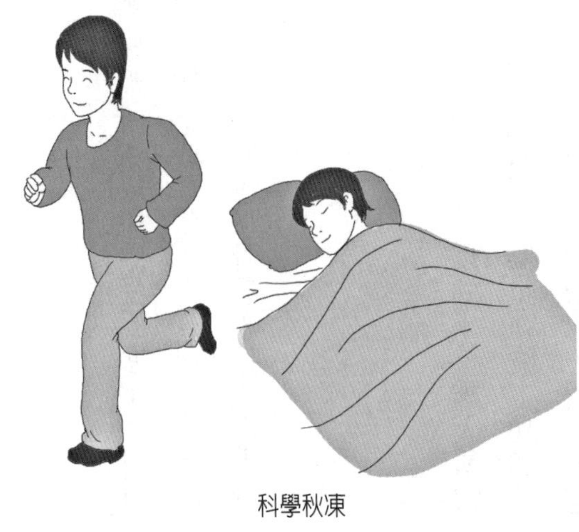
科學秋凍

開始做起，不要間斷。

4．秋凍的細節　秋凍時要注意夜間入睡一定要蓋好被子，以免感受風寒；在日夜溫差變化較大的晚秋則切勿盲目受凍，以免引發呼吸道和心血管疾病；當遇到強冷空氣，氣溫急遽下降時，應當及時適當地添加衣物，以免突然的降溫使身體不適應而引發感冒等呼吸道疾病。

秋季日常養生

秋季養生，最重要的就是對抗秋乏，防止秋燥。

1．保證睡眠　夏季天熱，多數人的睡眠都多少會有些不足，所以到了秋季天氣轉涼，人體就自然而然地想多睡。但秋季睡眠要改掉夏季晚睡的習慣，儘量在晚上10點前入睡。特別是老年人氣血陰陽俱虧，常會有晚上睡不著，白天沒精神的現象，所以，建議老年人「遇有睡意則就枕」。

2．飲食宜清淡　要儘量少吃或不吃辛辣刺激食品，如辣椒、花椒、蔥、桂皮等，以免加重秋燥。適當增加優質蛋白質的攝入，吃些雞蛋、瘦肉、乳製品、豆製品等。少吃油膩食物，多吃鹼性食物，有助於對抗秋日疲乏。另外，多吃水果、多喝水有利於提神醒腦，多吃維生素食物，以協助肝臟儘快將疲勞時積存的代謝產物排除掉。

3．防止賊風侵襲　秋天是風活動頻繁時期，氣候變幻多端，早晚溫差大，冷熱失常，常常讓人措手不及。尤其是中午，氣溫高，人們午睡常常會開窗，這就給「賊風」創造了機會。因爲人在睡眠的時候抵抗力往往是最弱的，吹到「賊風」更容易產生病患。

4．加強鍛鍊　鍛鍊以早晚爲好，可以是登山、散步、做操等簡單運動，對平復情緒、接觸秋乏有幫助。另外，工作的間隔時間多伸懶腰也是緩解秋日疲憊的好方法，伸懶腰時可減輕人體的胸腔器官對心肺擠壓，促使心臟的充分運動，從而給各個器官提供更多的氧氣。

5．種養植物　室內放置一些能夠吸收二氧化碳等廢氣的花草，可以調節室內空氣，增加含氧量，如盆栽柑橘、吊蘭、橡皮樹、文竹等，這些植物都很適合。

☯秋季飲食調養

秋季的特點是由熱轉寒，陽消陰長，天氣乾燥，所以秋季飲食當以潤燥益氣爲中

秋季養生要務

心，以健脾補肝清肺爲主要內容，並以清潤甘酸爲大法，寒涼調配爲要。

秋季空氣乾燥，天氣忽冷忽熱，變化急遽，平時應多飲水，以維持水代謝平衡，防止皮膚乾裂、邪火上侵；要多吃蔬菜、水果，以清火解毒；多吃豆類等高蛋白植物性食物，少吃油膩厚味食品。另外，要盡可能少吃蔥、薑、蒜、韭、椒等辛味之品，不宜多吃燒烤，以防加重秋燥。肺主辛味，肝主酸味，辛味能勝酸，故秋季要減辛增酸，以防肺氣太過傷肝，使肝氣鬱結。可多食用芝麻、糯米、蜂蜜、荸薺、蘿蔔、葡萄、梨、蓮子、百合、甘蔗、香蕉、銀耳、乳品等柔潤食物。

秋季應多吃溫食，少吃寒涼之物，以保養胃氣。否則，會導致濕熱內蘊，毒滯體

秋季肅殺，天氣由熱轉涼，人體的生理活動應隨「夏長」到「秋收」做相應調整

內，引發腹瀉、痢疾等，老人、兒童及體弱者尤要注意。

由於從炎夏轉入涼秋，人的胃口和精神都轉好，所以民間素有「貼秋膘」的說法。但在進補的過程中要平補，就是選用寒溫之性不明顯的平性滋補品。另外，肺易被燥所傷，進補時還應注意潤補，即養陰、生津、潤肺，平補、潤補相結合，以達養陰潤肺的目的。

另外，秋天每餐進食宜簡不宜繁，這是由於人體陽氣衰弱，胃氣亦弱，每餐吃品種繁多的食物，不易消化，容易導致胃病。

秋季養生原則

秋天由於陽氣逐漸收斂，而陰氣逐漸生長起來，此時，淒風冷雨，花木凋零，肅殺之氣漸濃。從氣候特點來看，到了秋季，天氣由熱轉涼，人體的生理活動隨「夏長」到「秋收」而相應改變。所以，秋季養生總的原則就是「收養」，也就是說，秋天養生一定要把保養體內的陰氣作爲首要任務，即《黃帝內經》所說的「秋冬養陰」。

1．情志調攝，勿使悲生　肺與秋季相應，五行屬金，在志爲憂。肺氣虛的人對秋天氣候的變化特別敏感，淒風冷雨，花木凋殘，萬物蕭條，常會使人產生抑鬱悲傷的情緒，干擾肺的正常功能，導致肺氣不宣，人就容易咳嗽、氣喘等。所以，秋季養生一定要注重調攝精神，要養肺陰。

2．早臥早起，與雞俱興　《黃帝內經》上記載說：「秋三月，早臥早起，與雞俱興。」意思是說，在秋季的三個月裡，作息時間要如同雞一樣，早睡早起。早臥以順應陽氣之收斂，早起是爲了使肺氣得以舒展，且可以防止收斂太過。

3．飲食清淡，增酸減辛　秋季肺金當令，「肺收斂，急食酸以收之，用酸補之，辛瀉之」。肺金太旺則剋肝木，所以秋季容易耗傷津液，出現口舌乾燥，咽喉腫痛，肺熱咳嗽等。因酸味可以收斂肺氣，辛味可以發散肺氣，而秋天宜收不宜散，所以秋季應儘量少吃辛味，多吃養陰潤肺、清熱生津的食物。

4．適度鍛鍊，增強體質　進入秋季後，天氣逐漸涼爽，人體感覺舒適，也是開展各項運動鍛鍊的大好時機，可以根據自己的具體情況選擇不同的鍛鍊方式，如散步、登山、慢跑等。

冬季養生，養「腎」當先

《黃帝內經．四氣調神篇》說：「冬三月，此爲閉藏。水冰地坼，勿擾乎陽。」意思是說冬天是陽氣閉藏的季節，這個季節裡，草木凋謝，種子埋藏在冰雪之下，植物凋謝，動物冬眠，地面的一切生機都不見了，水面也結了冰。因此，叫做「藏」。在

冬季，天地之間的陽氣潛藏，陰氣盛極，而人體的陽氣也與自然界的陽氣一樣漸漸收於內。所以，冬季養生應順應自然界的閉藏規律，以斂陰護陽爲根本，爲來春的盛極勃發做好準備。同時，冬季也是各種疾病的高發季節，對於體質較弱的人更應注意保養。

五行之中，冬季屬水，五臟之中，腎與水相對應，所以冬季的養生重點應該是養腎。由於陽氣的閉藏，人體新陳代謝水準相應較低，所以就需要依靠生命的原動力「腎」來發揮作用，以此來保證生命活動適應自然界的變化。腎爲先天之本，生命之根，藏眞陰，寓元陽。人的「火力」（也就是人體的能量和熱量）來源在於腎，「火力」旺，說明腎臟的機能強，生命力也強；反之，如果腎臟機能弱，人體「火力」就不足，天寒地凍之時，就會出現手足冰涼、畏寒喜暖等陽氣不足的表現。因此，冬季養腎尤爲重要。

冬季，陽氣潛藏，人體新陳代謝降低需要腎來發揮作用，因此，要養腎

腎陰和腎陽

腎陰。腎陰是腎精作用的體現，身體的各個臟腑都要依靠腎陰來滋養，它是人體

陰液的根本，因此又稱「元陰」。人體各個臟腑失去腎陰的滋養就會發生病變，如心失滋養則心陰虛、心火旺、心煩失眠；肝失滋養則肝陰虛亢；腦失滋養則眩暈耳鳴。反過來，當各個臟腑的陰液嚴重不足時，也會導致腎陰不足。腎陰虛常表現爲潮熱、盜汗，顴紅、舌紅、口乾咽燥、脈數無力等，但也有虛而無熱者，稱爲腎精虧損。

腎陽。腎陽是一身陽氣的根本，也稱「元陽」，可推動人體各個臟腑的生理活動。腎陽不足也會影響各個臟腑的生理活動，如肺失腎陽則出現氣急，吸氣不足等，稱爲腎不納氣；脾失腎陽則出現五更泄瀉、完穀不化等；津液的吸收、輸布失去腎陽的氣化則會發生水腫……「陽虛則

腎陰不足

腎陰

臟腑發生病變

心失滋養則心陰虛、心火旺、心煩失眠；肝失滋養則肝陰虛，肝陽亢；腦失滋養則眩暈耳鳴。反過來，當各個臟腑的陰液嚴重不足時，也會導致腎陰不足。腎陰虛常表現為潮熱、盜汗，顴紅、舌紅、口乾咽燥、脈數無力等，但也有虛而無熱者，稱為腎精虧損。

腎陽不足

腎陽

影響各個臟腑的生理活動

肺失腎陽則出現氣急，吸氣不足等，稱為腎不納氣；脾失腎陽則出現五更洩瀉、完穀不化等；津液的吸收、輸佈失去腎陽的氣化則會發生水腫……「陽虛則陰盛」，「陽虛生外寒」，所以腎陽虛常表現為形寒肢冷、腰脊冷痛、喜熱飲、小便清長、大便清稀、舌淡苔白等。

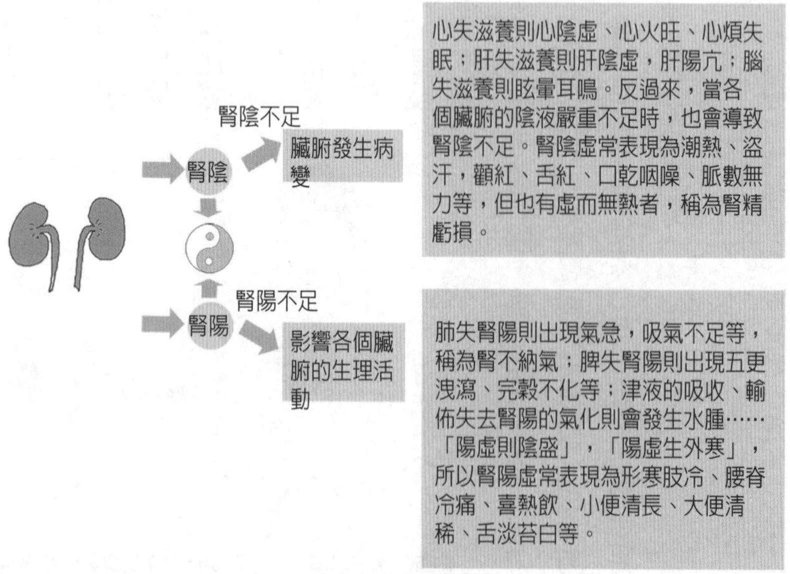

腎與其他臟腑相互影響

陰盛」，「陽虛生外寒」，所以腎陽虛常表現爲形寒肢冷、腰脊冷痛、喜熱飲、小便清長、大便清稀、舌淡苔白等。

腎陰、腎陽的相互關係。腎陰與腎陽是腎臟的兩個方面，滋養者稱爲腎陰，推動者稱爲腎陽。陰陽、寒熱，是對立的兩個方面，腎陰與腎陽也是一樣。但兩者又共居於腎臟之中密不可分，是腎精和腎氣的具體表現。陰液需要陽氣的推動，陽氣需要陰液做基礎。因此，腎陰虛和腎陽虛也往往相互影響，出現陰虛及陽或陽虛及陰的病理現象。

如何養腎

中醫認爲，腎主藏精、主生長、主生殖、主水液代謝，是人的「先天之本」。腎虧精損是引起臟腑功能失調，產生疾病的重要原因之一。所以冬至前後，人們紛紛進補，蓄積營養，強身健體。養腎可從以下幾方面著手：

1．養精保腎　腎氣的強弱在很大程度上決定著人體衰老與壽命的長短。《黃帝內經》指出：「精者，生之本也。」

冬季爲「風、寒、濕」當令，最易傷陽氣，氣隨津脫、氣隨血脫，縱欲時，心旌搖動，則心動、神動、元陽動，男女均要耗損陰津，腎陰和腎陽俱失，加之，出汗使毛孔打開、汗腺分泌，「風、寒、濕」類邪氣易侵入肌膚，落下風濕寒痹症。故冬天應以養精氣爲先，對性生活有節制，以益長壽。

2．食藥粥溫腎元，填補精髓　腎中的精氣有賴於水穀精微的供養，才能不斷地充盈和成熟。而冬天寒冷，腎又喜溫，所以腎虛者通過膳食調養，以補腎元。腎陽虛時可選用羊肉粥、鹿腎粥、韭菜粥等溫腎壯陽之物；腎陰虛宜選服海參粥、地黃粥、枸杞子粥等滋補腎精之品。

3．適當運動，健腎強身　包括關節、筋等組織運動在內的肢體功能活動都由肝腎所支配，因而有肝腎同源之說。所以在冬季更要注重身體的鍛鍊，以達到養筋健骨、舒筋活絡、暢通血脈、增強免疫力的功效。當然，鍛鍊時要根據自身的情況來決定運動的種類和運動量，一般來講運動量不宜過大，運動方式以散步、慢跑、做健身、打太極拳等爲宜。

運動小貼士

冬季，適合20歲左右年輕人的運動很多，如滑雪、球類運動、長跑等。每天運運30分鐘以上。
30歲的男性應多做伸展運動，還要注意心血管系統的鍛鍊。比如，慢跑、游泳和舉重。
40歲的人選擇運動項目要能預防常見的中老年性疾病，運動應為20～30分鐘之內的中等強度運動，如慢跑、跳舞、騎自行車等。
50歲以上的男性運動，脈搏每分鐘最好不超過130～140次，可做一些慢跑、高爾夫球、散步、太極拳等運動。

冬季日常養生

冬日的作息。《黃帝內經》中記載：「冬三月，此爲閉藏。水冰地坼，無擾乎陽，早臥晚起，必待日光，使志若伏若匿，若有私意，若已有得，去寒就溫，無泄皮膚，使氣亟奪，此冬氣之應，養藏之道也。」強調順應天氣以利於人體「陰平陽祕，精神乃治」。「無擾乎陽，早臥晚起，必待日光」，及「去寒就溫，無泄皮膚」。意思是說，在生機潛伏、萬物閉藏的冬季，要養精蓄髓，使陽氣內藏。具體的做法是「早睡晚起，日出而作」，早睡以養人體陽氣，待日出後起床以養人體陰氣，同時要保證充足的睡眠，注意身體的保暖，以免陽氣外泄。

1．動靜相宜　俗話說：「冬天動一動，少生一場病；冬天懶一懶，多喝藥一碗。」中醫也認爲——「動養陽，靜養陰，動靜相宜，氣血和暢。」因此，冬日不可整日緊閉門窗，戀床、睡懶覺，或在空氣污染的室內通宵打麻將、玩撲克等，這樣極易導致體質衰退，抵抗力下降，一定要進行適當的冬季鍛鍊，以增強耐寒力和抵抗力，預防疾病的發生。

2．養生細節　冬季氣候寒冷，衣著應以溫暖舒適、利於氣血通暢爲原則；冬季起床後可先進熱飲，如乳酪蓮子桂圓棗湯之屬，以益心脾；由於冬季活動減少，人體新陳代謝減慢，老年人飲食不宜過飽，食後可摩腹、緩行以助消化；冬季室內溫度太低，易傷人體陽氣，室溫過高，則

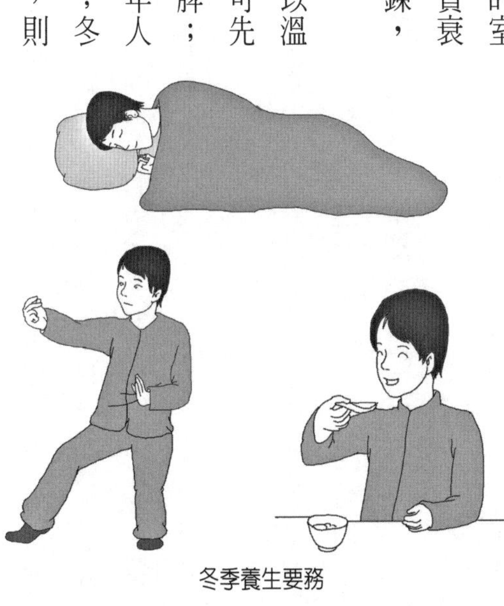
冬季養生要務

易致疲勞，還易引發外感和其他疾病；冬夜臨睡時，叩齒三十六下，晨起亦然；大雪天歸來，腳寒不可立即以熱水浸洗，寒若未解，不可隨便吃熱湯熱食；冬日將起床時，宜擁被披衣少頃；氣候異常時，冬季晨練可在室內活動，以靜功為主，風和日暖之日，晨練可在室外活動，以適應冬季氣候，增強抗寒能力。

冬季飲食調養

「冬三月，陰盛陽衰」。立冬後的三個月氣候寒冷乾燥，自然界的生物都進入了匿藏、冬眠狀態，以蓄養其生命的活力。人類是自然界的生物之一，也應以養藏為原則，但人類要「藏」的，是體內的「熱能」和生命的「動力」——即「陽氣」。

體現在飲食上，主要是：

1．飲食原則　冬季飲食的基本原則就是保陰潛陽，也就是增加熱量。在三大產熱營養素中，蛋白質的攝取量可保持在平均需要水準，熱量增加部分應提高糖類和脂肪的攝取量，如鱉、龜、藕、白木耳、芝麻、核桃等物，都是有益食品。

2．宜溫熱，味濃厚的食物　「和血行氣，壯神禦寒」，冬季天寒地凍，所以飲食宜溫熱，並可增進食欲，消除疲勞。另外，要減鹹增苦，以補心氣、固腎氣；忌食生冷和黏硬食物，以免損傷脾胃；根據自己情況，可適量飲酒以禦寒，但忌過量；早上可煨少許生薑服用，以祛風禦寒。

3．冬天進補，開春打虎　冬至後陰氣逐漸消退，陽氣逐漸回升，在避藏中出現活潑的生機，此時進補更易於蘊藏而發揮效能，是虛弱之體調養的最好時機。

4．藥補不如食補　中醫歷來強調藥食同源，日常的很多食物同樣具有滋補的功效，所以日常不妨以食物之性，補機體之虛，糾陰陽之偏。比如，牛肉味甘，可補脾土；羊肉味甘性熱，可益氣補虛，溫中暖下；雞肉味甘而微溫，可溫中益氣、補精添髓；白鴨肉味甘微涼，可滋五臟之陰，清虛勞之熱。

冬季養生原則

冬季養生要與天氣相順應，使體內陽氣潛藏，以斂陰護陽爲原則。

具體有以下幾點：

1．少出大汗　冬日應「去寒就溫」，預防寒冷侵襲是必要的。但是冬季屬陰，當以固護陰精爲本，宜少泄津液。所以保暖不可暴暖，尤忌厚衣重裘，向火醉酒，烘烤腹背，暴暖大汗。

2．要健腳板　腳部有人體保健和養生的很多穴位，並且有多條經絡經過腳部。所以健腳即健身。健腳板應每天堅持步行半小時以上，以活動雙腳。早晚堅持搓揉腳心，每晚溫水泡腳等，都可以促進血液循環。此外，選一雙舒適、暖和輕便、吸濕性能好的鞋子，也非常重要。

3．要防犯病　冬季氣候寒冷，人體氣血容易凝滯，所以冬季常可誘使慢性病復發或加重，寒冷還可刺激心肌梗塞、中風的發生。因此，冬季應注意防寒保暖，特別是預防大風降溫天氣對機體的不良刺激。同時還應重視耐寒鍛鍊，促進身體氣血通暢，維持身體陰陽協調，減少疾病發生。

4．精神調養　《黃帝內經》認爲，冬季養生要做到——「使志若伏若匿，若有私意，若已有得」。意思是要保持精神情緒的寧靜，避免煩擾妄動，使體內陽氣得以潛藏。對於冬季身心低落的人來說，改變情緒的最佳方法就是活動，如慢跑、跳舞、滑冰、打球等，都是消除冬季煩悶，保養精神的良藥。

5．早睡晚起　冬日陽氣肅殺，夜間尤甚，所以《黃帝內經》主張——「早臥晚起，必待日光」。就是說冬日要早些睡覺，晚些起床，一定要等到太陽出來再起床。因爲早睡可以養陽氣，晚起以固陰精。

冬季應斂陰護陽

第八章

《黃帝內經》防病治病法

雖然「不治已病治未病」是《黃帝內經》的養生觀，但人的生老病死畢竟是自然規律，無法避免。所以治病本身也是為了養生，養生的目的也就是——「沒病防病，有病治病」，防治結合，盡一切努力讓身體不生病。

感冒

感冒，是最常見的疾病之一，分爲普通感冒和流行性感冒。普通感冒俗稱「傷風」，流行性感冒中醫稱爲「時行感冒」，西醫稱爲「上呼吸道感染」。

防病法

感冒由於發病時間與致病病毒等因素的差異，感冒的症狀與類型也有所不同，主要可分爲風寒型、風熱型和暑濕型：

・**風寒型感冒**　是由於氣溫突然降低或者氣溫多變，風邪夾帶著寒邪侵入人體的肌表（多從背部或頸部），引起人體正氣與之抗衡，若風寒之邪較爲旺盛，會阻滯人體肺氣無法正常宣發，從而導致感冒。發病症狀多爲怕風、怕冷，即使發熱，仍然覺得全身發冷，鼻塞、呼吸不暢，流清鼻涕，痰多呈白色、質地較稀。風寒感冒的預防可從以下幾方面著手：

1．生活要有規律，一定要心情舒暢、情緒放鬆而穩定，才能夠增強正氣以禦寒；

2．根據天氣變化適時添加衣物，在睡眠時及時調整被褥的厚度，防止在睡覺不經意時感受風寒之邪。

3．根據季節變化及風寒感冒的病因，飲食上要注意忌吃或少吃油膩、黏滯、酸腥、滋補和生的、涼性的食物，特別是在感覺不適時應忌吃，否則會增加寒邪的力量使症狀加重。

4．每天早晨起床之後，用兩手的食指沿鼻翼的兩側進行摩擦，每次100～150次，或以鼻翼兩側微微發熱爲止。

·**風熱型感冒** 是由熱邪或火邪侵入人體肌表所引起，熱邪或者是火邪侵入人體肌表，可造成人體的肺氣和衛氣不能相互協調而發病。風熱感冒多數都有發熱的情況，而怕冷的症狀則較輕。除此，還會有咽喉腫痛、口渴，鼻塞、不流鼻涕或者流濃稠鼻涕，痰多呈黃色且黏稠等。風熱型感冒的預防可從以下幾方面著手：

1．飲食上要儘量少吃或者不吃油膩、黏滯、酸腥、滋補的飲食，對於熱味辛辣的食物，也要儘量避免，以免助長熱邪，引發感冒。

2．要注意及時補充體內的水分，一定要多喝溫水或多吃一些多汁的水果，如西瓜等，以補充水液，增加機體的抗病能力。

·**暑濕型感冒** 是由濕氣較重或者在空調環境裡待得太久、食用生冷的食物過多、在夜裡受寒及受暑濕邪氣導致脾胃氣機失調，從而引發本病。暑濕型感冒患者多表現爲

發熱，汗少，肢體酸重疼痛，頭昏重脹痛，鼻涕濃稠，心煩口渴但又不想喝水，並且還常伴有胸悶噁心，甚至上吐下瀉等症。暑濕性感冒的預防要注意以下幾點：

1．夏日消暑納涼時，不可一味貪涼，要特別重視防風、防寒與防濕邪的侵襲。

2．重視休息，保證睡眠，因為休息不好，睡眠不足，人體的陰陽平衡就容易被破壞，人的抵抗力就會減弱，也就容易患病。

3．及時補充水分，人體的水液代謝可以將很多毒素排出體外。因此，保持小便通暢，就可以將病毒及時「沖」走，感冒也就不會發生了。

4．飲食宜清淡，適當多吃含維生素C、維生素E豐富的蔬菜、水果，以及牛奶、瘦肉及乾果等，以提高機體免疫力，且維生素C對預防與減輕感冒症狀有利。

治病法

風寒型——

【按摩】取大椎穴和外關穴治療。手掌搓熱後，在大椎穴來回摩擦，至局部感到溫熱，或有熱感沿脊柱向頭部或腰部傳導為度；外關穴的手法按摩可以用拇指在外關穴處點按或者揉，直至局部感覺有酸脹感為度。兩手臂交替進行。

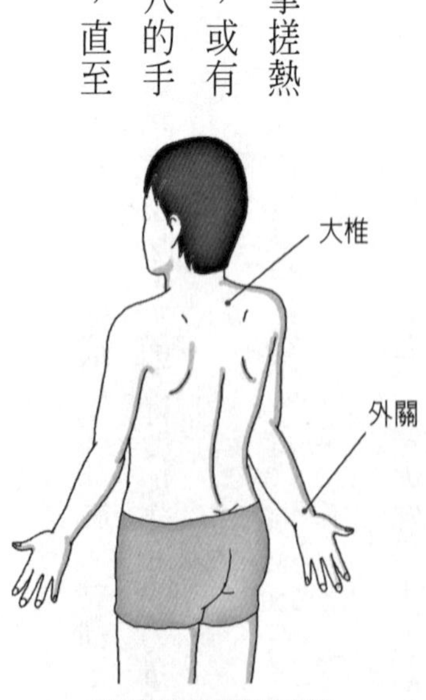

風寒型感冒按摩穴位

【食療】風寒型感冒宜多吃發汗散寒，溫煦身體的食品，如蔥、大蒜、豆腐、薑湯等。食療方可採用蔥白粥：

原料：大米50克，蔥白3寸段。
製法：先煮大米，待大米將熟時，把切成一寸左右的三、四斤蔥白放入即可。
用法：每日1次。熱服，取微汗。
功效：解表散寒、和胃補中。

【中藥】風寒型感冒應選擇辛溫解表、宣肺散寒類的中藥來治療。

薑蘇藥茶

原料：生薑、紫蘇葉各3克，茶葉適量。
製法：將生薑切成細絲，紫蘇葉洗淨，同適量茶葉用開水沖泡10分鐘。
用法：代茶飲用，每天2劑，分上、下午溫服。
功效：疏風散熱、理氣和胃。主治風寒感冒及風寒咳嗽初起時，也適用於頭痛發熱或伴有噁心、嘔吐、胃痛、腹脹等症的腸胃不適型感冒患者。

■風熱型——

【按摩】取風池穴和曲池穴治療。按摩時可按住風池穴所在的陷窩，堅持半分鐘到1分鐘不動，然後緩慢按揉，至局部有強烈的酸脹感爲度；先用右手大拇指按揉左手曲池穴，然後再用左手大拇指按揉右手曲池穴，左右各100次，至局部有強烈的酸脹感爲度。

【食療】風熱型感冒宜多吃有助於散風熱、清熱的食品，如綠豆、蘿蔔、白菜、白菜根、薄荷、茶葉等。食療方可採用茶豆飲：

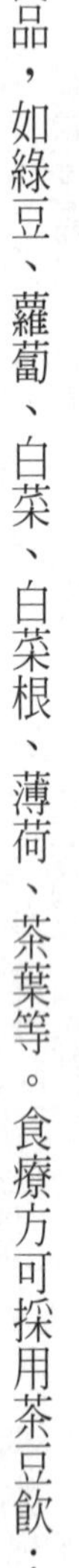

原料：綠豆30克，茶葉9克，白糖適量。

製法：先將茶葉用紗布包好，與綠豆一起，加水煎煮，待綠豆熟時，去茶葉，加入白糖調溶即成。

用法：熱服，可一次或分次飲。

功效：辛涼解表、清熱解毒。主治風熱型感冒。

【中藥】風熱型感冒宜宣肺清熱、辛涼解表。

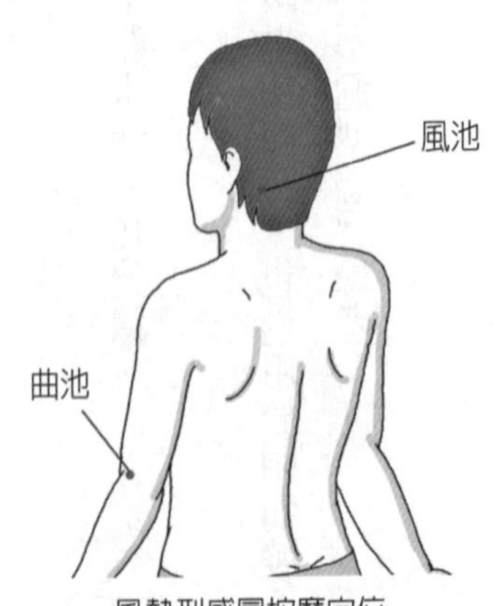

風熱型感冒按摩穴位

金銀花飲

原料：金銀花20克，薄荷5克，蜜糖少量。

製法：先煎銀花，取汁約2小碗，藥成前，下薄荷約煎3分鐘，貯瓶內。

用法：服用前與蜜糖沖勻一同飲用。

功效：清肺化痰，主治風熱感冒、風熱咳嗽。

■暑濕型——

【按摩】可按摩中脘穴消除腸胃症狀；若有嘔吐時，可刺激內關穴；如果有發熱症狀時，可以刺激合谷穴。

【食療】暑濕型感冒宜多食促進消化，有助於恢復腸胃功能，可調整津液代謝的食物，如苦瓜、綠豆、西瓜、薄荷等。食療方可採用藿佩冬瓜湯：

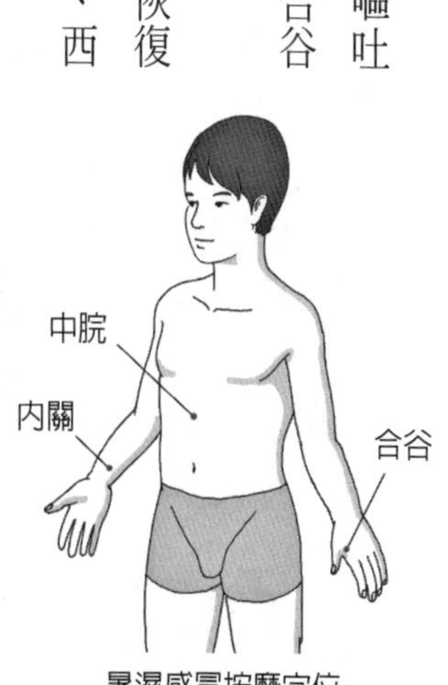

暑濕感冒按摩穴位

藿佩冬瓜湯

原料：鮮藿香、鮮佩蘭各5克，冬瓜500克（去皮、籽）。

製法：先將藿香、佩蘭煎煮，取藥汁約1000CC，再加入冬瓜及鹽適量。

用法：熱服，一日可一次或2次。

功效：清暑祛濕。

【中藥】暑濕型感冒宜清暑祛濕。

藿香飲

原料：藿香10克，厚朴3克，白扁豆15克。

製法：將藿香、厚朴去雜質後用剪刀剪碎，白扁豆去皮搗碎，放入保溫瓶或保溫杯中，沖入沸水，加蓋浸泡1小時。把藿香葉放入煮鍋內，加入適量的清水，煮沸，濾汁。

用法：代茶頻飲。

功效：解表散風、燥濕化痰。主治感冒發燒、咳嗽痰多。

✚脂肪肝

脂肪肝是指肝臟在各種原因影響下，肝細胞中脂肪堆積過量的疾病。肝內脂肪正常含量應爲肝重的3%～4%，若超過5%則爲脂肪肝。

防病法

中醫認爲，機體虛弱則易導致脂肪沉積於肝部，引起肝氣失調。通常來說，脂肪肝有血淤、脾虛、濕熱、腎虛等症狀，患者多會出現食欲不振、腹脹、疲勞等現象。輕型脂肪肝可以沒有任何症狀，只有通過B型超聲波（超音波）或CT檢查等才被發現。當脂肪肝較嚴重時，多會有食欲不振、噁心、嘔吐、體重下降、乏力、腹脹、肝區不適或隱痛等表現，少數患者還可出現輕度黃疸等。

脂肪肝的發生與日常生活習慣有著密切的聯繫，比如說長期飲酒、長期攝入高脂肪飲食、長期食用高糖食物等，都是脂肪肝形成的重要原因，所謂「病從口入」就是這個道理。另外，缺乏運動、肝炎、高血糖等也都是引發脂肪肝的重要誘因。所以，要預防脂肪肝，還得從日常生活上多加注意——

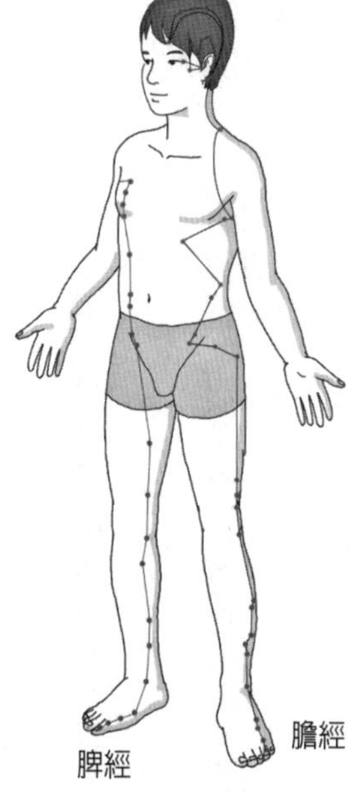

脾經、膽經循行

1．避免肥膩厚味食物和酒精的大量攝入。

2．多參加體育鍛鍊，多運動，體質強，脂肪就不容易堆積於肝臟，肝氣也就會因此順暢。那麼，患上脂肪肝的機率也就比較小。

3．食物和藥物進入體內都會經過肝臟解毒，如果經常亂服藥物則會使肝臟解毒功能下降，並可能引起肝中毒，所以日常用藥要謹慎。

治病法

【按摩】

①敲擊膽經　患者可通過手掌、指關節的敲擊，進行對膽經的刺激。

②按揉脾經　患者可通過拇指指端或手掌的按揉，進行對脾經的刺激。

【食療】脂肪肝患者多因虛證誘發疾病，故應注重脾胃的補益和肝臟的調養，可適量食用新鮮的蔬菜、豆製品、水果、山藥、白薯、芋頭、脫脂牛奶等。此外，可適量增加降脂食品的攝入量，如燕麥、小米等粗糧，及黑芝麻、黑木耳、海帶等。

山楂香菇粥

原料：山楂15克，香菇10克，粳米50克，砂糖適量。

製法：將山楂和香菇洗淨，加溫水浸泡，水煎去渣，取濃汁；加適量水與粳米煮成粥，加入砂糖溶化即可。

用法：分早、晚2次，溫熱服食。

功效：健脾消食，活血化淤，降脂。

【中藥】中醫治療脂肪肝採用化痰消積祛淤、養肝陰、清虛熱及活血散淤等方法來治療。

荷葉飲

原料：荷葉、決明子、山楂、澤蘭各6克。

製法：上藥以開水沖泡。

用法：代茶飲用。

功效：可有效緩解脂肪肝的症狀。

✚慢性支氣管炎

慢性支氣管炎，是一種氣管、支氣管黏膜，及其周圍組織的慢性非特異性病症，以反覆發作的咳嗽、咳痰爲主要特徵。

☯防病法

慢性支氣管炎在中醫屬於「咳嗽」、「痰飲」、「咳喘」範疇，其發生與發展常與外邪的反覆侵襲，肺、脾、腎三臟功能失調密切相關。在急性發作期，多因肺氣虛弱，衛外不固，外邪入侵，而表現爲咳嗽反覆發作；或因年老體虛，肺、脾、腎氣虛，水津輸布不利，痰飲內停，阻遏於肺，而引起長期咳喘；或者因長期吸煙、飲酒等因素傷及於肺，進而形成本病。若病變經久不愈，肺、脾虛就會損傷進而傷及於腎，因此病情嚴重者還常伴有氣喘不能平臥的狀況，只要一動就氣喘，到這時已經是腎不納氣了。

中醫又將慢性支氣管炎分爲實證與虛證兩種，前者多由外寒內飲、痰濕內聚、燥熱傷肺引起，患者常會出現咳嗽、多痰、腹脹等症狀，甚至還會出現喘逆、浮腫等；而後者則多由脾肺兩虛、肺腎兩虛引起，患者常會出現咳嗽氣短、渾身無力、胸悶自汗、口乾舌燥等症狀。對於慢性支氣管炎的預防，還要從下面的幾個方面多考慮：

1．日常要經常開門窗通風，保持生活環境空氣的清新。我們說過，肺爲嬌臟，通過口鼻與外界直接相通。因此，外界空氣環境的好壞會對肺的功能造成直接的影響。

2．戒煙，並避免煙霧與粉塵的吸入，煙草中含有大量的化學物質會導致肺臟的病變。所以，戒煙對養肺十分重要。

3．注意保暖，寒冷的季節一定要避免受涼，特別是頸部，因為寒邪可降低支氣管抵禦外邪的能力。所以，防寒保暖是預防支氣管炎的一大關鍵。

4．堅持鍛鍊，「生命在於運動」。適量的運動可以讓人體氣血調和，臟腑平衡，同時也可以讓人體的抵抗力增加，從而減少各種疾病的患病率。

治病法

【按摩】以指壓穴位法治療慢性氣管炎：

①點按中府、膻中、天突、太淵等穴各1～2分鐘，以感到酸麻為度；

②按揉定喘、風門、肺俞、厥陰俞各1～

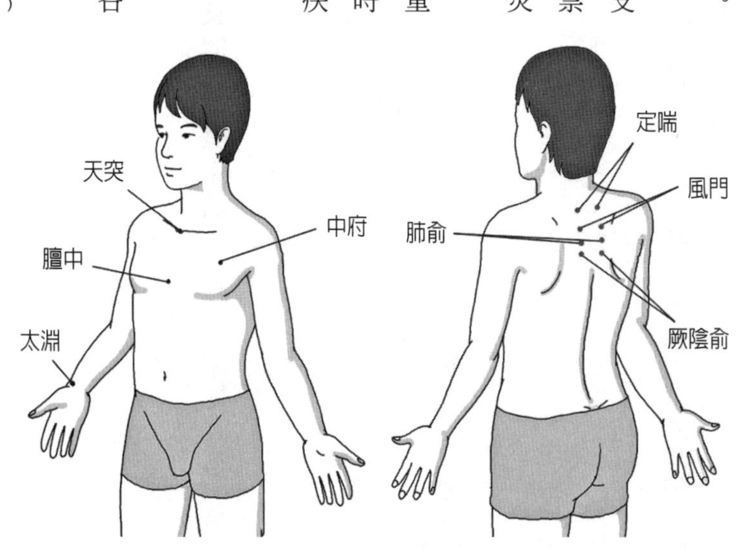

慢性支氣管炎按摩穴位

2分鐘，以感到酸麻為度；

③用掌拍法拍打胸背部至背部發熱，皮膚以發紅為度；

④推按膀胱經、胸背部經線，自上而下，反覆10～20次。

【食療】慢性支氣管炎患者的飲食應以清淡、新鮮蔬菜為主，如白菜、菠菜、油菜、蘿蔔、胡蘿蔔、番茄、黃瓜、冬瓜等，忌食海腥油膩之品，不吃刺激性食物。

豬肺粥

原料：豬肺500克，粳米100克，薏米仁50克。

製法：將豬肺洗淨，加水適量，放入料理米酒，煮至七成熟時撈出，切成小片。將切片的豬肺同粳米、薏米仁一起入鍋，並加蔥、薑，先置武火上燒沸，然後用文火煨熬，米熟爛時加少許鹽調味即可。

用法：每日食1～2小碗。

功效：補脾益肺，止咳化痰。

【中藥】中醫治療慢性支氣管炎以補肺健脾、補益下元、納氣平喘、辛涼清肺、潤燥化痰、溫陽健脾、解表散寒、宣肺化飲為主。

蜜棗甘草湯

原料：蜜棗8枚，生甘草6克。

製法：將蜜棗、生甘草加2碗清水，煎至1碗，濾掉藥渣即成。

用法：飲服，每日2次。

功效：補中益氣，潤肺止咳。適用於慢性支氣管炎所致的咳嗽、咽乾、喉痛，以及肺結核咳嗽等症。

胃病

胃病是一個較大的範疇，它是上腹胃脘部不適、疼痛、飯後飽脹、噯氣、反酸、噁心、嘔吐等眾多症狀的統稱。

防病法

中醫將胃病分爲胃陰虛和胃陽虛，前者多是由於體質陰虛，胃陰不足等引起胃部陰液不足的病症，患者多會出現胃部隱痛、口乾舌燥、大便乾燥等症狀；而後者多因陽氣衰弱引起，患者多會出現四肢發冷、胃脘疼痛、小便清長、大便溏薄等症狀。造成胃病的原因很多，一般來說，都是日常不注意引起的。比如飲食不當，是造成胃病的主要

原因，經常過量飲酒，大量吸煙，不按時吃飯，愛吃過於辛辣的食物等等；精神緊張，人在高度緊張的情況下，往往食欲不佳，即使強制吃下去，也會因消化不良而產生胃痛胃脹等現象，久而久之，便產生了胃病；工作原因，有的人因爲工作需要經常上夜班、熬夜，這樣人的生物鐘被打亂了，休息得不到保障，都可能使胃部產生毛病；另外，不潔的生活環境、不講究衛生、與有傳染性胃病的人有親密接觸等等，也是造成胃病的因素。針對這些情況，我們可以多加注意，以預防胃病的發生——

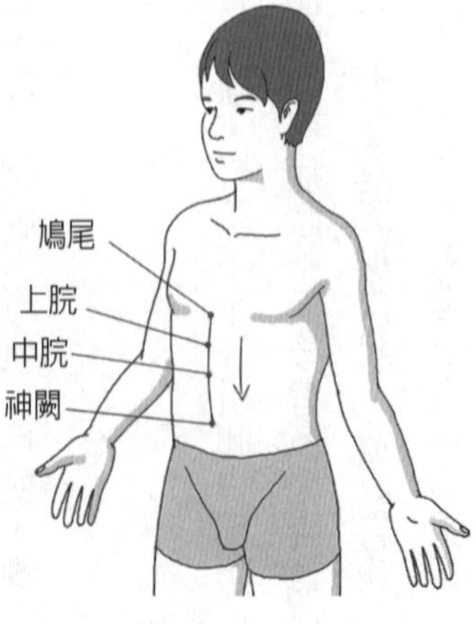

1．日常遇到不開心的事要平心靜氣，因爲人的情緒對疾病的控制有較大影響，所以要保持輕鬆愉快的心情，避免緊張、憂鬱的情緒。

2．重視胃部的保暖，當外界溫度變化較大時，應及時增減衣服，防止腹部著涼。

3．忌食生冷、辛辣、油膩、過燙、過硬的食物，並儘量少飲酒，以免傷及脾胃。

4．加強運動，以促進機體經絡的通暢和臟腑的調和。

☯治病法

【按摩】胃痛是最常見的一種胃病，按摩治療應以腹部操作爲主。

①任脈穴位按摩　放鬆腹部肌肉，用拇指沿任脈由鳩尾穴向下推至神闕穴，推點過程中應對上脘穴、中脘穴進行重點按摩。按摩次數以3次爲佳（鳩尾穴位於心窩正下方，最底下肋骨稍下處）。

②腹部按揉　患者可採取仰臥姿勢，用右手手掌對腹部進行摩擦，先做順時針摩動，2分鐘後換做逆時針摩動。

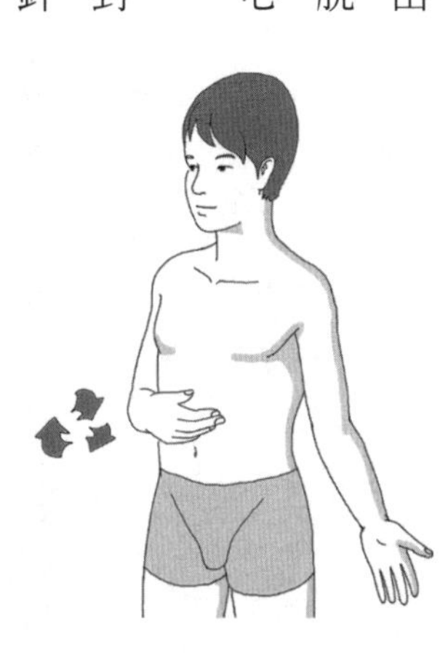

③四肢穴位按摩　按摩者可由雙手拇指對患者穴位進行刺激，刺激穴位分別爲：合谷、外關、陽陵泉、足三里，每個穴位以按揉1分鐘爲佳。

④膀胱經按摩　按摩者可對患者脊柱兩側膀胱經的脾俞穴、胃俞穴、三焦俞穴等進行推揉刺激，每次約持續1分鐘。

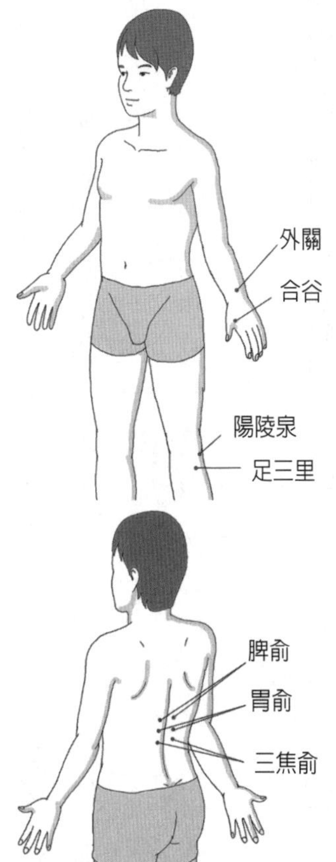

【食療】胃陰虛患

者應食用滋養胃陰的食物，如：牛奶、雞蛋、鴨肉、燕窩、蘋果、梨、番茄、豆腐、銀耳。胃陽虛患者則可食用一些補益胃陽的食物，如：狗肉、羊肉、雞肉、核桃仁、海參、河蝦、海蝦、鏈魚、草魚等。

沖服雞蛋花

原料：雞蛋1個。

製法：將雞蛋1個在碗中打散、攪勻，用沸騰開水沖調成一小碗，以稠狀爲宜。

用法：每天早飯前和晚上睡覺前半小時各服一次。

功效：雞蛋中的卵磷脂可在胃黏膜表面形成一層很薄的疏水層，對胃黏膜起保護作用。

【中藥】中醫治療胃病以益胃養陰、健脾和胃、活血化淤、清化濕熱、疏肝和胃爲主。

香砂六君子湯

原料：太子參9克、茯苓、枳殼、砂仁、佛手、炙甘草、炒白朮、木香各10克，川楝子3克，陳皮12克，半夏6克。

製法：以水煎服。

用法：一日一劑。

功效：對胃脹、胃痛等症均有顯著的療效。

脫髮

脫髮是頭髮脫落的現象。有生理性及病理性之分，前者指頭髮正常的脫落，後者則是指頭髮異常或過度的脫落。這裡我們說的是病理性脫落。

防病法

最常見的脫髮就是男性禿頂，表現爲開始時頭前額部的頭髮邊緣明顯後縮，頭頂部頭髮稀少，最後發展到只剩下頭後部、頭兩側一圈稀疏的頭髮。因此，被人們戲稱「地方支援中央」。

脫髮多是由氣血不足，無法上榮於頭所致。《諸病源候論》就有這樣的記載：「血

盛則榮於髮，故髮美；若血氣衰弱，不能榮潤，故髮禿落。」通常可將脫髮分爲四種，即血熱生風型、血淤毛竅型、氣血兩虛型、肝腎不足型。血熱生風者多血行壅聚，以致傷陰損津，血枯脫髮；血淤毛竅者多是由於內積淤血，毛竅不通，毛髮不得營養，所以才脫髮；氣血兩虛者多是氣血虧損，頭髮得不到滋養，於是就掉了；而肝腎不足者則多是由於陰虛內熱，耗傷津液而引起脫髮。

爲了能夠保有一頭秀髮，日常生活要多加防範——

1．不用尼龍梳子　因尼龍或塑膠類梳子，這種梳子會給頭髮和頭皮帶來不良刺激。最理想的是選用黃楊木和豬鬃的梳子，既能去除頭屑，增加頭髮光澤，又能按摩頭皮，促進血液循環。

2．節制飲酒　特別是燙熱的白酒會使頭皮產生熱氣和濕氣，引起脫髮。即使是啤酒，葡萄酒也應適量。

3．不用脫脂性強或鹼性洗髮劑　這類洗髮劑的脫脂性和脫水均很強，易使頭髮乾燥頭皮壞死。應選用對頭皮和頭髮無刺激性的無酸性天然洗髮劑，或針對自己的髮質選用。

4．勤洗髮　洗頭的間隔時間最好是2～5天。洗髮的同時需邊搓邊按摩，既能保持頭皮清潔，又能使頭皮活血，這樣頭髮得以滋養，也就不容易脫落了。

5．消除精神壓抑感　精神狀態不穩定，每天焦慮不安也會導致脫髮，壓抑的程度越深，脫髮的速度也越快。特別是男性，生活越是緊張，工作越是忙碌，脫髮的機會就會越多。因此，經常進行深呼吸，散步，做鬆弛體操等，可緩解精神疲勞，從而起到保護秀髮的作用。

☯治病法

【按摩】

①按壓百會穴　可採用按壓的手法，用拇指指腹對百會穴進行力度適中的刺激，如患者在按摩過程中出現頭暈，則應減輕力度。

②點揉風府穴　可採用點揉的手法，用拇指指端於風府穴周圍順時針點揉旋轉5次，在點揉過程中應向上用力，才能使按摩效果更好。

③點揉太陽穴　可採用點揉的手法，以中指指尖點按太陽穴，力度由輕而重，可根據患者的舒適感調整用力的大小。

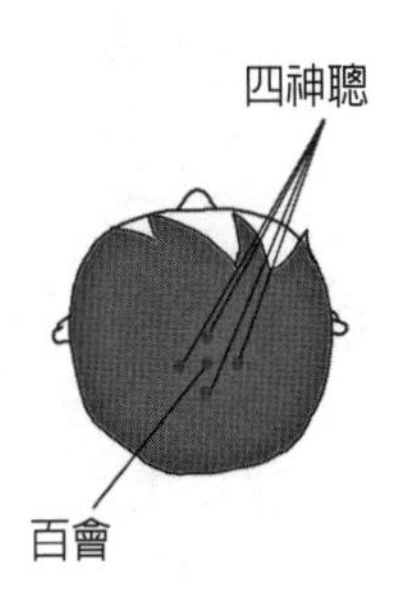

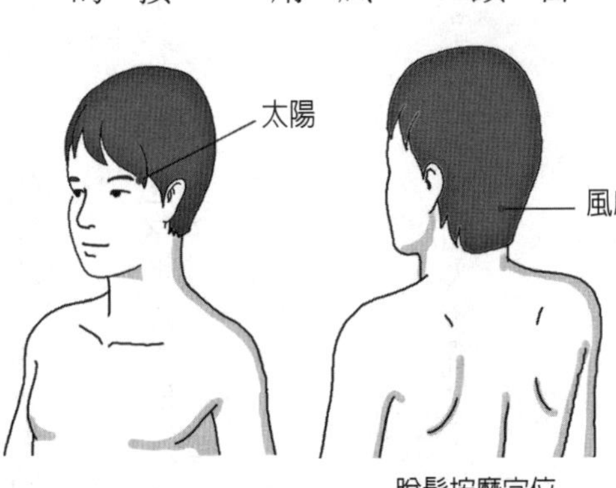

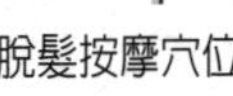
脫髮按摩穴位

④點按四神聰　可採用點法按法，用雙手拇指指腹進行對四神聰的點按，通常按照先點按左、右神聰，後點按前、後神聰的順序進行按摩。

【食療】脫髮者應注重五穀雜糧與蔬菜水果的食用，尤其是應適當增加芝麻、核桃、桂圓、大棗等益腎養血、生髮護髮的食物。

核桃芝麻粥

原料：核桃仁200克，芝麻、粳米各100克。

製法：將核桃仁及芝麻各研末，備用。粳米加水煮粥至7分熟。才加入核桃仁、芝麻，煮熟即可。

用法：每日分1～2次食用。

功效：生髮，養髮，烏髮。

【中藥】中醫治療脫髮以養血生髮、補腎健脾、活血化淤爲主。

柏葉當歸丸

原料：側柏葉240克（焙乾），當歸（全身）120克。

製法：將以上兩藥共研為末（忌鐵器），以水糊為丸，如梧桐子大。

用法：一日2次，每次50～70丸，可用黃酒送服。

功效：對脫髮有一定緩解功效。

✚痔瘡

痔瘡即肛腸痔瘻病，是一種慢性疾病，雖然不屬於重大疾病，但卻常給人的生活、工作、學習帶來諸多不便和尷尬。

☯防病法

雖然痔瘡僅僅表現在肛門的特定部位，但它並不是由單純的局部因素引起的，而是因人體陰陽失調，以及內傷外感、七情六淫等諸多因素所致。飲食不節易生濕積熱，濕熱下注引發痔瘡；久坐或久行均易致勞累過度，腸胃損傷，若淤血濁氣流注肛門則會引發痔瘡；久病不愈易使氣血虧虛，氣虛下陷則會引起痔瘡；寒邪、熱邪也易引起痔瘡；喜怒無常則氣血入侵大腸，若淤積為塊則易便血，出現痔瘡；此外，房事過度、肝臟虛

弱等均可引發痔瘡。

痔瘡分爲內痔、外痔和混合痔。最常見的症狀就是大便出血，有時血量較多，甚至滴落或噴射。長期的便血還常引起貧血，使患者出現頭暈目眩、氣短乏力等症狀；嚴重的痔瘡患者大便後會有痔核脫出現象。要想遠離痔瘡，多做以下功夫——

1．根據各自的條件進行合理的體育鍛鍊，如太極拳、氣功、散步、慢跑等，以使體內氣血調和。

2．儘量保證大便通暢，忌食辛辣刺激性食物，多食瓜果蔬菜可有效降低便秘的發生，同時也應保證每天早晨排便一次，不忍便，不蹲廁過久。

3．保持清潔也很重要，所以日常要勤換內褲，並常以溫水清洗肛門。

治病法

【按摩】

①按摩長強穴　可採用按揉的手法對穴位進行按摩刺激，患者可用食指與中指的指端對長強穴進行按揉，以5分鐘爲佳，早晚各一次。

②患部按摩　患者首先應清洗患部、會陰、肛門和手部，而後做20～30次提肛運動。按摩的時候應根

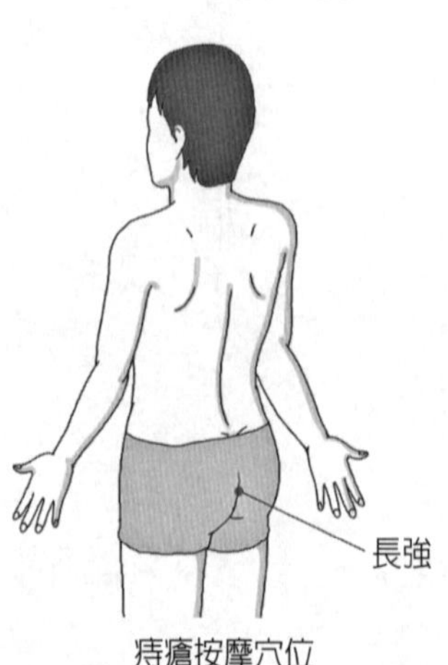

痔瘡按摩穴位

據患者的感受施力，外痔在痔瘡上按摩，內痔則在會陰與肛門之間按摩，每次按摩持續3～5分鐘即可。

【食療】痔瘡患者應進食容易消化、含渣滓較少的食物，並應少食辛辣食物、少飲咖啡、酒和濃茶等。可多吃些蛤蜊、豬大腸、柿餅、香蕉、榧子、韭菜、蕹菜、菠菜、絲瓜、黑木耳、槐花、膨大海、何首烏等食物。

桑耳粥

原料：桑耳250克，大米100克。

做法：將桑耳放入砂鍋中，加水1500CC，文火煎煮至1000CC，去渣留汁，加鹽、豆豉、蔥白、大米，繼續煮成粥即可。

用法：隨量食之。

功效：主治痔瘡出血。

【中藥】中醫治療痔瘡以清肺涼血、利濕解毒、活血化淤、軟堅散結爲主。

烏梅苦參湯

原料：烏梅10克，五倍子10克，苦參15克，射干10克，炮山甲10克，煅牡蠣30克，火麻仁10克。

用法：以水煎服，一日一劑，可分2次服用。

功效：本方有清熱解毒、潤腸通便之功效，對痔瘡的治療有一定的作用。

盗汗

盗汗是指在睡眠過程中汗液自主排泄的現象，因汗液會像盜賊一樣悄悄泄出，故稱之爲盗汗。

防病法

盗汗多因心血不足，陰虛內熱所致，除此，氣虛、陽虛、濕熱也會引起盗汗。盗汗的主要表現就是在入睡後出汗異常，而醒後汗泄立刻停止。通常，我們可以按盗汗的程度將其分爲輕型、中型、重型。輕型盗汗者多在入睡較長時間以後，才出現少許汗液的分泌，一般不會產生不適感；中型盗汗者多爲入睡不久就會有汗液的排泄，醒後汗止，等第二次入睡後就不會出現盗汗現象；而重型盗汗者則是一進入睡眠狀態就開始出汗，持續時間長，出汗量很大。對於盜汗的預防，我們也可以通過對生活細節來進行——

1．儘量少吃煎炸燒烤以及辛辣厚味的食物，並盡可能地少吸煙，少喝酒。因爲這些東西都可以導致體內積熱，甚至導致氣虛，從而引發盜汗。

2．注重室溫的調節，特別是剛剛有盜汗跡象的人，如果能夠將居室的溫度與濕度調節適宜，則很有利於盜汗症狀的緩解和控制。

3．保持被褥、衣物的清潔與衛生，防止汗液和細菌對皮膚的刺激。

治病法

【按摩】足底按摩：足底反射區包括甲狀旁腺、心、脾、腎上腺、腎、輸尿管、膀胱、胃、胰、十二指腸、盲腸（闌尾）、回盲瓣、升結腸、橫結腸、降結腸、乙狀結腸

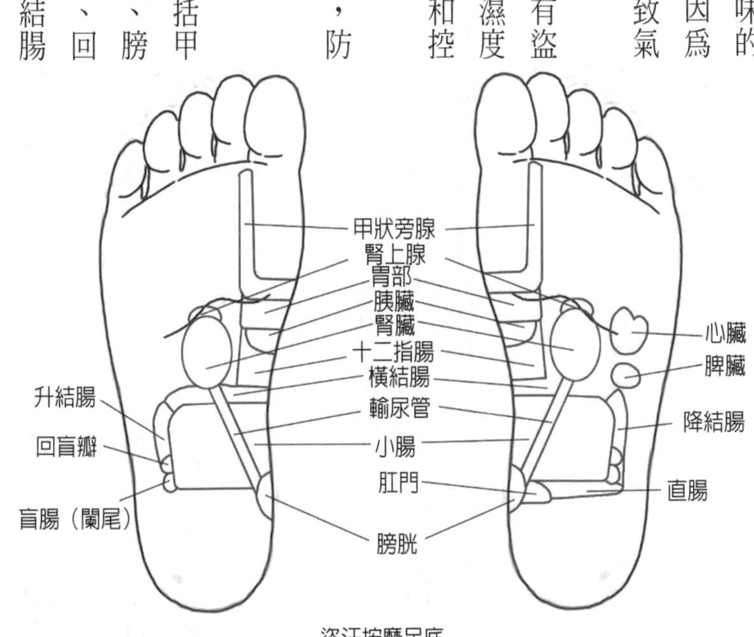

盜汗按摩足底

及直腸、小腸、肛門等。可採用拇指指端點按、食指指間關節點按、擦法、刮法等眾多按摩手法，對足底反射區進行刺激。

【食療】盜汗多由陰虛所致，故食療重在滋陰補益，如鴨肉、枸杞子、銀耳、梨等。除此，適宜於盜汗者食用的食物還有小米、麥粉、牛奶、雞蛋、瘦肉、魚肉、蘋果、甘蔗、香蕉、葡萄、山楂、西瓜等。

麻油腰子湯

原料：豬腰子400克，薑6克，黑麻油10克，米酒、鹽、白砂糖各適量。

製法：豬腰剖開，剔除臊腺，洗淨切成花，用沸水焯一下，去除血水。在熱鍋中倒入黑麻油加熱，下薑片，加水、米酒、鹽、糖，並放入腰花，翻炒2分鐘即可。

用法：佐餐食用。

功效：和理腎氣，通利膀胱，滋陰養血。適用於自汗盜汗的調理。

【中藥】中醫治療盜汗以滋陰降火、養陰止汗爲主。

當歸牡蠣湯

原料：當歸6克，牡蠣12克，生地10克，益智仁10克，甘草3克。

製法：將上述中藥與水一起煎煮即可。

用法：每日1劑，早晚分服。

功效：滋陰潛陽、澀精止汗。

✚腰肌勞損

腰肌勞損是指腰部肌肉、筋膜、韌帶等軟組織的慢性損傷，也是現代社會忙碌生活中常見的疾病之一。

☯防病法

腰部是腎臟之所在，就像腎的家一樣。所以，腎出了問題就容易導致腰部不適，患者多出現腰部疼痛感和酸軟感，外力按壓亦會加重痛感。腰肌勞損的病因主要是因為腎氣虛弱或體虛無力而引起腎精虧虛，以至於無法滋養筋骨血脈，使腰部氣血不暢，經絡出現淤血，從而導致腰肌勞損；此外，腎氣虛則風寒濕邪極易侵入，寒邪久而不散，故可引起腰間筋骨肌肉的損傷。以下幾點皆可對預防腰肌勞損有一定的效果——

1．及時糾正自己不良的站立姿勢，有的人站著的時候總要擺著各種彎曲的姿勢，雖然看起來多些「變化」，但對身體卻極爲不利。

2．分散腰部所承受的重量，避免由高空取物，向高處舉重時，腰部要承受相當大的力量，時間一長或用力不當都會導致腰肌勞損。

3．平時加強對腰部的按摩與鍛鍊，避免久站或久坐。

4．充足的睡眠和愉悅的心態可以讓全身的氣血都活起來，對於預防腰肌勞損也有相當的作用。

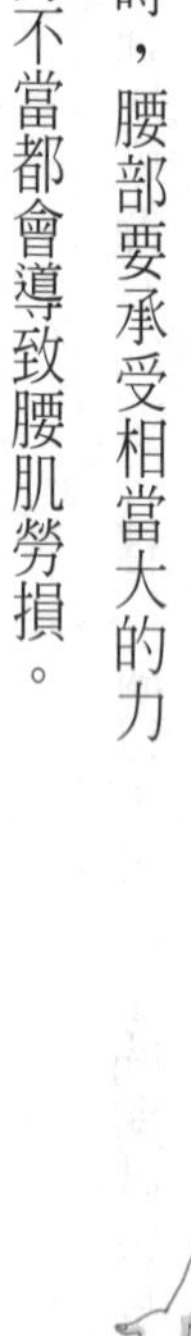

腰肌勞損按摩穴位

治病法

【按摩】

①身體後側按摩　患者可採取俯臥姿勢，按摩者通過拇指的按、揉進行對患者痛點的刺激；然後用雙手叩擊臀部，切拍腰部，反覆數次；還可用拇指對腎俞穴、環跳穴、委中穴和承山穴進行點按刺激，每個穴位約點按20秒鐘。

②身體前側按摩　患者可採取坐姿，以拳背對腰部進行點按、揉搓、捶打，約持續3分鐘左右；然後用指關節對痛點進行點按刺激，約按摩30秒鐘即可；患者還可用點按

的方式對腎俞穴進行按摩。

【食療】腰肌勞損者應適量增加健腎強腰、活血通絡食物的攝入量，如海馬、蝦仁、動物腎臟、里脊肉、韭菜、山藥、絲瓜、栗子、核桃、枸杞、山楂等。

雙鞭壯陽湯

原料：牛鞭500克，狗鞭200克，枸杞子20克。

製法：將牛鞭入開水中浸泡3小時，然後對剖成兩半，刮洗乾淨；將狗鞭洗淨。將牛鞭與狗鞭同入溫油中浸泡，以微火炸酥，撈起，放入開水鍋中泡洗乾淨。將牛鞭、狗鞭放入鍋內，加入清水500CC，加黃酒、薑、蔥，大火煮沸5分鐘，加入枸杞子，改文火煮30分鐘即可。

用法：分次食用。

功效：暖腎壯陽，益精補髓。適合腎陽虛型腰肌勞損，腰膝酸軟，疼痛，周身無力，畏寒怕冷，頭暈者。

【中藥】中醫治療腰肌勞損以強腎健脾、補中益氣為主。

牛膝地黃湯

原料：熟地黃、當歸、山茱萸、茯苓、續斷各12克，杜仲、白芍、牛膝、五加皮各10克，青皮5克。若爲腎陰虛者，則加女貞子10克，龜板15克（先煎）；若爲腎陽虛者，則加巴戟天12克，補骨脂、仙茅、淫羊藿各10克。

製法：以水煎服。

用法：一日一劑。

功效：補肝益腎，對腰肌勞損者有一定的療效。

風濕病

風濕病是一種侵犯肌肉、骨骼、關節及其周圍軟組織的疾病，在各個年齡層中都有發病，是一種十分常見的疾病。

防病法

一般來說，風濕病的病因有內因與外因之分。內因是指年少陽盛，內有蘊熱，如果受到寒邪侵襲，就容易使內熱鬱積，從而影響關節、肌肉與氣血的正常；外因多爲寒邪或濕邪由表侵入體內，於關節、筋脈處淤積滯留，則會損傷經絡，引起風濕病，尤其是體質虛弱者更易受外邪影響。風濕病最常侵犯關節、肌肉、骨骼以及軟組織，其症狀則多爲疼痛、腫脹、關節功能障礙、發熱等比較突出。

根據臨床症狀，可將風濕病分爲如下類型——

·風寒濕痹症　風寒濕痹又有行痹、痛痹及著痹之分，行痹以感受風邪爲主，肢體關節多呈竄痛，痛處遊走不定；痛痹以感受寒邪爲主，肢體關節痛劇，痛有定處，喜熱怕冷；著痹以感受濕邪爲主，肢體關節腫脹，痛處固定，肌膚麻木、沉重。

·風濕熱痹症　肌肉筋骨關節疼痛，局部紅腫、灼熱，甚者痛不可及，得冷稍舒，或伴發熱、惡風、口渴、煩悶等全身表現。另外，如果感受風濕之邪，患者肌肉筋骨關節腫痛，而無局部冷熱與皮色異常，亦無喜暖或怕冷等全身症狀；若患者寒熱錯雜淤血阻絡，則肌肉筋骨關節腫痛，怕冷亦怕熱，關節局部喜暖亦喜涼；若兼有氣血兩虛，可見面色萎黃、乏力氣短、自汗心悸、食少便溏等。

對於風濕病的預防，主要有——

1·保持室內空氣清新，避免於風口處睡眠。

2·堅持溫水洗漱，洗腳時應保證熱水沒過踝關節，並應持續泡腳15分鐘，這樣才能更好地促進下體血液的流通。

3·注意天氣變化，注意保暖，如果經常出汗，則應及時將汗液擦乾，避免受風感

冒。

4．堅持體育鍛鍊，保持良好的心理狀態也很重要。

治病法

【按摩】

①上肢按摩　患者可採取仰臥姿勢，用推法、滾法、揉法等手法對合谷、後谿、二間、中渚、勞宮、四縫、曲池、天井、小海、手三里等穴位進行按摩，每個穴位約刺激20秒鐘左右，若出現酸脹感則效果更佳。

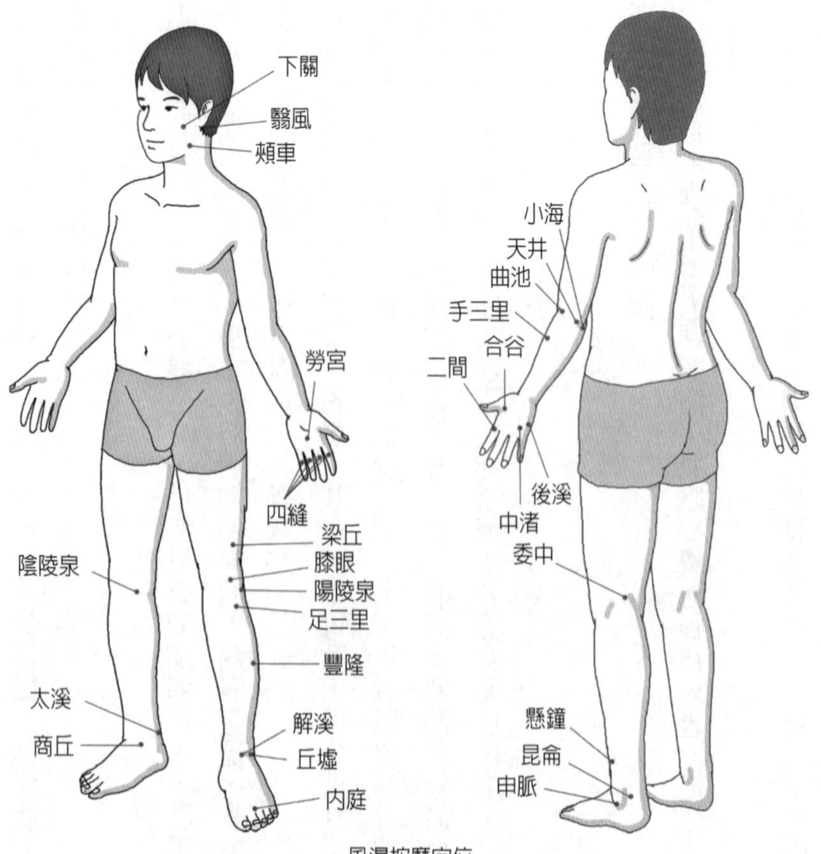

風濕按摩穴位

②下肢按摩　患者可採取臥位，通過推法和揉按等手法對昆侖、丘墟、懸鐘、解溪、商丘、太溪、申脈、膝眼、陽陵泉、陰陵泉、委中、梁丘、豐隆、足三里等穴位進行按摩刺激，每個穴位約刺激20秒鐘，同時也可擦熱患處，通過捶打等手法，使熱深入關節。

③下頜關節　可通過推法對下關、合谷、翳風、頰車、內庭等穴位進行按摩，每個穴位可刺激20秒鐘左右。

【食療】風濕病患者在飲食過程中應注重均衡營養，牛奶、豆製品、木耳、人參等均爲補益佳品，但不可過食。

五加皮酒

原料：五加皮50克，糯米500克，酒麴適量。

製法：將五加皮洗淨，加水適量泡透，煎煮，每半小時取煎液一次，共兩次，再將煎液與糯米共煮成糯米乾飯，晾涼後加酒麴拌勻，發酵成酒釀即可。

用法：每日適量佐餐食用。

功效：五加皮可祛風除濕，通利關節；本品可通血脈，驅寒氣，強健筋骨，緩解關節疼痛。

中醫治療風濕病以祛風散寒、除濕散寒、通經活絡、益氣養血為主。

虎骨木瓜酒

原料：狗骨3克（油炙酥），木瓜9克，白朮、桑枝各12克，五加皮、當歸、天麻、川牛膝、紅花、川芎各3克，秦艽、防風各1.5克，冰糖100克，白酒1000CC。

製法：將上藥同放酒中，密封浸泡3～4個月後即可服用。

用法：每次溫服1～2調羹，日服2次。

功效：可用於寒痹骨痛，手足不溫，筋脈拘攣、腰膝酸軟者，但濕熱或陰虛火旺者慎用。

✚痛風

痛風曾被稱之為「宮廷貴族病」，在中醫古籍，如《格致餘論》、《張氏醫通》中都曾有相同病名的記載。由於患者常以關節疼痛就診，所以中醫將其歸入「痹證」範圍。

☯防病法

關於痛風病因，《明醫指掌》這樣闡述：「大率因血受熱，已自沸騰，或涉冷受濕取涼，熱血得寒則污濁凝泣，不得運行，所以作痛。」此外，氣血虧虛、外感風寒、濕痰陰火流滯經絡等也可引起痛風症。患者「輕則骨節疼痛，走注四肢，難以轉側，肢節或紅或腫；甚則遍體瘰塊，或腫如匏，或痛如掣，晝輕夜劇。」另外，中醫還將其分爲四種類型，分別是：

．濕熱蘊結：主要表現爲下肢小關節突然紅腫疼痛，拒按，觸之灼熱，得涼則舒，並伴有發熱口渴、心煩不安、尿溲黃；舌紅，苔黃膩，脈滑數。

．淤熱阻滯：主要表現爲關節紅腫刺痛，局部腫脹變形，曲伸不利，肌膚紫暗乾燥，按之稍硬，舌質紫暗或有淤斑，苔薄黃。

．痰濁阻滯：主要表現爲關節腫脹，甚則水腫，局部酸麻疼痛，或有塊壘硬結，並伴有目眩，面浮足腫，胸脘痞滿，舌胖紫暗，苔白膩。

．肝腎陰虛：主要表現爲關節痛如虎咬，局部變形，夜甚晝輕，肌膚麻木，步履艱難，筋脈拘急，並伴有頭暈耳鳴，顴紅口乾，舌質紅，少苔。

下面幾點可以預防痛風的發生——

1．平時限制刺激性食物的攝入，酒、強烈的香料和調味品等會誘發痛風的發作，

咖啡、濃茶也應限量飲用；

2．肥胖者應積極採取減肥措施，如果能有效地減輕體重、限制熱量的攝入，也可降低痛風的發病率。

3．注重勞逸結合，如果長期處於勞累緊張的狀態，也容易使人患上痛風。

治病法

【按摩】足底按摩。足底反射區包括甲狀旁腺、心、脾、腎上腺、腎、輸尿管、膀胱、胃、胰、十二指腸、盲腸（闌尾）、回盲瓣、升結腸、橫結腸、降結腸、乙狀結腸及直腸、小腸、肛門等。可採用拇指指端點按、食指指間關節點按、擦法、刮法等眾多按摩手法對足底反射區進行刺激。

【食療】痛風患者應多飲水，少喝湯。多吃葡萄、橘子、山楂、番茄、蘋果、咖啡、茶、奶、蛋、海藻等鹼性食物，多吃

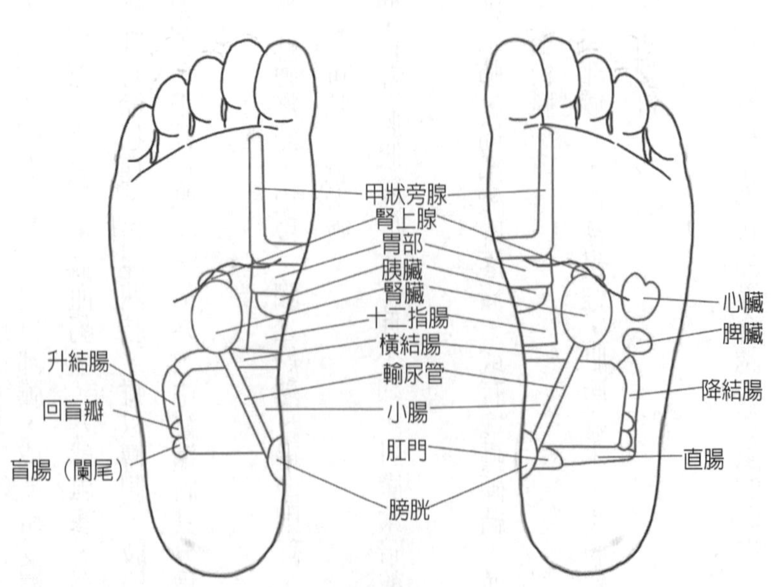

痛風按摩足底

白菜、芹菜、菠菜、油菜等綠色蔬菜。

百合薏米粥

原料：乾百合、薏米仁、粳米各60克。

製法：將百合洗淨，薏米和粳米淘洗乾淨；鍋中加適量水，放入百合、薏米仁、粳米煮熟即可。

用法：每日分中、晚兩次服完，爲痛風患者主食，每週至少1～2次，以防痛風復發。

功效：潤肺止咳，清心安神，利水滲濕，健脾止瀉，除痹清熱。

【中藥】中醫治療痛風以祛風散寒、清熱利濕、活血通絡爲主。

薑黃牛膝湯

原料：蒼朮9克，黃柏、牛膝、海桐皮、薑黃、威靈仙各12克，豨薟草15克，毛冬青、黑老虎、入地金牛各30克。

用法：以水煎服，一日一劑。

功效：清熱解毒、通經活絡。

✚鼾症

睡眠呼吸暫停綜合症是一種因氣道阻塞等引起的呼吸暫停症狀，多發生在夜間睡眠時期，容易併發高血壓、冠心症等病，嚴重者可威脅人的生命安全。

☯防病法

中醫將打鼾與睡眠呼吸暫停綜合症稱爲鼾症，認爲多由「內傷七情」、「外感六淫」引發「神疲」所致，一旦「神疲」體現在人的體型上，就會出現呼吸器官肌肉鬆弛、懈怠無力、懸雍體下垂，從而引起氣道狹窄，呼吸不暢，於是就出現鼾症。此外，外感風濕熱邪、肝肺火盛等會引起陰津耗損、痰濕內生，也可引發鼾症。患者最爲突出的表現就是打鼾、呼吸頻繁暫停、張口呼吸、睡眠中反覆憋醒、睏乏無力、反應遲鈍、工作效率低下等，有時還會伴隨夜間心絞痛、心律失常等現象。要想預防本病，不妨從下面幾點做起——

1．經常打呼嚕的人首先應該戒酒，如果實在戒不了，至少應保證睡覺前4～6小時內不喝酒。

2．平時有打鼾習慣者應戒煙，因爲吸煙對呼吸道影響較大，容易使打鼾加重。

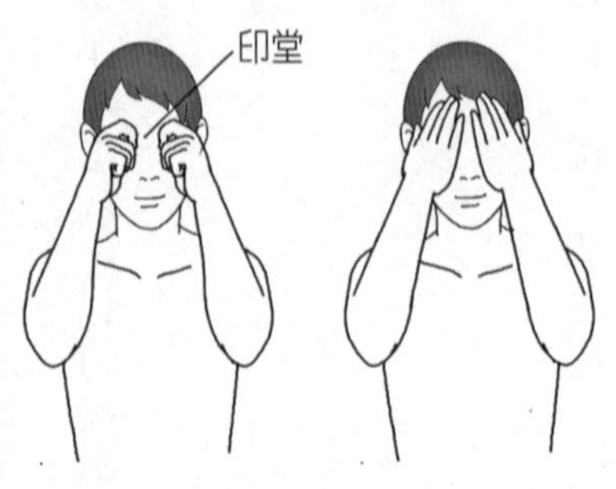

鼾症按摩手法

3．睡眠時枕頭的高度要適合，且盡可能採取側睡，這樣均不易引起打呼嚕。

4．白天不要過度勞累，因爲身心的過度操勞都會導致精神和肌肉的緊繃和疲憊。

5．在睡前最好先舒緩一下身心，如洗個溫水澡、按摩、聽聽柔和的音樂等等，再入睡，會睡得比較安穩，比較沒有負擔。

6．睡前不要從事刺激的活動，不要讓情緒太過於激動，否則神經無法立刻放鬆，晚上就會打呼嚕。

治病法

【按摩】

①抹額　雙手食指彎曲，以其第二指節內側面由前額印堂處向兩側抹擦，反覆按摩約40次左右。

②搓手浴面　將雙手搓熱，然後用雙手手掌自上而下輕擦面部，連續10次左右。

③拍打足　三里穴位於膝蓋骨外側10公分處，用雙手掌輕輕拍打至有酸麻脹感即可。

【食療】打呼嚕多因「神疲」或體內火盛所致，因此新鮮蔬菜與水果是最佳的選擇，如油菜、冬瓜、黃瓜、菠

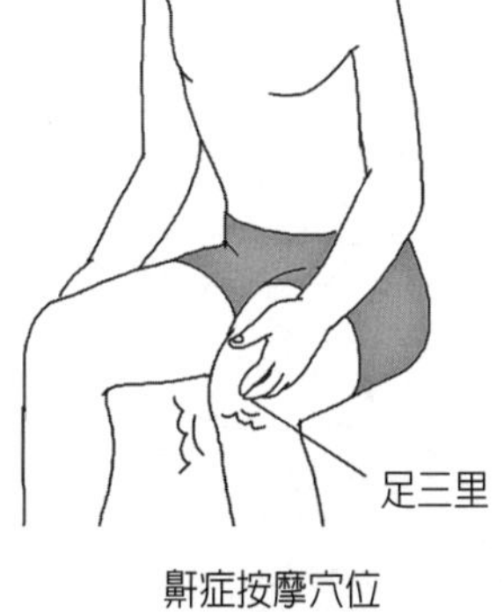

鼾症按摩穴位

菜、蘿蔔、鮮藕、蘋果、梨、鳳梨、枇杷等。

花椒水

原料：花椒5～10粒。

製法：睡前用開水泡一杯水，待水涼後服下（花椒不服下）。

用法：連服5天。

功效：可以治療打鼾。

【中藥】中醫治療鼾症以補血益氣、清熱化痰爲主。

龍膽當歸飲

原料：龍膽草、當歸各10克。

製法：以水煎服。

用法：一日一劑，於睡前溫服，連服三日。

功效：補血益氣，有效地緩解打鼾症狀。

✚便秘

便秘是一種極爲常見的病症，它是指大便秘結不通，排便次數減少，或者排便時有艱澀不暢感的症狀。

☯防病法

便秘多因寒凝、積熱、氣機鬱滯或氣血虧虛所致。積熱則耗傷津液，津液不足則腸道失潤，也就是說水少了，大便乾硬了；氣機鬱滯則大腸傳導功能失常，所以排便困難；氣虛則大腸傳導無力，血虛則津液不足，大腸乾澀，自然也就無法正常排便了。所以，便秘患者多會出現排便困難、排便次數少、糞質乾硬、腹脹、噯氣、頭暈頭痛等症狀。中醫還將便秘分爲幾種類型：

・燥熱內結型：又稱爲熱秘，表現爲大便乾結，腹部脹滿，面紅身熱，心煩口乾或口舌生瘡，小便短赤。舌質紅苔黃或燥，脈滑實。

・氣機鬱滯型：又稱爲氣秘，表現爲糞便不結燥，但排出困難，欲便不得，脅腹脹痛，噯氣頻作，便少。

・津液不足型：又稱爲虛秘，表現爲大便不暢，臨廁無力努掙，掙則汗出氣短，便後疲乏，面色發白，頭暈，心悸。

・脾腎虛寒型：又稱爲冷秘，表現爲大便秘結，難以排出，腹中冷痛，四肢不溫。

雖然便秘是一種常見症狀，幾乎人人都有過，但只要生活中多加注意，還是可以很好地預防的——

1．要確定一個適合自己的排便時間，養成定時排便的習慣。
2．平時應多吃些含纖維素多的食物，以增加膳食纖維，刺激和促進腸道蠕動。
3．適當多飲水，以增加消化道水分，有利於排便。
4．每天早晨空腹時最好能飲一杯溫開水或蜂蜜水。
5．適當地參加體育運動，以增強腹部肌肉的力量和促進腸蠕動。
6．避免情緒過於波動，不要過分緊張或焦慮。
7．不要過食辛辣等刺激性食物。

治病法

【按摩】腹部按摩：以肚臍爲中心，雙手繞臍旋轉按摩，先由右側向上至右天樞穴，繼而橫向肚臍，經左天樞穴後向下，而後轉至右腹，如此反覆按摩，順時針旋轉36圈，然後逆時針旋轉36圈。

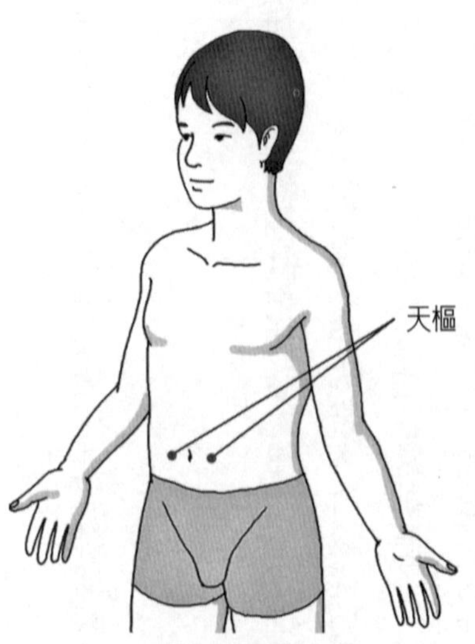

便秘按摩穴位

【食療】便秘患者可適量增加潤燥活血、寬腸通便的食物，如紅薯、香蕉、菠菜、梨等。

芝麻粥

原料：黑芝麻仁6克，粳米50克，蜂蜜少許。

製法：燒熱鍋，放芝麻入鍋，用中火炒熟，並有香味時，取出，粳米淘淨，放入鍋內，加清水適量，用武火燒沸後，轉用文火煮，至粳米八成熟時，放入黑芝麻、蜂蜜，拌勻，繼續煮至米爛成粥。

用法：每日兩次，做早、晚餐食用。

功效：滋肝養腎。

【中藥】中醫治療便秘以清熱潤腸、順氣行滯、養血潤燥、溫通開秘、潤腸通便爲主。

潤腸湯

原料：生地、當歸、玄參各12克，火麻仁20克，桃仁10克，枳殼9克，生首烏15克。煩熱口乾者可加知母12克，大黃9克，以清熱解毒；津虧腸枯者則可加白蜜（沖）、郁李仁各15克，以潤燥通便。

製法：以水煎服。

用法：一日一劑。

功效：養血潤燥。

失眠

失眠幾乎人人都經歷過幾次，它是以經常不能獲得正常睡眠爲特徵的一類病證，在《黃帝內經》中稱爲「不得臥」、「目不瞑」。表現爲睡眠時間、深度的不足，入睡困難，或寐而不酣，時寐時醒，或醒後不能再寐、徹夜不寐。

防病法

中醫認爲失眠是邪氣客於臟腑，衛氣行於陽，不入陰所致。《素問・逆調論》記載說：「胃不和則臥不安。」也就是說脾胃不和，痰濕食滯內擾，可以導致寐寢不安。

漢代張仲景的《傷寒論》及《金匱要略》認爲「虛勞虛煩不得眠」。《沈氏尊生書・不寐》記載：「心膽俱怯，觸事易驚，夢多不祥，虛煩不眠。」喜怒哀樂等情志過極也是導致臟腑功能失調引發不寐病證的原因。《類證治裁・不寐》說：「思慮傷脾，脾血虧損，經年不寐。」《景嶽全書・不寐》云：「勞倦、思慮太過者，必致血液耗亡，神魂無主，所以不眠。」心脾不足造成血虛也會導致不寐。《景嶽全書・不寐》所說：「眞陰精血不足，陰陽不交，而神有不安其室耳。」即陰陽虧虛也可致不寐。失眠的特點很明顯，就是睡不著、睡不深、易醒、早醒、多夢，醒後疲乏或缺乏清醒感等。由於夜晚休息不好，所以白天總是打瞌睡，嚴重影響工作效率或社會活動功能。因此，應重視預防——

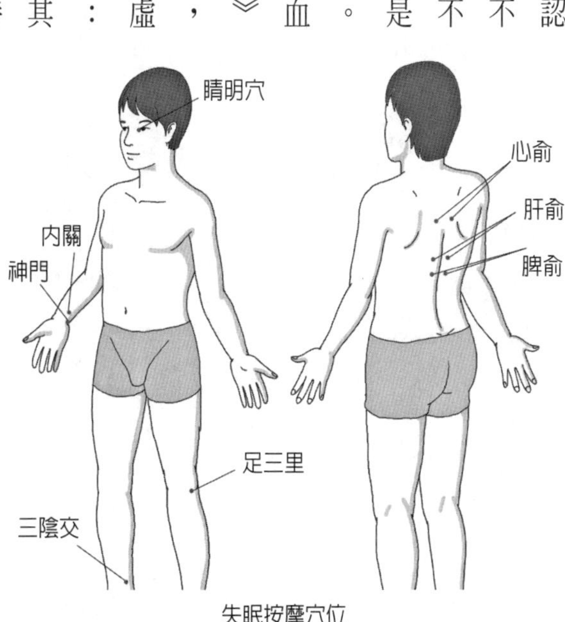

失眠按摩穴位

1．睡前不可飽食，以免引起大腦皮質興奮和夜尿增多，也不宜食用過多的油膩煎

炸或富含咖啡因的食品。

2．避免室內溫度過低或過高，排除聲音、光線、蚊蟲叮咬等外界影響。

3．注重心理的調節，如果始終處於緊張、恐懼、焦慮情緒的籠罩下，勢必會影響睡眠品質。

治病法

【按摩】失眠的按摩方法。每晚臨睡前先揉足三里、三陰交穴，每穴1分鐘，再掐按內關穴、神門穴1分鐘，再用雙手掌根部揉擦背部，以有熱感為宜，重點按揉心俞穴、脾俞穴、肝俞穴。最後平臥閉目養神，不生雜念，用拇指、食指按揉雙側睛明穴，連續揉按3～5分鐘，即可產生睡意。

【食療】失眠者日常膳食應以清淡宜消化者為主，如豆類、奶類、穀類、蛋類、魚類、冬瓜、菠菜、蘋果、橘子等。

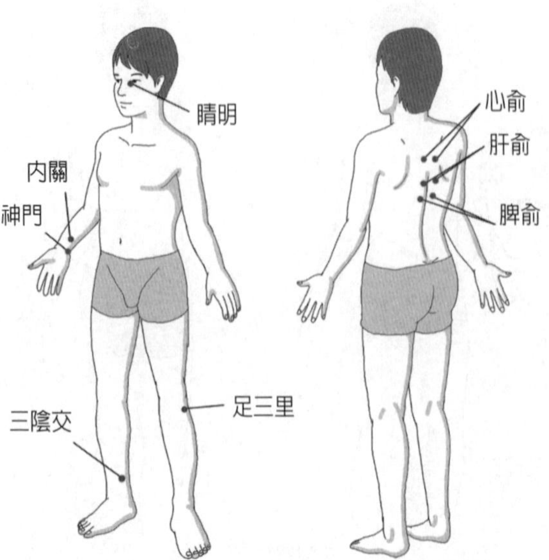

棗仁煎百合

原料：鮮百合500克，酸棗仁15克。

製法：先將鮮百合用清水浸泡24小時，取出洗乾淨。然後將棗仁炒後，加適量水，煎後去渣，入百合煮熟即成。

用法：每日2次。吃百合，飲喝湯，每次1小碗。

功效：養血安神。

【中藥】中醫治療失眠以寧心安神、宣通氣血、寬胸理氣爲主。

甘草小麥紅棗湯

原料：甘草10克，小麥30克，紅棗5枚，清水2碗。

製法：每次用甘草、小麥、紅棗、清水2碗煎湯，煎至1碗時，去渣飲湯。

用法：1日3次。

功效：和中緩急，養心安神除煩，補脾和胃。

經痛

經痛也是女性月經中的常見病，部分女性在月經前後或行經時，出現腰酸、腰痛和小腹墜痛等症狀，這就是經痛。

防病法

經痛的特徵就是在經行時小腹疼痛，並伴隨月經週期而發作，疼痛可引及全腹或腰骶部，或外陰、肛門墜痛，有的嚴重者還會出現冷汗淋漓，面色蒼白，四肢冰冷，甚則昏厥等。

中醫認爲，經痛因氣血運行不暢引起。經水爲血所化，血又隨氣運行。若氣血充沛，氣順血和，則經行通暢無阻，無疼痛。若氣血不足或氣滯血淤，使經行不暢，不通則痛。臨床常見氣滯血淤、陽虛內寒、氣血虛弱、肝腎虛損四種。預防要點有——

1．在月經來潮前3～5天內飲食，宜以清淡易消化爲主。應進食易於消化吸收的食物，不宜吃得過飽，尤其應避免進食生冷食品；更應避免一切生冷及不易消化和刺激性食物，如辣椒、生蔥、生蒜、胡椒、烈性酒等。

2·積極做好女性五期保健。即月經期、妊娠期、產褥期、哺乳期、更年期的衛生保健。因爲在這五個時期內女性抗禦病邪的能力降低，易於導致病邪的侵害而發病。

3·消除對月經的恐懼、憂慮和緊張情緒；行經時避免過度勞累，並避免淋雨或洗冷水澡、在冷水中勞動等。

4·適量飲點兒葡萄酒，能夠起到舒暢情志，疏肝解悶的作用，使氣機和利。

5·積極進行婦科病的診治。積極正確地檢查是預防痛經的一項重要措施。

治病法

中醫根據本病氣滯血淤、陽虛內寒、氣血虛弱、肝腎虛損四種症狀進行辨證治療，氣滯血淤症狀的特點是經前或行經期出現小腹脹痛、乳頭觸痛、心煩易怒、經量少或行經不暢等；陽虛內寒的特點是經期或經後小腹冷痛，得熱則舒，經色淡且量少，並伴有腰酸腿軟、手足欠溫、小便清長等症狀；氣血虛弱的特點是經期小腹綿綿作痛、月經量少、色淡質薄、神疲乏力、面色萎黃、食欲不佳、大便溏瀉；肝腎虛損者在月經乾淨後的1～2日會出現腰酸腿軟、小腹隱痛不適、頭暈耳鳴等。具體治療方法如下：

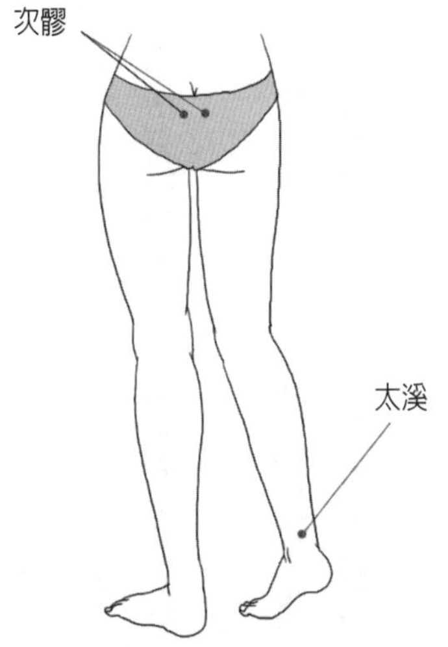

氣滯血淤型痛經按摩穴位

【按摩】

①按揉次髎穴　用雙手手指指腹端，按揉腰部的次髎穴，直至感到酸脹感。次髎穴位於骶部，當髂後上棘突內下方，適對第2骶後孔處。本法有補益下焦、強腰利濕的效果。

②按揉太溪穴　用雙手手指指腹端，按揉足部的太溪穴約1分鐘。該穴位於足內側，內踝後方與腳跟骨筋腱之間的凹陷處。經常練習可以起到滋陰益腎、壯陽強腰的效果。

【食療】本型人群適宜選用有行氣、活血功能的飲食，如白蘿蔔、柑橘、大蒜、生薑、茴香、桂皮、丁香、山楂、桃仁、韭菜、黃酒、紅葡萄酒、洋蔥、銀杏、檸檬、柚子、金橘、玫瑰花茶、茉莉花茶等。

益母草煮雞蛋

原料：益母草30克，雞蛋2個。

製法：將益母草、雞蛋加水同煮，蛋熟後去殼，再煮片刻，去藥渣吃蛋飲湯。

用法：每天1次，連服3～5天。

功效：解鬱、疏肝、理氣。

【中藥】中藥調理以行氣、活血爲原則，代表中藥如玫瑰花、柴胡、香附、鬱金、當歸、川芎、紅花、薤白、枳殼、桃仁、參三七、銀杏葉等。

玫瑰花茶

原料：玫瑰花15克。

製法：沸水沖泡。

用法：代茶飲用

功效：活血散淤、理氣解鬱，適用於經期腹痛、脹痛。

月經失調

月經失調是指月經週期、經期、經量、經色、經質等方面發生異常現象，爲婦科常見疾病。症狀爲初潮年齡提前，延後，週期、經期與經量變化。

防病法

女性月經不調多因惱怒生氣而致情志抑鬱、肝氣鬱結，致肝氣逆亂；或飲食不節、過食生冷或過食辛辣之品；或行經時冒雨涉水，感受寒邪；或勞倦過度、久病體虛或房室不節、孕育過多所致。預防要點有——

1．防止受寒　一定要注意經期勿冒雨涉水，無論何時都要避免使小腹受寒。

2．保持良好的心態　如果月經不調是由於受挫折、壓力大而造成的。那麼，必須調整好自己的心態。而且如果女性已經月經失調，保持良好的心態也是非常必要的。

3．補充足夠的鐵質，以免發生缺鐵性貧血　多吃烏骨雞、羊肉、魚子、青蝦、對蝦、動物肝臟、淡菜、黑豆、海參、胡桃仁等滋補性食物。

治病法

【按摩】

①揉按關元穴　右手半握拳，拇指伸直，將拇指指腹放在關元穴，適當用力揉按30秒～1分鐘。

②按揉足三里穴　將一手食指與中指重疊，中指指腹放在同側足三里穴上，適當用力按揉30秒～1分鐘。雙下肢交替進行。

【食療】　飲食宜清淡，易消化，富營養，可多吃豆類、魚類等高蛋白食物，並增加綠葉蔬菜、水果的攝入量，也要多飲水，以保持大便通暢，減少骨盆充血。

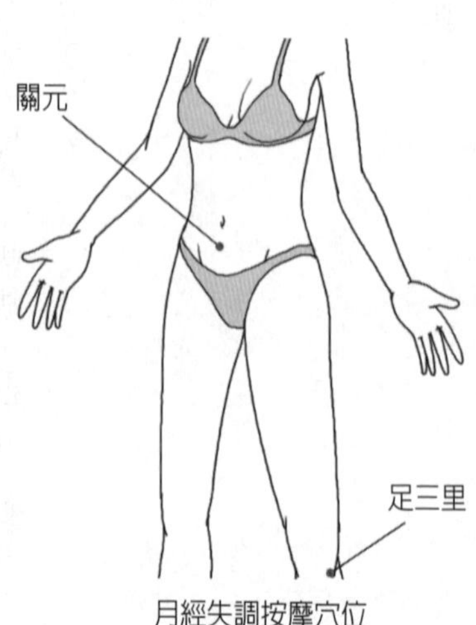

月經失調按摩穴位

烏雞茯苓湯

原料：烏雞1隻，茯苓9克，紅棗10枚。

製法：將烏雞去雜洗乾淨，把茯苓、紅棗放入雞腹內，用線縫合，放砂鍋內煮熟爛，去藥渣，食雞肉飲湯。

用法：每日1劑，分2次服完，月經前服，連服3劑。

功效：補氣益血調經。

【中藥】中藥治療月經不調，以調理沖任、活血化淤爲原則，對於不同病症還需進行中藥加減調理，如經期時血流量多，需去當歸、牛膝，加烏賊骨、金櫻子、艾葉、茜草根；經期延長者，加炒蒲黃、益母草；經行不暢順者，加紅花、益母草、桃仁；閉經者，加蒲黃、木通；痛經者，加延胡索；陰虛血燥者，加山萸肉、阿膠、黃精。

益氣攝血茶

原料：黃芪10克，白朮8克，五味子6克，升麻3克，桂圓肉6克。

製法：先將前4味分別搗碎後，加入桂圓肉置於杯中，以沸開水沖泡，待溫後代茶飲之。

用法：於月經淨後10日開始，每日飲用1劑，15日爲一個療程。

功效：有益氣養血、攝血調經之效。

✚白帶異常

白帶是女性陰道分泌的一種液體，正常情況下有潤滑、保護陰道作用。若白帶顏色、品質、數量出現異常時，則是某種疾病的表現，稱爲病理性白帶、白帶異常。中醫稱爲「帶下」、「赤白帶」。

☯防病法

白帶異常通常表現爲體倦體胖，面色蒼白，痰多，苔白膩；或腳軟腰酸，肢冷畏寒，帶下清稀量多。

中醫認爲，此病多因脾虛濕聚和腎虛下元不固引起。前者表現爲體倦體胖，面色蒼白，痰多，苔白膩；後者表現爲腳軟腰酸，肢冷畏寒，帶下清稀量多。預防要點有——

1．少食辛辣和油膩生冷食物。

2．性生活上，女性除同房前清洗外，同房後還應排尿和再次清洗下身。

3．建議上洗手間後最好能用沖洗的，如沒這種馬桶設備，可自行帶一瓶水來處理之。

4．保持陰部乾淨，日常勤換內褲，內褲儘量選用純棉之品，大小規格要合適等。

治病法

【按摩】推擦腰腹。脊柱兩側從褲帶向下直到尾骨，反覆推擦直到發熱。肚臍下3寸用手掌魚際穴反覆轉圈搓擦至熱。每日2次。

【食療】宜多食用益脾補腎、清熱利濕食物，如蓮子、大棗、山藥、粳米、薏苡仁、扁豆、蠶豆、綠豆、黑木耳、胡桃肉、淡菜、芹菜、薺菜、烏雞、馬齒莧、石榴、鱖魚、赤小豆等。

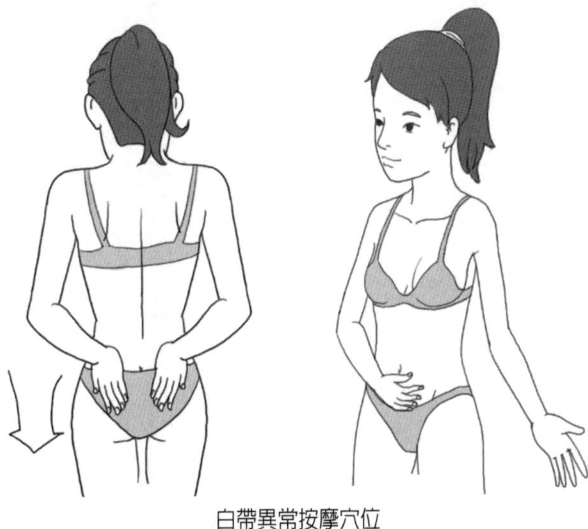

白帶異常按摩穴位

山藥粳米粥

原料：鮮山藥100克，芡實、蓮子（去心）各30克，車前子15克，粳米100克。

製法：芡實、蓮子與車前子煎汁備用，山藥去皮切片後與藥汁、粳米同煮爲粥，加入砂糖適量。

用法：一日一劑，可分2次服食。

功效：可治療白帶異常等症患者。

【中藥】中藥治療本病以健脾化濕、疏肝解鬱、清熱解毒、溫補腎陽爲原則，可選用芡實、懷山藥、白朮、黨參、蒼朮、車前子、白扁豆、白果、柴胡、炙甘草、菟絲子、蓮鬚、烏賊、狗脊、淫羊藿、杜仲、五味子、淮山、梔子、蒲公英、土茯苓、野菊花、地榆、黃柏、白芷等藥。

扁豆止帶煎

原料：白扁豆30克，淮山30克，紅糖適量。

製法：白扁豆用米泔水（洗米水）浸透去皮，同淮山共煮至熟，加適量紅糖。

用法：每日服2次。

功效：適用於白帶異常患者。

✚陰道炎

陰道炎是常見婦科感染性疾病，近年來發病率逐漸升高。一般來說，健康女性陰道都有自然防禦功能，有時由於五臟不和或外邪侵襲也可致病。

☯防病法

陰道炎雖然是婦科常見病，但只要多加注意，一般是可以預防的，要點有——

1．避免不潔性交，性生活前後及時清洗。

2．平時要加強鍛鍊，增強體質。

3．飲食忌辛辣。

4．提倡淋浴，少用盆浴，因40℃左右的浴池溫度，正是毛滴蟲最適合生長的溫

度。

5．排便時儘量不使用公共廁所的坐式馬桶。不到消毒不好的游泳池游泳。

6．清洗個人內褲要用單獨盆具。

7．均衡飲食，不過度進食含糖量高的食品。

8．不濫用抗生素，長期大量應用抗生素會破壞陰道細菌間的制約關係，使念珠菌失去抑制，過多生長而致病。

9．用蘇打水清洗外陰，提高陰道PH值，抑制黴菌生長。

治病法

【按摩】

①按摩對本症的康復有一定效果，具體做法是點掐手掌小指與無名指相接部位。或是按摩足部內、外踝及腳趾部位，以局部發熱爲宜。

②患者仰臥，術者用拇指點按關元穴，持續1～2分鐘。關元穴爲「男子藏

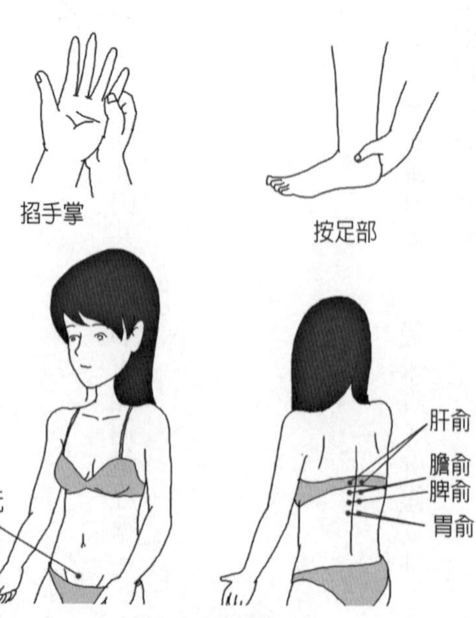

陰道炎按摩穴位

精，女子蓄血之處」，在下腹部、前正中線上，肚臍下3寸處。

③患者取俯臥位，術者位於一側，對肝俞、膽俞、脾俞、胃俞四穴進行按摩，手法要深沉，時間3分鐘左右。需要注意的是對肝俞、膽俞進行按揉時，手法要由輕到重，以被按摩者能忍受爲宜。

④對輸尿管、膀胱、陰道、子宮、淋巴腺等反射區，施以一定程度的按摩可以有效改善本病症。具體按摩方法是將手掌搓熱，用手掌向下推摩小腹部數次，再用手掌按摩大腿內側數次，以有熱感爲宜。最後用手掌揉腰骶部數次。每日連續進行這樣的動作1～2次。

【食療】要多食清淡食物，如冬瓜、西瓜、赤小豆等具有滲透利濕的食物。

冬瓜子白果飲

原料：冬瓜子30克，白果10個。

製法：將冬瓜子、白果加水煎湯，去渣取汁。

用法：早晨空腹服，一次服完，連服7天。

功效：清熱利濕，主治濕熱下注性陰道炎。

【中藥】中醫治療陰道炎以滋肝養血、補脾、養陰、燥濕爲原則，並根據證候表現

特點，進行辨證施治。同時，注意「治外必本諸內」的原則，在口服藥物治療的同時，重視局部治療，如熏洗、外搽。

扁豆白朮湯

原料：白扁豆、白朮、冰糖各適量。

製法：白朮裝入布袋內，與白扁豆同煮爲湯，湯成後揀出布袋，調入冰糖即可。

用法：一日一次，飲湯食豆。

功效：可健脾利濕，適用於陰道炎患者服用。

✚女性更年期綜合症

更年期是女性的特殊階段，也是女性卵巢功能逐漸衰退至完全消失的一個過渡時期。大多發生於45～50歲女性，可持續至絕經後2～3年，僅少數人到絕經5～10年後症狀，才能減輕或消失。

☯防病法

女性更年期綜合症的特徵表現爲突然感到胸部、頸部及面部發熱，皮膚呈片狀發紅，然後出汗、畏寒，有時可擴散到脊背及全身，歷時數秒到數分鐘，有時伴心悸、胸悶、氣短、眩暈等症狀，以及關節痛（一般是膝關節）。精神方面則表現爲憂慮、抑鬱、易激動、失眠、好哭、記憶力減退、思想不集中等。

中醫認爲，女性停經前後腎氣漸衰，臟腑功能逐漸衰退，人體陰陽逐漸失去平衡，因而有面紅潮熱、眩暈頭脹、煩躁易怒、抑鬱憂愁、心悸失眠、陰道乾澀灼熱、腰酸背痛、骨質疏鬆等綜合症狀。

更年期遲早都要到來，但我們可以通過一些方法來預防或防止症狀的產生——

1．勞逸結合，更年期女性除了平常的份內事，不要勉強自己做力所不及的事情，過度疲勞會損傷健康，不要隨意改變過去的良好習慣，還是應該保持平和的心態。

2．要定期進行全身檢查，40歲以上的女性，應每半年檢查一次。

3．進食營養豐富的食品，同時少吃含脂肪量高的食品，避免肥胖。當然也不能太瘦。同時，必須戒掉煙酒、咖啡及含咖啡因的食品。

4．服用鈣片或食用含鈣豐富的食物。

5．學會熟齡的自信和開朗，多參加社會活動，多進行散步、慢跑、做保健操、打太極拳、跳舞等鍛鍊，以促進周身血液循環和各臟器功能協調，防止肥胖、延緩衰老。

☯治病法

【按摩】

①患者俯臥位，按摩者兩手全掌交替著力。一手扶其腰部，另一手緊貼腰骶部皮膚，稍用力下壓，向上下或左右方向，直線往返輕快急速擦，使之產生溫熱感爲宜。

②患者兩手手指交叉抱著後頸部，頭稍向後仰，然後用掌根擠提後頸部約1分鐘。

③患者仰臥，雙膝屈曲。兩手掌相疊，以肚臍爲中心，在中、下腹部，沿順時針方向摩動約5分鐘，以腹內有熱感爲宜。用力先輕後重，再擴大範圍摩動全腹部約2分鐘。

【食療】應多吃小米、玉米、豆製品、蘋果、梨、香蕉、橘子、山楂、鮮棗及油菜、番茄、胡蘿蔔等。

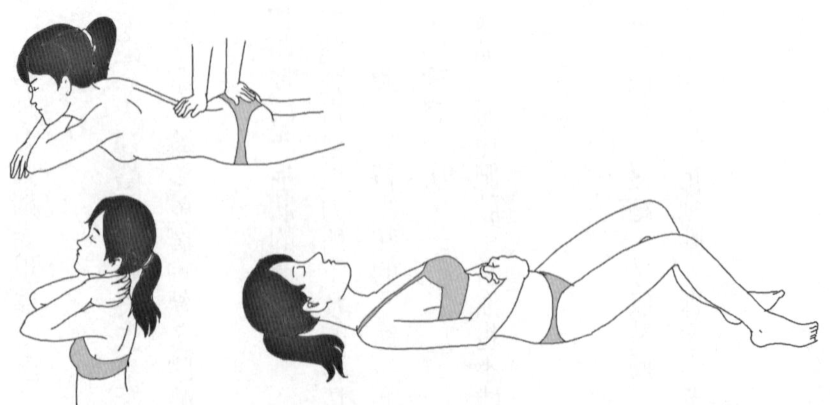

女性更年期綜合症按摩

百合地黃粥

原料：百合30克，生地15克，棗仁10克，粳米100克。

製法：前三味加水煎，去渣取藥汁，把粳米加入藥汁中煮粥。

用法：每日2次，溫熱服食。

功效：滋補肝腎，養心安神。

【中藥】中藥治療更年期綜合症，以滋補肝腎、溫腎健脾爲原則，代表藥物如黨參、熟地、莪朮、柴胡、枳殼、麻仁、絲瓜絡、薄荷、炙甘草、陳皮。

二仙湯

原料：仙茅、仙靈脾、當歸、巴戟天各9克，黃柏、知母各4.5克。

製法：以水煎服。

用法：每日1劑，日服2次。

功效：補腎陰，瀉腎火。

✚乳腺增生

乳腺增生屬於中醫的「乳癖」、「乳中結核」的範疇，好發於中年女性。《瘍科心得集》中描述其特徵爲：「有乳中結核，形如丸卵，不疼痛，不發寒熱，皮色不變，其核隨喜怒而消長，此名乳癖……」

防病法

中醫認爲此病與精神因素有關，因肝鬱氣滯，血淤痰阻，沖任失調而成。主要症狀就是乳房疼痛或者有腫塊。預防要點有——

1．生活規律，按時作息，保持心情舒暢，適當加強體育鍛鍊，避免過度疲勞。

2．保持乳房清潔，經常用溫水洗擦。

3．平時可常吃海帶，因海帶有消除疼痛、縮小腫塊的作用；多吃橘子、橘餅、牡蠣等行氣散結之品，少吃生冷辛辣的食品。

治病法

【按摩】揉、捏、拿法：以右手五指著力，抓起患側乳房部，施以揉捏手法，一抓一鬆，反覆施術10～15次。左手輕輕將乳頭揪動數次，以擴張乳頭部的輸乳管。

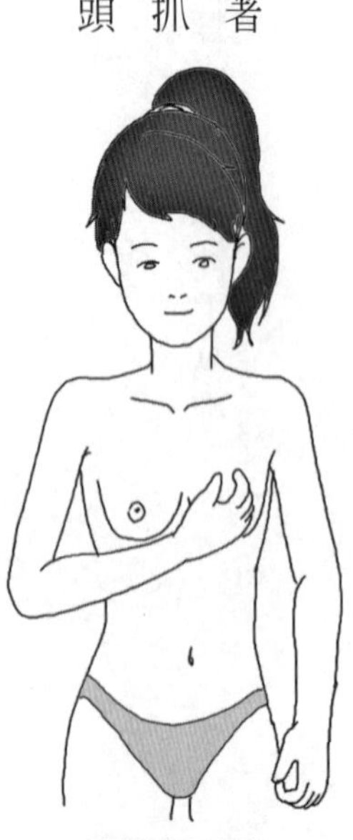
乳腺增生按摩

【飲食】預防乳腺增生，在飲食上要注意少吃動物脂肪，油炸食品，用雌激素餵養的雞、牛肉，甜食及過多進補食品，平時應多吃蔬菜、水果、粗糧、豆類、核桃、黑芝麻、黑木耳、蘑菇等。

金橘餅

原料：金橘餅50克。

製法：將金橘餅洗淨，濾乾水後切碎放入砂鍋內。鍋中加適量水，用中火煎煮15分鐘即成。

用法：早、晚分服，飲用煎汁的同時，嚼食金橘餅。

功效：疏肝理氣，解鬱散結，適於乳腺小葉增生，證屬肝郁氣滯患者。

【中藥】中藥調理本病以疏肝解鬱、化痰散結、行氣破淤爲原則，代表藥物如山楂、五味子、夏枯草、玄參、生牡蠣、昆布、薑半夏、海藻、青皮、陳皮、三棱、莪朮。

消乳湯

原料：麥芽50克，山楂、五味子各15克。

製法：水煎服。

用法：每日1劑，日服2次。

功效：解鬱、化痰、行氣。

男性疾病防治法

✚早洩

早洩是指當陰莖插入陰道後，在女性尚未達到性高潮之前提早射精的症狀。早洩有正常與非正常之分，新婚或久未交合者容易因過於興奮而出現早洩屬於正常現象，但如果長期同居卻出現過早射精現象則需進行治療。

防病法

中醫認爲，早洩多因心有邪念，貪念色情，所願不遂，欲火亢盛，熱擾精室，使精室不寧而早洩；或因驚恐傷腎，或腎氣衰微，腎失封藏，精關不固而發早洩。一般來說，多半男性的早洩現象均是由於虛證引起，即陰虛、陽虛和陰陽兩虛。

房事頻繁、手淫過度、情緒緊張、性生活不和諧，和一些生殖系統慢性疾病等均易引起早洩的發生。此外，體質虛弱、包皮過長等也會引起早洩。雖然都叫早洩，但症狀往往有所不同，如陰虛火旺者多臨房早洩、夢遺精滑、頭暈腰酸；腎氣不固者多性欲降低、遺精早洩、腿腳酸冷、尿頻畏寒；陰陽兩虛者多陽痿早洩、精液稀薄、心悸不安；肝經濕熱者多早洩、小便赤黃等。預防要點——

1．應學會調節自己的情緒，行房過程中不要過度緊張、激動、興奮、焦慮、恐懼等，這些情緒均易引起男性早洩。

2．注重房事的節制，做到清心寡欲，同時也應戒除頻繁手淫的劣習，這樣才能有效地強腎保精。

3．堅持練習強腎助陽的氣功，達到固精壯陽的目的。

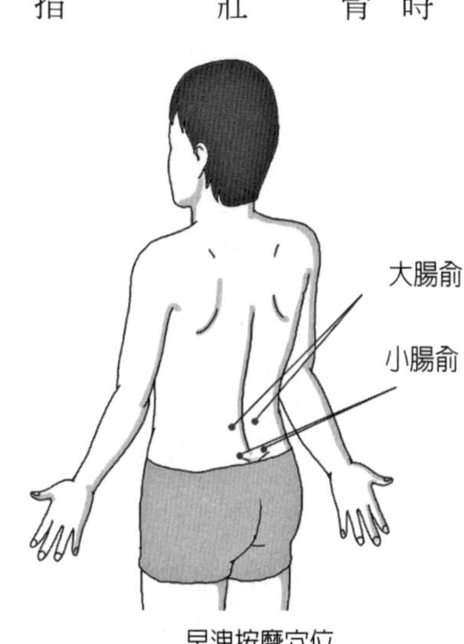

早洩按摩穴位

☯治病法

【按摩】取大腸俞和小腸俞穴治療。手法指

壓法。大腸俞位於第四腰椎下方左右3指寬處，小腸俞位於第一骶椎左右3指寬處。指壓時，一邊緩緩吐氣一邊強壓6秒鐘，如此重複10次。

【食療】早洩患者應多食用一些益氣補虛的食品，如荔枝、蝦、泥鰍、牡蠣、乳鴿、驢肉、鵪鶉、雞肉、淡菜等。

枸杞北芪燉乳鴿

材料：枸杞子、北芪各30克，乳鴿1隻。

製法：先將乳鴿去毛及內臟與北芪、枸杞子同放燉盅內，加水適量，隔水燉熟。

用法：飲湯吃肉，一般3天燉1次，3～5天爲一個療程。

功效：適用於早洩、陽痿、體倦乏力、自汗、心悸。

【中藥】中藥緩解本病症以清熱瀉火、滋腎養陰、固腎澀精、健脾助胃、養心安神爲原則，可選用生地、牡蠣、天門冬、茯苓、山藥、知母、豆蔻、澤瀉、五倍子、金櫻子、龍骨、竹葉、人參、麥冬、遠志、芡實、甘草等中藥。

知柏地黃丸

材料：龍骨、牡蠣各30克，生地、山藥各15克，茯苓、沙苑子各12克，知母、黃柏、丹皮、金櫻子各9克，澤瀉2克。

用法：以水煎服。

功效：滋補腎氣，固精止泄。

✚陽痿

陽痿又稱「陽事不舉」等，是最常見的男子性功能障礙性疾病。偶爾1～2次性交失敗，不能認爲就是患了陽痿。只有在性交失敗率超過25%時才能診斷爲陽痿。

☯防病法

引起陽痿的原因很多，如精神方面，特別是夫妻間感情冷漠，或因某些原因產生緊張情緒，就可導致陽痿。如果手淫成習，性交次數過多，使勃起中樞經常處於緊張狀態，久而久之，也會出現陽痿。另外，一些重要器官如肝、腎、心、肺患有嚴重疾病時，尤其是長期患病，可能會影響到性生理的精神控制。患腦垂體疾病、睪丸因損傷或疾病被切除以後，患腎上腺功能不全或糖尿病的患者，都會發生陽痿。

此外，酗酒、長期過量接受放射線、過多地應用安眠藥和抗腫瘤藥物或麻醉藥品等，也可致陽痿。從症狀上講，陽痿一般表現爲陰莖不能勃起或勃起不堅或堅而不久，不能完成正常性生活，或陰莖根本無法插入陰道進行性交等。預防要點——

1．儘量戒煙，因爲吸煙對陰莖的勃起有一定的阻礙作用。

2．注重自身體型的塑造，通過鍛鍊塑造令自己滿意的身材，有利於陰莖的勃起。

3．堅持體育鍛鍊，但不可過量運動，因爲體能的消耗，元氣的耗損，會影響陰莖的正常勃起。

4．用藥不當或酒精攝入量過多也會引起陽痿，故患者應謹慎服藥，限量飲酒。

治病法

【按摩】按摩湧泉。以左手按摩右足心湧泉穴100次，以右手按摩左足心湧泉穴100次，若每晚用熱水足浴後再按摩療效更爲理想。

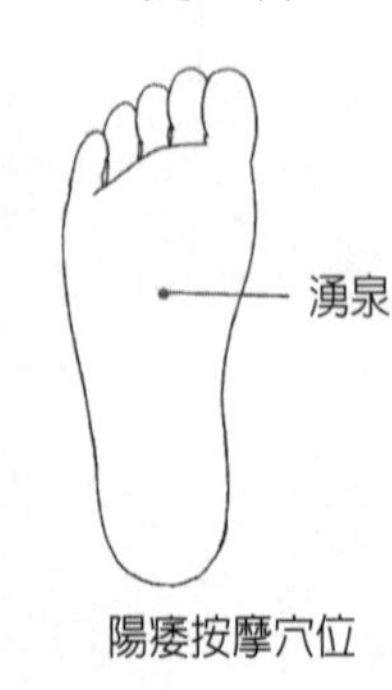

陽痿按摩穴位

【食療】飲食調配應遵循溫腎補胃、益精壯陽的原則。日常宜多用具有益腎壯陽的食品，如狗肉、羊肉、鹿肉、鹿腎、痲雀肉、痲雀卵、鵪鶉、韭菜、茴香、核桃等。

麻雀蝦仁湯

材料：麻雀5隻，鮮蝦仁50克，薑3片。

製法：麻雀、蝦仁共放入盅內，加薑片、鹽、醬油少許，放開水適量，加蓋，隔水燉30分鐘，再入白酒少許調味。

用法：食肉飲湯，隔3日食用1次。

功效：補腎陽，塡精髓。

【中藥】中醫認爲，引起陽痿的原因很多，如七情不攝、房勞過度等，另外，肝腎虧損也是造成陽痿的重要原因。所以治療上通常應選用各類補陽之品。

起陽湯

材料：人參15克，白朮30克，巴戟天30克，黃芪15克，北五味子3克，熟地30克，肉桂3克，遠志3克，柏子仁3克，山萸肉9克。

製法：水煎服。

用法：每日1劑，日服2次。

功效：適用於陰陽兩虛，心氣不足引起的陽痿、早洩等患者。

✚性欲低下

性欲低下是指男性的性欲望不高，突出表現爲房事間隔時間延長，並可伴有腰酸肢冷、頭暈目眩、胸悶脹痛、心悸不寐等症狀。

防病法

男子性欲低下多爲七情所傷，並與精神因素、體質狀況、疾病影響等密切相關。比如，房事過度，則會引起腎臟的虧虛和陽氣的損傷，以至於命門火衰而無法振奮；腎精先天匱乏、房勞過度或久病不愈者則容易使腎陰虧損，沖任不盛則不能振奮；肝鬱氣滯、氣血不足、心神失養、氣機失調或氣機不暢也可導致男性對房事的厭惡與排斥，出現無法振奮的狀況；飲食不當、脾胃受損者，則易痰濕內生、經氣不通，性欲也會因此而受削減。此外，先天體弱，後天失養者往往會因營養不足，腎精虧虛而致性欲低下。

預防要點有——

1．注重自身健康的維護，因爲性欲低下往往與患者神經、內分泌等系統疾病和肝臟疾患有關。

2．注重生殖器官的清潔與衛生，要經常清洗，勤換內褲。

3．限煙限酒，並須保持精力的充沛，過度疲勞易致氣血虧虛，元氣不足，從而引起性欲低下。

治病法

【按摩】按摩時身體要放鬆、呼吸要均勻，按摩者也可使用適量按摩油幫助潤滑。

①脊柱按摩：脊柱是督脈的主要運行路線，按摩者可從患者頸部沿脊柱下行，直至末端的長強穴，因此穴有防治遺精、性欲低下、勃起障礙等功能，故脊椎按摩可緩解性欲低下等症狀。此按摩須注意，手法應輕柔緩慢，不宜施力過大。

②腿足部按摩：太沖穴位於足部第一、第二蹠骨結合部之前的凹陷處，對太沖穴的按壓刺激可以有效消除抑鬱，通過改善心情，從而緩解性欲淡漠的症狀；足三里穴位於膝關節髕骨下、韌帶外側的凹陷處，按壓此穴有壯陽強腎之功效，對男性勃起障礙和性欲低下有較好的療效。

③腹部按摩：關元穴位於腹部臍中下3寸處，按摩關元穴可溫腎健脾，補中益氣。按摩者可以關元爲中心，做環形揉搓，按摩部位若出現酸脹和熱感則效果更佳。

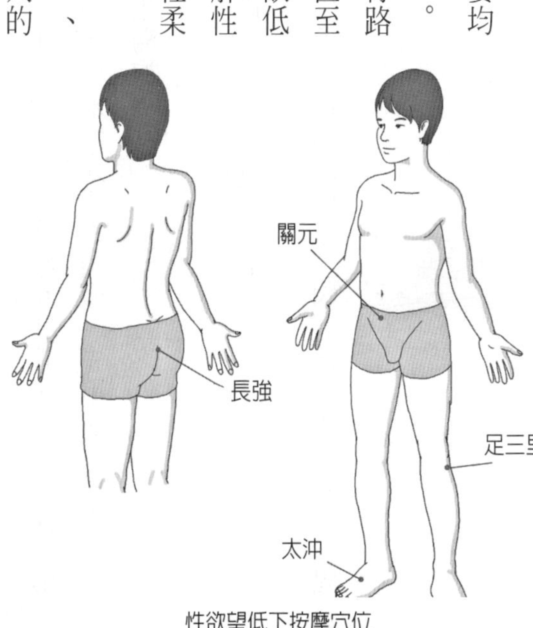

性欲望低下按摩穴位

【食療】性欲低下者須注重對腎臟的補益，經常食用韭菜、蝦仁、羊肉、雞肉等益腎補氣的食物，可有效緩解性欲低下的症狀。此外，還須忌食蓮子、冬瓜、菱角、芥藍菜、竹筍、芹菜等食物。

羊腎粥

原料：羊腎100克，粳米200克。

製法：將粳米淘洗乾淨備用。將羊腎剖開，剔去白色筋膜和臊腺，清洗乾淨，放入鍋內，加入清水，煮沸成湯。將粳米倒入羊腎湯內，先用武火煮沸，再用文火煎熬20～30分鐘，以米化湯稠為度。

用法：供早晚餐食用。

功效：補腎益氣，養精填髓。用於腎虛勞損的性欲低下者。

【中藥】中醫認為，性欲低下主要是由於腎虧陽虛所致，因此治則也以補腎益陽為主。

外用蛇床子

原料：蛇床子末90克，菟絲子（取汁）150CC。

製法：將兩味藥相合。

用法：外塗於陰莖上，一日五遍。

功效：壯陽強腎，對性欲低下、陽痿者有較好的療效。

✚遺精

遺精是指不因性交而精液自行遺泄的症狀。有夢遺與滑精之別。睡中有夢而遺者，稱爲夢遺；睡中無夢，甚至清醒時而遺者，稱爲滑精。一般來說，每個月遺精4次以下者並不會影響到身體的健康。

防病法

男子遺精的臨床症狀，就是非性交時發生精液外泄，一夜2～3次或每週兩次以上，伴頭暈耳鳴、神疲乏力、腰腿酸軟、心慌失眠、記憶力減退等。造成遺精的原因有很多，比如體質過於虛弱，或者勞累過度等容易造成全身各器官功能失調，尤其是大腦失去對低級性中樞的控制，而勃起中樞、射精中樞興奮性增強，也是引起遺精的一種原

因。此外，生殖器官局部炎症，如包皮炎、尿道炎、前列腺炎等炎症刺激也容易引發遺精。還有人觀看一些污穢刊物和色情錄影，長期思考與性有關的一些問題，經常處於色情衝動中、或有手淫習慣，結果致使大腦皮質始終處於興奮狀態，而導致遺精。預防要點——

1·不要把生理現象視爲疾病，增加精神負擔。成人未婚或婚後久別1～2週出現一次遺精，遺精後並無不適，這是生理現象。千萬不要爲此憂心忡忡，背上心理包袱，自尋煩惱。

2·消除雜念。不看色情書刊、A片，戒除手淫。多參加體育活動、體力勞動和文娛活動，增強體質，陶冶情操。

3·愼起居。少進煙、酒、茶、咖啡、蔥、蒜辛辣等刺激性食物。不用太

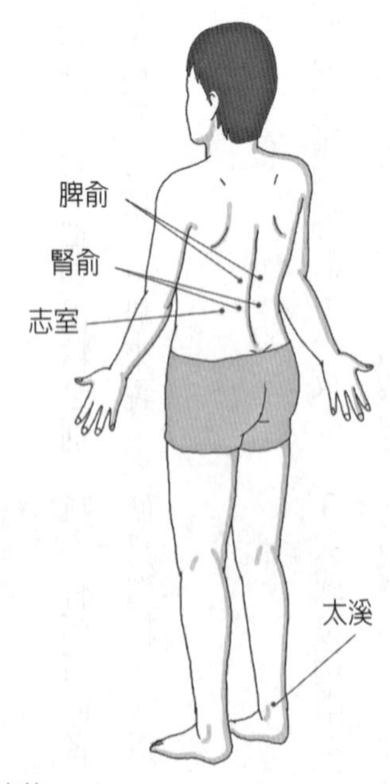

遺精按摩穴位

燙的水洗澡，睡時宜屈膝側臥位，被褥不宜過厚，內褲不宜過緊。

治病法

【按摩】可通過按壓、擦、按揉等方式對脾俞、腎俞、志室、氣海、三陰交、太溪等穴部位進行刺激，以上的按摩方法可緩解遺精症狀。

【食療】遺精者應選用有補腎、固精、壯陽、安神作用的食物，如韭菜、河蝦、雞蛋、山藥、核桃、羊肉等。此外，還需限制蝦子、牡蠣、芝麻、海松子、茭白等食物的攝入量。

桃仁炒腰花

原料：核桃仁20克，豬腎1個。

製法：核桃仁洗淨，研碎；豬腎洗淨，剖開，用開水浸泡2小時，去浮沫。起油鍋，核桃仁、豬腰同炒，加黃酒、薑、蔥、食鹽調味後食用。

用法：佐餐食用。

功效：主治遺精，偏陽虛型，遺精頻作，耳鳴腰酸，肢冷畏寒。

【中藥】中醫認為，遺精多為腎氣不固所致，所以治療上多以補腎益氣、健脾養心

爲主。

培土養陽湯

原料：首烏9克，丹參、白扁豆、穀芽、芡實、蓮鬚各3克，白芍、車前子各2.4克，蓮子肉4.5克，豬腰1個。

製法：將上述藥食以水煎服。

用法：一日一劑，分兩次服用。

功效：強身健脾，適用於脾腎兩虛、夢遺滑精者。

前列腺炎（即攝護腺）

前列腺炎是一種因飲酒過度、房事頻繁、會陰部損傷、前列腺肥大等引起的前列腺發炎或充血症狀，不論是青年還是中老年都有發病。

防病法

中醫認爲，前列腺炎多是因虛而發，其中包括濕熱、敗精、淤血等多種因素。濕熱之邪下注易鬱積於下焦，從而使膀胱氣化不利；頻繁性交或手淫致使陰虛火旺，如果忍精不射更易引起腎火鬱積；過食辛辣油膩食物、飲酒過度也會導致脾胃受損，運化失司，從而導致濕熱內生，流注於下，擾亂精室；濕熱不清，精室氣血淤滯。以上因素均會引發前列腺炎。患者常出現噁心嘔吐、乏力厭食、會陰或小腹脹痛、尿急、尿痛等症狀。預防要點——

1．注意性生理衛生，不可手淫、房事過度。

2．應加強體育鍛鍊，養成良好的生活習慣，並應防治過度疲勞。

3．不可食用刺激性較強的食物，忌煙忌酒。

4．不宜經常憋尿，應使尿路保持通暢。

5．避免久坐、久站和熬夜，以積極樂觀的態度面對疾病。

治病法

【按摩】

①按揉神闕、會陰穴：患者可採取仰臥，左腳伸直，左手的中指、食指、無名指在神闕穴周圍進行旋轉揉搓，同時右手三指對會陰穴進行旋轉按摩，揉搓100次以後，可換另一側繼續按摩，方法同上。

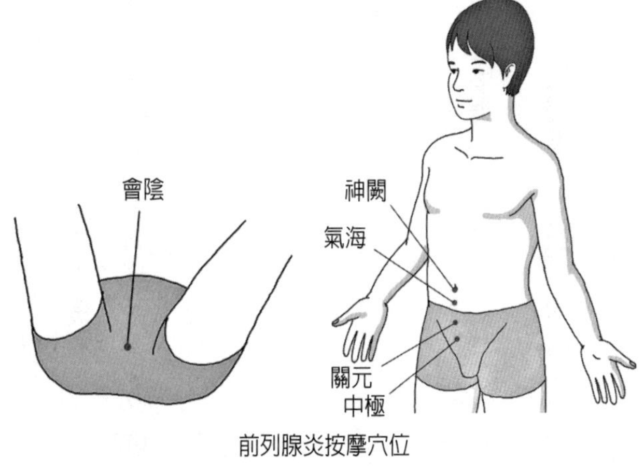

前列腺炎按摩穴位

②腹部按摩：腹部按摩主要是對肚臍周圍的氣海、關元、中極各穴進行揉按的過程，前列腺炎患者小便後對腹部加以揉按，可促使膀胱排空，有利於病情的緩解。

【食療】前列腺患者應多食清淡之品，多食菠菜、油菜、捲心菜等新鮮蔬菜，多飲水，多食水果和堅果，如核桃、杏仁等。

白蘭花豬肉湯

原料：瘦豬肉150克，鮮白蘭花30克，鹽少許。

製法：瘦豬肉洗淨切塊，與白蘭花加水同煮，待肉熟時加入少許鹽調味即可。

用法：飲湯食肉，一日一次。

功效：可補腎滋陰，行氣化濁，尤其適用於前列腺炎患者服用。

【中藥】中醫認爲，前列腺炎多由虛而發，在治則上也以補虛、清熱、活血、生精爲主要治療原則。

胡枝草煎

原料：胡枝子鮮全株50克，車前草20克，冰糖30克。

製法：胡枝子、車前草與冰糖加水同煎約25分鐘即可。

用法：一日一劑，分3次服完。

功效：可利水通淋，尤其適用於前列腺炎、小便淋瀝者服用。

✚免疫性不育症

男性免疫性不育症指的是因生殖道感染受損等因素，間接引起免疫耐受機制破裂，在男性血液、精液、精子表面出現免疫應答，產生抗精子抗體，導致男性生育能力出現障礙的現象。

防病法

中醫將男性免疫性不育症分爲虛實兩類，主要包括陰虛火旺型和濕熱下注型。前者多因縱欲過度、過於操勞而導致元陰受損，或久病不愈，虛火過旺而灼傷精液，故腎精虧耗，精子活力下降，引起不育症；後者多因患者體質濕重，或喜食肥膩厚味食物引起濕熱下注，使精子凝聚，活力降低，大大影響生育能力。男性免疫性不育症對於患者本

身來講，並無明顯症狀，突出表現就是不育。現代家庭，孩子尤其寶貴，沒有寶寶的生活顯得寂寞很多。所以，不育症患者幾乎人人都是心急如焚。如果能夠提前預防，就不必爲此而煩惱了。預防要點——

1·節制房事，因爲縱欲過度多會引起元陰受損，腎精虧虛。

2·避免過度操勞，須堅持適量的體育鍛鍊，這樣才能防止精子活力下降。

3·須忌食肥膩厚味食物，以防濕熱下注，損傷腎精。

4·體質虛弱者應及時補益與治療，以免虛火太盛傷及精液。

☯治病法

【按摩】可採用點壓或按揉的手法對命門、腎俞、肝俞、心俞、足三里、三陰交、陰陵泉、關元、氣海等穴位進行刺激。

【食療】免疫性不育症患者應經常食用一

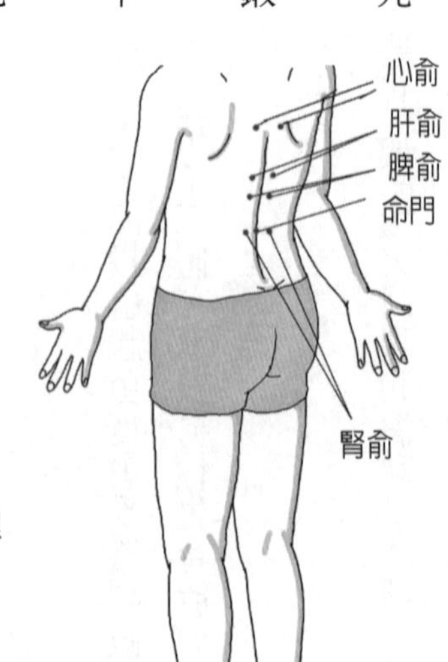

免疫性不育症按摩穴位

些補腎的食物，如瘦肉、豬骨髓、公雞、禽肉、麻雀肉、雀蛋、淮山、狗肉、狗腎、鱔魚、海參、墨魚及豆製品。

羊肉麻雀湯

原料：羊肉500克，麻雀5隻，韭菜籽80克，調味品適量。

製法：將羊肉洗淨，切塊，麻雀去毛雜，韭菜籽研細。將麻雀置鍋中加清水適量煮沸後，下羊肉及韭菜籽，武火煮沸，調味，煮至肉熟即可。

用法：飲湯食雀、肉。

功效：補腎壯陽，適用於腎陽虛衰之免疫性不育症者。

【中藥】中醫學治療免疫性不育常用的治療方法有滋陰補腎法、清熱解毒法、活血祛淤法、利濕化濁法、健脾祛痰法等多種。

益腎生精湯

原料：枸杞子、路路通、牛膝、丹皮、覆盆子各30克，桃仁、紅花、赤芍、川芎、知母、黃柏各10克，三棱、莪朮各15克。

製法：以水煎服。

用法：一日一劑。

功效：通經活絡、生精養腎，適用於男性免疫性不育症者。

中老年病防治法

✚糖尿病

糖尿病是一個古老的疾病。西元前四百年，我國最早的醫書《黃帝內經・素問》及《靈樞》中就記載過「消渴症」這一病名。漢代名醫張仲景《金匱》的消渴篇對「三多」症狀已有記載。唐朝初年，著名的醫家甄立言首先指出，消渴症患者的小便是甜的，這是糖尿病患者糖代謝異常的最早發現。

☯防病法

糖尿病屬中醫「消渴」症的範疇。中醫認爲引起本病的原因主要有素體陰虛，飲食不節，或情志失調，勞欲過度等，以致肺燥胃熱，腎陰虧損發爲消渴。根據臨床主要症狀，中醫常把糖尿病分爲上、中、下三消論治。上消主症爲煩渴多飲、口乾舌燥；中消主症爲多食易饑，形體消瘦，大便乾結；下消主症爲尿頻量多，尿如脂膏。當然，臨床上三多症狀並不是截然分開，往往同時存在。但一般來講，糖尿病臨床多以高血糖爲主要標誌，常見症狀有多飲、多尿、多食以及消瘦，即典型的「三多一少」。糖尿病若得不到有效的治療，可引起身體多個臟腑的損害。爲了預防和遠離糖尿病，我們應注意以下方面——

1．注重運動，適當的體育鍛鍊可以促進糖分的利用與消耗，糖分消耗了，糖尿病的隱患也就消除了。

2．無論是緊張、焦慮、憂鬱，還是恐懼、悲傷、憤怒都會使人傷神，神傷則精氣俱損，很容易出現這虛那虛，因而也就容易患病，所以生活中要保持良好的心態。

3．戒煙戒酒，依然是預防糖尿病的一大關鍵，所以日常要加以控制。

治病法

一、上消

【按摩】點按勞宮穴、魚際穴、膻中穴。

【食療】上消者飲食應以清熱潤肺，生津止渴爲主，應多食用梨、西瓜、冬瓜、豬肺、鱔魚、鯉魚、石斑魚、藕、菠菜、山藥、黑芝麻等。

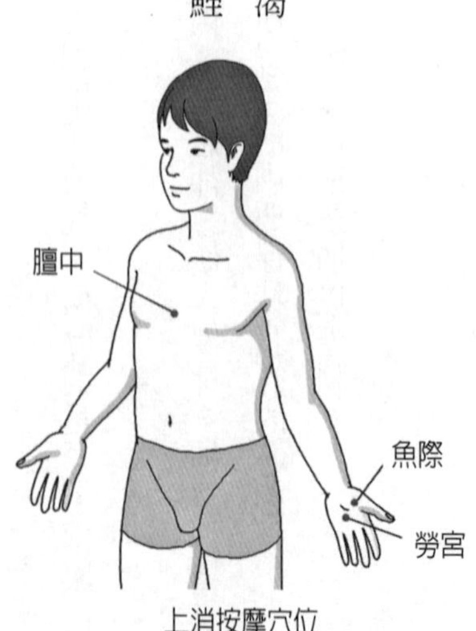

上消按摩穴位

天花粉山藥粥

原料：天花粉15克，淮山藥10克，粳米30克。

製法：將上述藥食共煮粥即可。

用法：每日2次，每次1碗，2個月爲一個療程。

功效：潤肺生津，適用於消渴症上消者食用。

【中藥】治療「多飲」的「上消症」時，採用清熱、瀉火、生津、止渴之法，方如六味地黃丸、白虎湯等。

菟絲子丸

原料：菟絲子適量。

製法：將菟絲子擇洗乾淨，用酒浸泡三天後濾乾，趁濕潤將菟絲子搗碎；然後焙乾，再研成細末，煉蜜爲梧子大小的丸，或用膠囊灌好。

用法：每日2～3次，每次5～10克，於飯前服用。

功效：適用於上消飲水不止的糖尿病患者。

二、中消

【按摩】點按內庭穴。

【食療】中消者多表現爲食易饑、大便乾燥等。飲食應以潤燥生津爲主，如銀耳、南瓜等。

菠菜銀耳湯

原料：菠菜根100克，銀耳10克。

製法：將菠菜根和銀耳以水煎煮至銀耳熟爛即可。

用法：喝湯吃銀耳，每日2次。

功效：滋陰潤燥，生津止渴。適用於糖尿病之口渴或大便乾燥等患者。

【中藥】治療「多食」的中消症時，多以滋陰清熱、養胃生津之法治之，方如玉女煎（生石膏、生地黃、麥門冬、知母、牛膝）加減等。

地骨皮粥

原料：地骨皮30克，桑白皮15克，麥冬15克，麵粉100克。

製法：先煎煮地骨皮、桑白皮和麥冬，去渣取汁，然後與麵粉共煮爲稀麵湯即可。

用法：渴即食之，不拘時。

功效：生津，止渴，清肺。適用於糖尿病之多飲、消瘦患者。

三、下消

【按摩】點按復溜穴、關元穴。

【食療】應重養陰、生津、潤燥，宜多選用清淡、易消化的食物。如苦瓜、南瓜、洋蔥、老鴨、玉米鬚等。

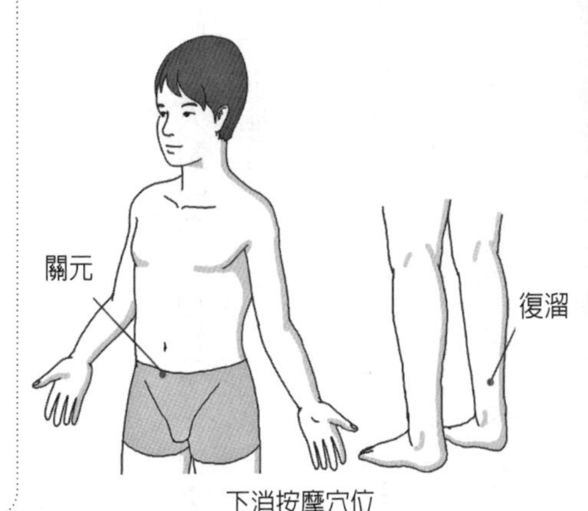

下消按摩穴位

枸杞子燉烏雞

原料：枸杞子20克，烏骨雞1隻，料理米酒、生薑、大蔥、精鹽各適量。

製法：將烏骨雞去除內臟，洗淨，放入鍋中，加入清水、料理米酒、生薑、大蔥，大火燒沸。改小火，煮至肉熟，放入枸杞子、食鹽，10分鐘後熄火即可。

用法：佐餐食用，喝湯食肉。

功效：適用於下消患者，證見小便頻數、混濁如膏者。

【中藥】重點治療下消，多以益氣、養陰、補腎、固攝爲主。

淮山黃連天花煎

原料：淮山藥30克，黃連6克，天花粉15克。

製法：加水適量煎服。

用法：取湯溫服，日1劑。

功效：本方尤適用於糖尿病以食多飲多尿多爲主症者。

✚高血脂

高血脂也是目前一種極爲常見的病症，中醫認爲，膏脂是人體的營養物質，但如果人體攝入過多，或膏脂的傳輸、消耗、排泄失常就會引起高血脂症。

☯防病法

中醫認爲本病是因痰濕、濕濁及痰淤所致，主要與肝、脾、腎三臟功能失調密切相關，而造成肝、脾、腎的功能失調的原因有多種，如飲食不當、缺乏運動。膏脂攝入過多，能量轉化就不完全，於是大量膏脂滯留於血中，從而引起血脂的升高；而人體如缺乏運動，則體內氣機不暢，津液輸布不利，也容易引起膏脂沉積，使血脂上升。此外，年老體衰也導致腎、脾、肝三臟功能的衰退而引起膏脂的代謝失常，引發血脂升高。一些病症也是導致血脂升高的原因，如水腫、消渴、黃疸等都可影響膏脂的敷布轉化，因此也容易引起高血脂症。要想預防高血脂，就應從日常入手——

1．注意飲食的控制，少食肥膩食物和甜食，不可大量食用肥肉、動物內臟、禽蛋類食物。

2．加強體育鍛鍊，運動可以有效地增強機體的運轉與代謝，加速體內雜質的排泄，同時還可通經活絡，有助於增強體質。

3．戒煙、戒酒，保持良好的心情也是祛病養生的關鍵。

4．可每日多敲擊膽經，多揉小腿的脾經。

☯治病法

【按摩】高血脂患者的按摩應以足太陰脾經、足陽明胃經、背俞穴爲重點。用拇指按壓兩側足三里穴，如出現酸脹感則效果更佳；用拇指

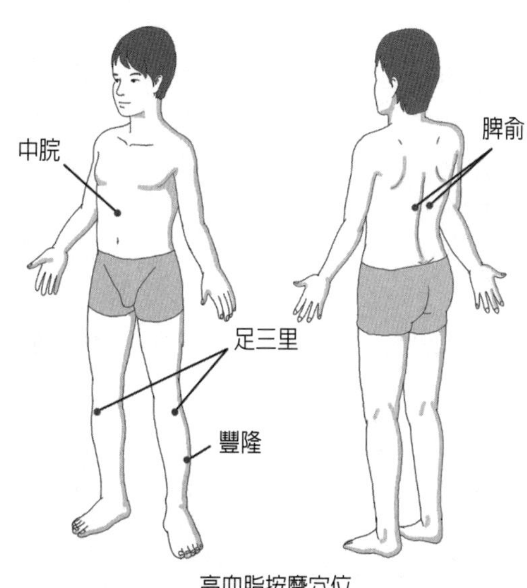

高血脂按摩穴位

按壓豐隆穴，出現酸脹感爲佳；用拇指點按的方式進行刺激；用中指和無名指點按的方式刺激中脘穴；用雙手拇指點按患者脾俞穴；用拇指用力點按穴位。按摩時每個穴位按摩3～5次即可。

【食療】高血脂患者日常應食用具有控制血脂功效的食物，如大蒜、洋蔥、番茄、黃瓜、芹菜、豆及豆製品、燕麥等。

牛蒡燉豬排

原料：牛蒡半根，豬小排2～3塊。

調料：食鹽適量。

做法：牛蒡，洗淨，切片或塊；豬小排洗淨，一起放入鍋內。鍋中加冷水適量，先開大火燒沸，後改用小火煮1小時以上。放少量細鹽調味即可。

用法：佐餐或當點心吃，每週吃2～3次。3～6個月後一般都能恢復到正常範圍。

功效：降低血脂。

【中藥】中藥治療高血脂主要從協調肝、脾、腎功能入手，其藥物以滋補肝腎、益氣養血爲主。

降高血脂二方

方一：桑寄生18克，製首烏20克，製黃精20克。以水煎服，每日一劑，一日2次。

方二：丹參15克，首烏15克，黃精15克，澤瀉15克，山楂15克。以水煎服，每日1劑，日服3次。

高血壓

高血壓是指人體在某些因素影響下出現體循環動脈壓偏高，持續高於正常水準的一種疾病，是目前常見病之一，而且呈現年輕化的趨勢。

防病法

中醫將高血壓分為虛、實兩類，「實」又分為肝陽肝火上亢上炎和痰濕內阻，此類高血壓患者常表現為頭暈頭脹、胸悶腹脹、食欲不佳、乏困無力等；「虛」又分為陰虛陽亢和陰陽兩虛，患者常表現為頭痛頭暈、耳鳴目澀、五心煩熱、健忘失眠、神疲乏力、陽痿遺精等症狀。

造成高血壓的原因分為兩個方面，一是先天遺傳，一是後天不良的生活習慣。先天

遺傳是不可控制的，但後天的不良生活方式如食鹽量高、肥胖、吸煙、過量飲酒及缺少運動等，這些都是可以糾正和改變的。要想預防高血壓，就要從下面幾點做起——

1．減少食鹽量。以往的人們食鹽攝入量普遍偏高，因此，一定要控制每天食鹽量在5克以內。

2．減輕體重。肥胖是造成高血壓的生理原因之一，肥胖可使體內膏脂堆積，增大血管壓力，造成高血壓。所以，要儘量將自己的體重控制在標準範圍之內。

3．戒煙。煙草中的尼古丁會促使腎上腺釋放大量兒茶酚胺，使小動脈收縮，導致血壓升高。

4．少飲或不飲酒。實驗表明，收縮壓和舒張壓均隨著飲酒量的增多而逐步升高。

5．多運動。運動是預防高血壓的最積極有效的措施，日常可以根據自身的情況選擇適合專案。

☯治病法

【按摩】

①梳頭：雙手虎口相對，十指分開，指尖貼緊頭皮，由前額髮際向後做梳抓動做，重複5分鐘。

②抹額：雙手掌心向下，十指自然彎曲，拇指分別按兩側太陽穴，食指緊貼額部，

由中間向兩邊按摩，持續按摩5分鐘即可；也可由食指緊貼眉上眼眶部，用相同方法進行按摩。

③揉髮根、抹頸：掌心向內，拇指分別按兩側太陽穴，其餘指頭在前額髮際處進行迴旋式按摩，持續5分鐘。

④按摩湧泉穴：端坐，用雙手拇指按揉足底湧泉穴，每側按摩100次，或者用左腳跟按摩右足底，右腳跟按摩左足底。

【食療】高血壓患者應該以清淡的蔬菜和水果爲主，如芹菜、茭白、枸杞子、荸薺、豆類等。此外，患者也可適量食用蜂蜜、海蜇、海參等。

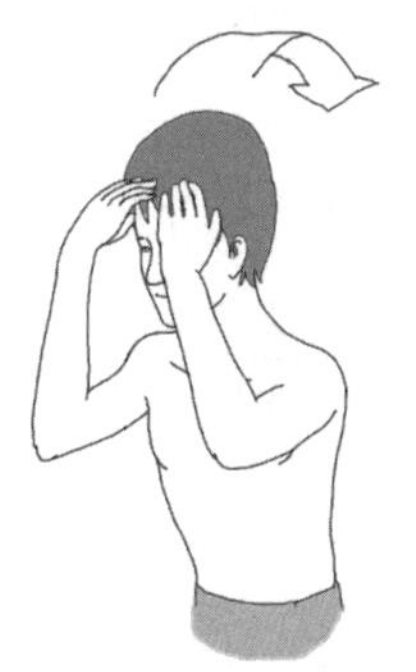

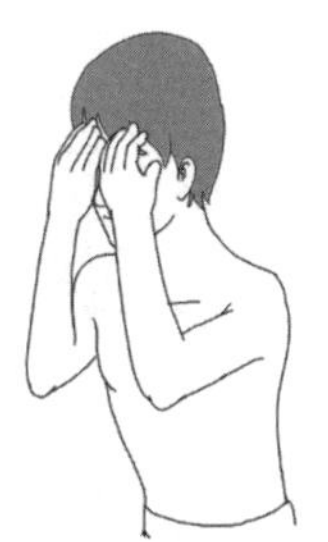
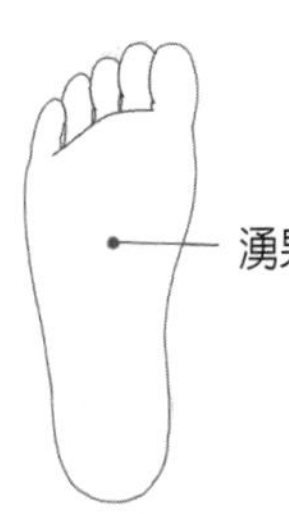

高血壓按摩穴位

山楂粥

原料：山楂30～40克，粳米100克，砂糖10克。
製法：先將山楂入砂鍋內煎取濃汁，去渣，然後加入粳米、砂糖煮粥。
用法：可在兩餐之間當點心服食，不宜空腹食，以7～10天爲一個療程。
功效：健脾胃，消食積，散淤血。

【中藥】除經典藥方外，還可常用一些中藥如菊花、荷葉、槐花、首烏、葛根、蓮子心、決明子、桑寄生、玉米鬚等泡茶。

八味降壓湯

原料：紫丹參30克，淮牛膝15克，夏枯草30克，丹皮15克，馬兜鈴30克，鉤藤15克，刺蒺藜15克，代赭石30克（碾細）。
製法：以水煎服。
用法：一日一劑，可分2次服用。
功效：清熱散淤，對高血壓有較好的治療作用。

冠心病

冠心病，即現代醫學所稱的冠狀動脈粥樣硬化性心臟病的簡稱。但中醫裡並沒有冠心病一詞，而是屬於「卒心痛」、「厥心痛」、「胸痹心痛」、「胃心痛」、「眞心痛」等病症，現代中醫報告中則用「胸痹」對冠心病進行辨證施治。

防病法

中醫認爲，冠心病是由於年老體衰、正氣虧虛、臟腑功能損傷、陰陽氣血失調以及七情內傷、飲食不節、寒冷刺激、勞逸失度等因素導致的氣滯血淤、胸陽不振、痰濁內生，使心脈痹阻而致病。而臟腑經絡氣血功能失調、人體陰陽平衡的破壞，是導致疾病的主要原因。中醫又將冠心病分爲心陽虧虛型和心陰虛損型。前者常表現爲胸悶、頭痛、心悸、肢冷畏寒、自汗、氣短、面色蒼白或黯滯、小便清長、大便稀薄，舌胖嫩、苔白潤，脈緩滑或結代等；後者常表現爲心悸、心痛、耳鳴、眩暈、盜汗、憋氣、口乾、夜尿多、腰酸腿軟，舌嫩紅苔薄白或無苔，脈細數而促或細澀而結等。對於冠心病的預防，一般要注意下面幾點——

1．調節情緒。情志暢達則氣血調和。所以，生活中要保持情緒的穩定，不要動不動就大喜大悲，過度興奮、生氣、悲傷等情緒都會對心臟造成刺激。

2．人體在冬季常會表現爲陰盛陽衰，所以在冬季要做好防寒工作，防止寒邪侵

入，導致氣血凝滯而發病。

3．房事有節。房事過度則會傷及腎臟，如果腎陰虧虛就會使心血不足，所以日常還需節制房事。

4．積極鍛鍊。適量的體育鍛鍊，如慢跑、散步、太極拳、氣功等，都可以增進機體各臟腑器官的功能協調，使人體保持陰陽平衡。

治病法

【按摩】用手掌對胸部進行自上而下的按摩，兩手交替，每側20次，按摩時最好不要隔衣，以按摩部位出現熱感爲佳。也可用右手掌在心臟部位進行輕輕拍打，要注意力量的均勻，通常以患者感覺舒適爲宜，每次拍打50次左右即可。

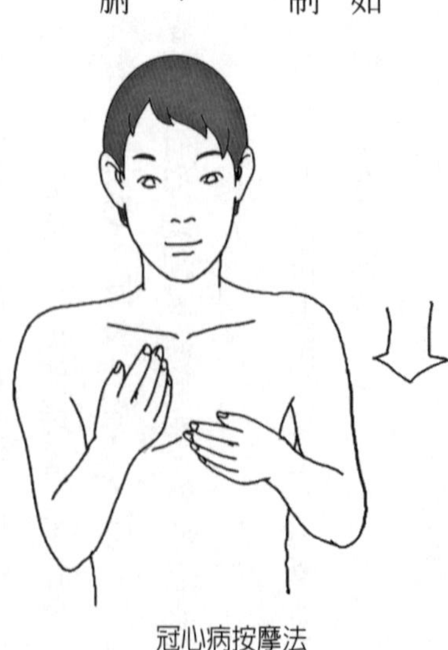
冠心病按摩法

【食療】冠心病患者的飲食應以清淡食物爲主，多吃些穀類、豆類食物和蔬菜水果，如燕麥、玉米、大豆、花生、茄子、胡蘿蔔、山楂、海帶等。此外，冠心病患者還可適量增加洋蔥、大蒜、苜蓿、木耳、海帶、香菇、紫菜等食物的食用量，以助於增強體質和抗病能力。

人參銀耳湯

原料：人參5克，銀耳10～15克。

製法：將銀耳用溫水浸泡12小時，洗淨。人參去頭，切成薄片，入砂鍋中，用文火煮熬2小時。加入銀耳熬1小時即可。

用法：每日1劑，飲湯食銀耳，分2次食完，連用10～15日。

功效：生津止渴、安神益智、補氣和血、強心壯身。

【中藥】冠心病屬於中醫的「胸痹」範疇，在治療上，中藥常以化淤通痹、舒胸益氣、活血通脈爲治則，日常可適量食用一些人參、黨參等。

寧心湯

原料：孩兒參、丹參、生地、赤芍、白芍、茯苓、桃仁各9克，當歸6克，紅花、木香各5克，川芎、陳皮、炙甘草各3克。

製法：水煎服。

用法：每日1劑，日服2次。

功效：益氣養陰，活血化淤。適用於冠心病之氣陰兩虛，心脈淤阻，虛實相兼患者。

✚骨質疏鬆

目前，患有骨質疏鬆症的人越來越多，該症是一種骨微觀結構的退化，結果致使骨的脆性增加，易於發生骨折、骨裂等的疾病。

☯防病法

中醫認爲骨質疏鬆屬於骨痿、骨枯、骨痹的範疇，多由腎虛和脾虛引起，並據此將骨質疏鬆症分爲腎陽虛型、腎陰虛型和脾虛型三種。我們知道，腎主骨生髓，腎虛就當然會引起骨質疏鬆，而腎精充盈者則會筋骨強健；另外，脾虛常常會導致腎精的虧損，腎精虧虛則致使骨骼失養，故易導致骨質疏鬆。骨質疏鬆患者往往會出現腰背疼痛的症狀，有的患者還會因此而出現身高縮短、駝背、骨折等現象，同時還會伴隨胸悶、氣短等症狀。根據骨質疏鬆的發病機理，我們預防應從以下兩方面做起——

1．適當參加體育運動，尤其是一些負重性質的項目，如男性友可練習舉重、負重慢跑，女性可以練習仰臥起坐、散步等，這樣的運動可有效促進骨頭代謝。

2．儘量少飲濃茶、咖啡等刺激性較強的飲品的飲用，限制油膩厚味和煎炸燒烤食物的食用，還應戒煙戒酒。

☯治病法

【按摩】

①上肢按摩：患者可推拿肩井筋，揉捏臂臑、手三里、合谷部肌筋，點按肩髃、曲池等穴，揉搓臂肌，反覆按摩數遍即可。

②下肢按摩：患者可通過推拿陰廉、承山、昆侖筋，揉捏伏兔、承扶、殷門部肌筋，點按腰陽關、環跳、足三里、委中、犢鼻、解溪、內庭等穴，揉搓股肌來治療骨質疏鬆症。

③自我按摩法：《韓氏醫通》中曾提出一種治療骨質疏鬆的自我按摩法，「腎虛腰痛，令少陰掌心摩擦，每至萬餘，或令進氣於腎俞之穴。丹田冷者，亦摩擦而進於臍輪，其功尤烈。」

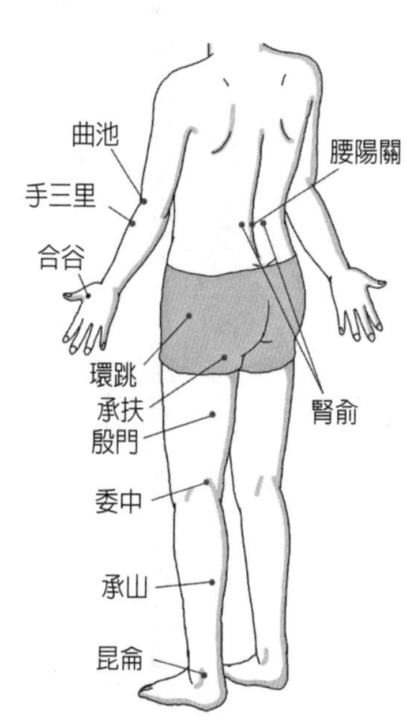

骨質疏鬆按摩穴位

【食療】骨質疏鬆症患者可多吃豆類、各種深綠色蔬菜、魚肉、雞肉、牛肉等食品。

山藥黑米燉豬肚

原料：豬肚200克，山藥50克，黑米250克，料理米酒、大蔥、薑、鹽、胡椒粉、白砂糖、雞精各適量。

製法：山藥去皮切丁；黑米淘洗乾淨；豬肚洗淨，放入沸水中焯好，撈出備用。將黑米和山藥放入豬肚內，用小竹棍封好口放入鍋內，放料理米酒、蔥、薑，文火煲2個小時。放鹽、胡椒粉、白砂糖、雞精等即可。

用法：佐餐食用。

功效：滋陰補腎，活血化淤，補虛損，益筋骨。

【中藥】中醫認爲，骨質疏鬆的病因在於腎精不足，骨失所養而致，治療中常用淫羊藿、骨碎補、黃芪、丹參、自然銅、木豆葉、硬骨藤等。

黨參黃芪湯

原料：黨參、黃芪各30克，茯苓25克，白朮、地龍、狗脊、淫羊藿各15克，炙甘草6克，升麻9克，桔梗、厚朴、山楂各12克。

製法：以水煎服，

用法：一日一劑。

功效：益氣、強筋、健骨、補虛。

✚健忘

健忘，亦稱「喜忘」、「善忘」，是記憶力減退，遇事善忘的一種病症，當事人往往對剛剛發生的事情或者原本很熟悉的事情卻想不起來，健忘雖然不像糖尿病、高血壓等疾病會危及生命，但已成爲流行性疾病之一，給人們的工作生活帶來嚴重的不良影響。有時還見於神勞、腦萎、頭部內傷、中毒等腦系爲主的疾病。

☯防病法

本病多因心脾不足所致，因爲心主血，心安則推動血液在人體經脈內運行不息；脾胃又是「氣血生化之源」，脾胃健全則可以順利運化人體所需的水穀精微之物，氣

血津液自然可以長流不息。同時，腎是先天的根本，五臟六腑精氣充旺，腎精才能保持正常，才可以滋養人體各部組織器官並促進機體生長發育。而思慮過度（因「憂傷脾」），則暗耗心血，使脾氣受損以致心脾兩虛，氣血不足，心神失養而陰血損耗，精虧髓減，腦失所養，使人容易健忘。正如《素問．調經論》說：「血並於下，氣並於上，亂而喜忘。」另外，年高神衰，腎精虛衰也容易引起健忘。治療健忘症沒有靈藥，平時須防患於未然——

1．保持良好的情緒。讓機體處於陰陽平衡的最佳狀態，從而回饋性地增強大腦活力，提高記憶力。

2．多運動。因爲腎主骨，生髓，通於腦，運動養生不僅能鍛鍊腎臟，還可以促進骨骼發育，充養骨髓，而腦爲髓海，可見，鍛鍊運動是強身健體、活躍大腦的重要養生方法之一。

3．保證良好的睡眠品質。大腦是人體血氣彙集之處，主管和統轄我們的思維、情感、記憶乃至智慧。這就需要精氣的濡養，才得以情志正常，而睡眠可使人體精氣較多地處於上升狀態並不斷升至頭目，睡眠充足自然神志清醒、記憶力好。

4．少吃甜食、鹹食及油炸食品。

5．摸索適合自己的記憶方法，如寫在筆記本上或寫在便條上。

治病法

【按摩】對健忘者進行按摩，足部反射區的各要穴最不可忽視，它們就像天然衛士一樣守護著你。比如足底部反射區的要害處是頭部、腦垂體、甲狀腺、甲狀旁腺、腹腔神經叢、肝、心、脾、腎、輸尿管、膀胱、胃、胰、十二指腸、盲腸（闌尾）、回盲瓣、升結腸、橫結腸、降結腸、乙狀結腸及直腸、小腸、肛門、生殖腺；足外側反射區可找生殖腺；足背部反射區上的上身淋巴結、下身淋巴結、胸部淋巴腺（胸腺）等穴位也非常管用。閒暇時還可以試試一些「小動作」，這對緩解您的不適反應也非常有效。

①兩手插進頭髮，從額前順著後腦勺做「梳頭」動作，每做一次將兩手拇指按在兩側的太陽穴上，其餘四手指分開抓住頭頂，從上向下做直線按摩10次；這套動作建議連續做10次左右，睡眠的效果會更好。

②經常搓搓雙手（直至搓熱爲止），不僅能使手指變得更加靈活自如，而且「十指連

健忘按摩法

心」的作用，還能使大腦越用越靈活。

【食療】健腦食品有很多，如龍眼粥、大棗粥、蓮子粥等。此外，魚類、豆類、堅果類、蛋類及乳製品也都是健腦佳品。

醬鹹桃仁

原料：核桃300克。芝麻醬、醬油、糖、花椒鹽、辣椒油各適量。

做法：核桃去殼，剝去裡邊的皮，將每個桃仁分成4瓣，盛在容器中。用醬油把芝麻醬化開，加入糖、花椒粉、鹽、辣椒油拌勻，倒入盛有核桃仁的容器中，攪拌均勻，醬3小時左右即可食用。

功效：益智健腦，防止老年癡呆症。

【中藥】腦為髓之海，而腎主骨生髓，所以中藥治療健忘以健腦補腎爲主要治療原則。通常可選用中成藥，如孔聖枕中丹《醫方集解》：安神補心丸、安神補腦液等。

棗仁藥酒

原料：核桃仁、紅棗各60克，杏花30克（去皮尖），酥油、白蜜各30克，白酒1500CC。

製法：將白蜜、酥油溶化，倒入白酒和勻，再將其餘3味藥研碎後放入酒內，密封。浸泡20天後即可飲用。

用法：每次服15CC，每日2次。

功效：靜心安神、醒腦益智。

✚免疫力低下

免疫力是人體對抗疾病的能力，中醫稱之爲「正氣」，正氣足則身強體健，正氣不足則易生病。人體若是免疫力低下，容易出現感冒、腹瀉、皮膚感染，而且得病後治療效果也往往不佳，疾病長期不愈。

☯防病法

人體正氣不足多與先天稟賦不足或後天失養有關，如飲食不當、疲勞過度等情況都會導致機體「精氣奪則虛」。此外，情志失調，長期的精神刺激或者突然受到劇烈的打

擊，一旦超出生理活動所能承受的範圍，也會造成人體內陰陽氣血、臟腑經絡的功能失調，導致正氣下降，免疫力降低。而人體外在的干擾正氣的「邪氣」，卻無時無刻地陪伴著我們，這也成爲導致人體生病不健康的禍根。因此，從正邪關係上來看，爲了維持自身的正常運動和平衡的統一，必須加強人體對疾病的防禦、抵抗和再生的能力，就是說要提升人體的正氣，這才握住了健康的根。

具體而言，不外乎陰陽之氣、臟腑之氣。而臟腑之氣中，尤其要重視脾胃之氣，因爲脾胃是後天之本，氣血榮衛化生之源。另外，還有心腎之氣，因爲心爲君主之官，腎爲先天之本。總之，維持生命健康不是一朝一夕的事情，向日常生活的諸多細節要健康，才是生命之樹常青的道理。爲了有效增強免疫力，平時要格外注意下面幾個方面——

1．切不可七情過度。七情六欲乃人之常情，若是反其道而行，一旦超出限度則會影響內臟氣機，使氣機升降失常，氣血功能紊亂。而七情調和則可使臟腑器官處於正常狀態，這樣才能扶助正氣，提高機體的免疫能力。

2．水果不要吃得太多。吃水果對身體健康是有好處的，但是吃得太多則會傷及脾胃，脾胃不和，自然會影響到正氣運行，又談何提升自身的免疫力呢？

3．保持適度的體育運動，對扶助人體「正氣」也非常必要。因爲通過形體的鍛鍊，可使氣達於四肢，身體各部位動作協調一致，自然可以達到強壯身體、柔軟筋骨、遠離疾病的目的。尤其是傳統的按摩養生術，通過啓動貫穿於全身各個部位的經絡，可以扶正補益、驅邪理氣，使正氣存內、邪不可干，也就大大提高了人體的免疫力。

4．保證足夠的睡眠，讓機體得到充分的休息和恢復。

治病法

【按摩】通過對身體各個部位的有效穴位施以一定程度的按摩，能讓人體臟腑經絡氣血得以疏通，保持陰陽平衡，使身體處於健康狀態自然可以起到增強自身免疫力的效果。下面爲您介紹一套有益於提升自身免疫系統的全身按摩方法。

①按摩鼻根：兩手拇指或食指放在鼻根兩側，上下反覆揉擦20次左右。

②按摩眼眶：兩手拇指放在兩側太陽穴，食指放在眼眶上，由內向外，先上後下，反覆擦揉眼眶20次左右。

③按摩臉部：搓熱雙手，緊閉雙眼，雙手從下而上、自內向外反覆搓臉30圈。

④按摩胸腹：兩手放在腹部，反覆按揉，先順時針，後逆時針；按摩胸部時，將兩手掌按在兩乳外上方，旋轉揉動，方法與腹部按摩相同。反覆揉擦20次左右。

⑤按摩膝蓋：兩手掌心緊按雙膝，先順時針，後逆時針。反覆揉擦20次左右。

⑥按摩腳底：兩手搓熱，緊按腳心湧泉穴，交替進行，各揉擦30次以上。

【食療】《黃帝內經》說「五穀爲養，五果爲助，五畜爲益，五菜爲充。」

因此，在搭配膳食時，要注意結構合理，營養均衡，尤其要吃水果和蔬菜，而靈芝、香菇、蘿蔔、人參、蜂王漿、蘑菇、猴頭菇、草菇、黑木耳、銀耳、百合等食物都有明顯增強免疫力的作用。

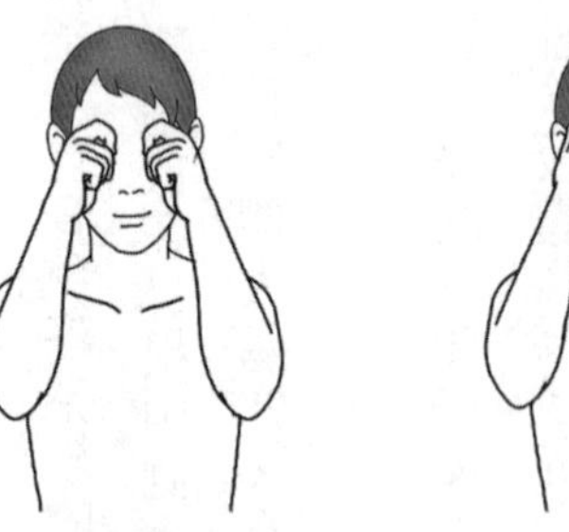

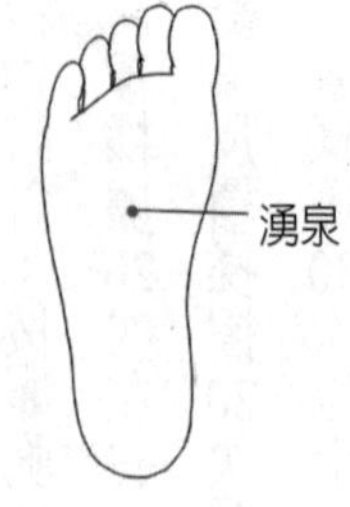

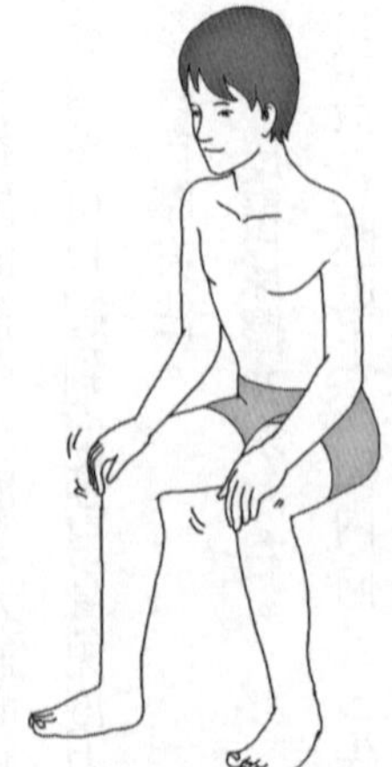

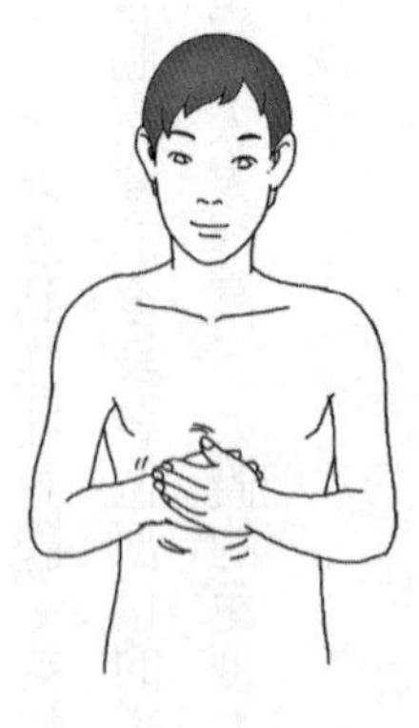

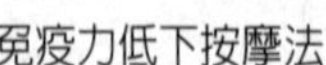
免疫力低下按摩法

桂枝蔥白粥

原料：粳米60克，蔥白30克，桂枝、白芍、薑片、大棗、白糖各15克。

製法：將桂枝、白芍、薑片、大棗洗淨，放鍋中加適量清水，再置大火上燒沸，熬10～15分鐘，濾渣取汁。鍋中放入淘淨的粳米，熬成粥狀，再加入洗淨的蔥白和白糖，混勻即成。

用法：溫服。

功效：發表解肌，調和營衛。

【中藥】增強免疫力的中藥，主要有清熱、補氣補血類。清熱中藥多有抗菌、抗病毒的作用，代表藥物有金銀花、蒲公英、板藍根，還有其他類似藥物，如大青葉、魚腥草、連翹、黃芩、黃連、黃柏、苦參、牡丹皮、生地黃、玄參、大黃、梔子、穿心蓮、龍膽草、秦皮、柴胡、青蒿等。

增強免疫力二方

方一：人參、白朮、茯苓各9克，炙甘草6克，將諸藥研細末。水煎服，每次5克。

方二：黃耆、甘草各1.5克，人參1克，當歸、橘皮、升麻、柴胡、白朮各0.5克，用水煎服，去滓，空腹時稍溫服之。

頸椎病

頸椎病是一種綜合病，又稱頸椎綜合症。臨床症狀較爲複雜，近似於中醫的「痹證」、「痿證」、「頭痛」、「眩暈」、「項強」。《黃帝內經》中對痹證做過如下描述：「風寒濕三氣雜至，合而爲痹也。其風氣勝者爲行痹，寒氣勝者爲痛痹，濕氣勝者爲著痹也」。其症狀主要有頸背疼痛、手指發麻、上肢無力、行走困難、下肢乏力、頭暈、噁心、嘔吐，甚至視物模糊、心動過速及吞咽困難等。該病多見於中老年人，但近年來頸椎病的發病人群正在逐步年輕化。

防病法

引起頸椎問題不外乎內因和外因兩種因素。人到中年，肝腎功能由盛到衰，使肝腎

虧虛；而腎藏精，肝藏血，致使人體精血不足、氣血失於循行、筋脈失於濡養而容易引起頸椎病。而外因方面除了與明確的外傷史有關外，多半與職業或是不正確的工作姿勢密切相關。因爲，長期處於一個姿勢會加速導致頸部肌肉勞損，使腠理空虛，風寒濕邪入侵而傷絡，阻、閉經脈，脈絡一旦運行失暢，則氣血運行受阻，長此以往，極易積累成疾。令人遺憾的是，到目前爲止，全世界對這種令人頭痛的疾病尚無有效方法。爲此，要加強日常保健，做到防患於未然，具體要點如下——

1．加強頸肩部肌肉的鍛鍊。《黃帝內經》「五勞所傷」的「久坐傷肉」告訴我們，長時間坐的人，容易損傷肌肉力量。而工作間歇時，時不時做些轉頭、前屈上肢、旋轉上身的運動，可以暢通氣血，增強肌肉彈性，有效緩解頸肩疲勞，還能避免肌肉僵硬、疼痛麻木感。

2．儘量不要用高枕頭睡眠。枕頭過高，會改變頸椎自然彎曲的弧度，使頸部肌肉長期處於緊張狀態，容易發生勞損、痙攣。

3．注意頸肩部保暖，避免過度疲勞。

4．要及早治療頸肩組織勞損，以免發展成頸椎病。

☯治病法

【按摩】頸椎病的自我按摩可以溫經通絡、宣導氣血、解痙止痛。如《素問・舉痛論》所說：「按之則熱氣至，熱氣至則痛止矣！」而且通過一定的手法作用，還可起到緩解肌肉痙攣，提高肌肉收縮力和耐力的作用，對肌肉萎縮也有很好的治療作用。具體按摩方法可以參考如下內容：

①按壓百會：百會穴在頭頂正中線與兩耳尖連線的交點處，爲各經脈氣會聚之處。經常施以一定的按摩能通達陰陽脈絡，連貫周身經穴，對於調節機體陰陽平衡也起著非常重要的作用。按摩時可將中指或食指按於頭頂百會穴，由輕到重按揉20～30次。

②對按頭部：雙手拇指分別放在額部兩側的太陽穴，其他四指分開，放在兩側頭部，同時用力對按揉動20～30次。

③按揉風池：該穴位於項部，胸鎖乳突肌與斜方肌上端之間的凹陷處。按摩時將兩手拇指按在同側風池穴，其他手指附在頭兩側，由輕到重按揉20～30次。

④拿捏頸肌：這個方法需要家人幫助，不適者將左（右）手上舉置於頸後，拇指放在同側頸外側，其他四指放在頸肌對側，雙手用力對合，將頸肌向上提起再放鬆，沿風

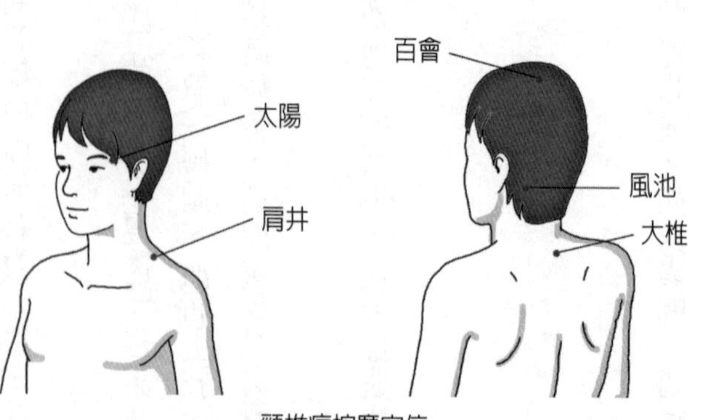

頸椎病按摩穴位

池穴向下拿捏至大椎穴20～30次。

⑤按壓肩井：該穴位於人體肩上，乳頭正上方與肩線交接處。按摩時用左（右）手中指指腹按於對側肩井穴，由輕到重按壓10～20次，兩側交替進行。

⑥按摩大椎：該穴位於人體頸部下端，第七頸椎棘突下凹陷處。按摩時將左（右）手四指併攏放在上背部，用力反覆按摩20～30次，直至按摩處有局部發熱的感覺，兩側交替進行。

【食療】頸椎病的食療，除遵循一般飲食原則外，還要做到辨證進食。例如，痰濕阻絡者可食梨、扁豆、紅豆；肝腎不足者可食黑豆、香菇、黑芝麻、枸杞子、狗肉、羊肉、魚蝦、韭菜；氣血虧虛者可食紅棗、黑棗、葡萄、桂圓肉、桑葚、阿膠等。

葛根五加粥

原料：葛根、薏米仁、粳米各50克，刺五加15克。

製法：原料洗淨，葛根切碎。刺五加先煎取汁，與餘料同放入鍋中；大火煮沸，改小火熬成粥。食用時再加適量冰糖。

用法：每週一次。

功效：祛風除濕止痛。

【中藥】中醫中藥治療頸椎病以溫補肝腎、養血益精爲原則，以祛風勝濕、活血通絡爲輔助治療手段，除內服中藥外，還可選用中藥外治方。

中藥外敷法

原料：當歸、川芎、葛根、紅花、白芷、羌活、乳香、沒藥、伸筋草、大腹皮、澤瀉、丹參、透骨草、威靈仙、熟地黃各50克，桂枝、麻黃、白芍、川烏各30克，細辛25克，全蠍20克。

製法：將上述諸藥研細末，混勻。

用法：每次取50～100克，用醋調勻，放置20～30分鐘後外敷於頸後部，敷藥後用燈照射30分鐘，每日一次，15天爲一個療程。

功效：祛風勝濕、養血益精。

✚肥胖

肥胖是人體內脂肪堆積過多的一種狀態。不論是古代還是現代，對肥胖都很重視。這是因爲，肥胖不僅影響人的美觀，更會影響到人體的健康。

防病法

中醫認爲，先天稟賦；嗜食膏粱厚味，飲食超量；喜臥少動；臟腑功能失調，肝鬱氣滯，脾虛失運，腎虛氣化失職，內傷久病，痰濁內生，或外受濕邪，使痰濕蓄積體內都易造成肥胖。治療上以健脾益氣、化痰祛濕、疏肝行氣、活血化淤、補益腎氣、潤腸通便爲原則，達到調解機體功能，加速多餘脂肪分解，減肥消胖的目的。在預防上主要應注意以下問題——

1．控制飲食攝入量，女性爲4900～6270千焦（1200～1500千卡）。

2．控制動物脂肪的攝入，低鹽，戒除煙酒，改變吃零食及甜食的習慣。

3．多進行體育鍛鍊和體力勞動。運動要循序漸進、持之以恆。運動期間，不要過於嚴格控制飲食。

4．多進行自身修飾。

5．加強自身修養，提高內在氣質。

治病法

【按摩】

■消除腹部脂肪

①揉按肚臍周圍穴位。

②肚臍正上方一指幅（約2公分）處揉50下。

③肚臍左右各三指幅處揉50下；

④最後在肚臍下方四指處揉50下。每天臨睡前及每天早上醒來各做一次。

■消除大腿外側贅肉

①取坐姿，雙手放在同一膝蓋上。

②手掌和指附附貼大腿，以畫圈的方式向上按摩整個大腿，再回到原點。

③重複動作10～15次，再換腳按摩。

■消除小腿贅肉

①雙手置於小腿肚上。

②手掌包住小腿，以手掌由下往上輕捏小腿肚。

③重複動作10～15次再換腳。

【飲食】肥胖者應多吃健脾化濕、清

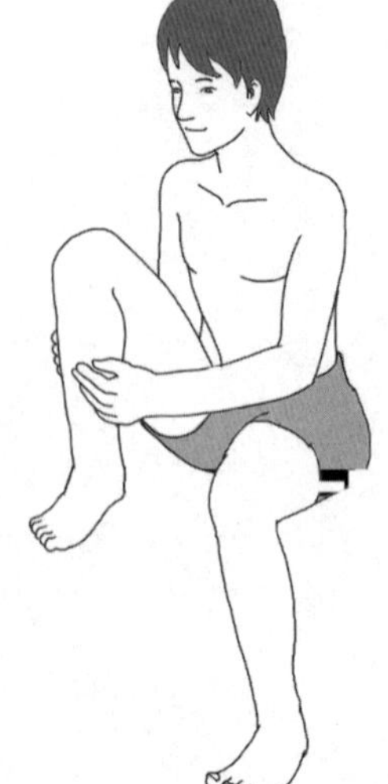

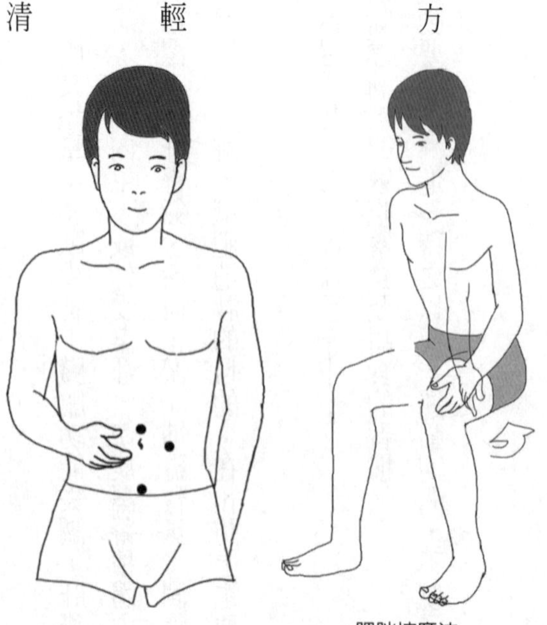

肥胖按摩法

熱祛淤的食物，如紅豆、綠豆、豆芽、玉米、冬瓜、黃瓜、西瓜、白菜、鯉魚、豇豆、刀豆、枸杞子、瘦肉、胡桃仁、白菜、圓白菜、萵苣、竹筍、蕁菜、蓮藕、苦瓜、馬齒莧、鴨梨、柳丁、橘子、白蘿蔔、茴香、山楂、茄子等。

素拌豇豆

材料：豇豆400克，香油10克，芝麻醬10克，精鹽10克，大蒜10克。

做法：將豇豆擇洗乾淨、切成3釐米長的段，用開水燙熟，然後用涼水過涼，濾淨水分，放入小盆內待用。大蒜去皮，拍碎，剁末；芝麻醬放入碗內，加入少許涼開水調勻待用。在豇豆上面灑上芝麻醬，精鹽，蒜末，香油，吃時拌勻即成。

用法：佐餐食用。

功效：此菜清香爽口，適用於減肥食用患者。

【中藥】減肥胖的中藥要根據不同症型來區別應用：

①脾虛濕阻型：表現爲體肥臃腫，倦臥少動，胸悶氣短，納差，舌淡胖，苔白膩，脈濡緩。適用方：香砂六君子湯。成分爲木香、陳皮、白茯苓、川朴、澤瀉、冬瓜皮、竹茹各10克，砂仁6克，黨參、黃芪、薏苡仁各15克，焦白朮、蒼朮各12克。有健脾益

氣，化痰除濕的作用。

②脾腎兩虛型：表現為形體肥胖，疲倦乏力，腰背酸痛，頭暈氣短，畏寒肢冷，陽痿陰冷，下肢浮腫，舌淡體胖，脈沉細。適用方：四君子湯合腎氣丸加減，成分為黨參、白朮、澤瀉、丹皮、淫羊藿、車前草、牛膝各10克，茯苓12克，肉桂5克，製附子6克，生地15克。有益氣健脾，溫陽益腎的作用。

③胃熱濕阻型：表現為形肥體健，多食易饑，胃脘滯悶，口舌乾燥，口渴喜飲，大便秘結，舌紅苔黃，脈滑數。適合用方：涼膈散合三仁湯，成分為梔子、黃芩、澤瀉、杏仁、白蔻仁各10克，薏苡仁、川朴、滑石各15克，白朮、草決明各12克，薄荷（後下）、大黃各6克。可瀉熱通腑，利濕化濁。

④肝鬱氣滯型：表現為形體肥胖，胸脅苦滿，胃脘痞滿，時有呃逆，月經失調或閉經，失眠多夢，舌質暗紅，苔白，脈弦細。適用方：越鞠丸合桃紅四物湯，成分為川芎、焦梔子、柴胡、法半夏、赤芍、澤蘭、澤瀉、荷葉、蒲黃各10克，蒼朮、當歸、生地各12克，神麯15克，柿蒂、紅花、棗葉各6克。有行氣解鬱，活血化淤的作用。

動脈硬化

動脈硬化性病變屬於全身性疾患，中醫學認為：「絡脈閉塞，氣血凝滯」，「脈道以通，氣血乃行」，「不通則痛，痛則不通」。可見，身體一旦絡脈閉塞，氣血不通除引起疼痛外，還可以引起手足發冷、四肢麻木，嚴重者還會因氣血不能得以供養而發生脫疽症，即西醫學所說的血栓閉塞性脈管炎和閉塞性動脈硬化症。其病症反應如《靈樞・癰疽》中所說：「發於足趾，名脫疽，其狀赤黑，死不治；不赤黑，不死。不衰，急斬之，不斬則死矣！」

防病法

中醫認爲，脫疽因先天不足，正氣虛弱，寒濕之邪侵襲，淤阻脈絡，氣血不暢，甚或痹阻不通所致。而且運動不足、緊張狀態、高齡、家族病史、脾氣暴躁等因素也與本病有關。其中，高血壓、高血脂症、抽煙三種因素更是誘發動脈硬化的三大危險因子。爲此，日常生活中需格外注意以下幾個方面進行預防——

1．飲食方面要避免肥甘厚味之物的過度攝取，像煎炸食品或是蝦、肝、腎和其他內臟，蛋黃等。

2．不吸煙，更要避免吸二手煙。煙草有害物質極易損傷臟腑系統，導致陰陽失衡，容易誘發此病症。

3．堅持適量的運動。須根據身體情況循序漸進的安排，但不宜勉強做劇烈運動，每天最好堅持不少於30分鐘的活動，像保健操、太極拳、氣功、騎車、散步、修花剪草

等可以適度選擇。

4．釋放壓抑或緊張情緒。慢性憂鬱或持續的緊張最容易導致心跳快速、血管收縮、血壓上升，血流減少。

治病法

【按摩】

①患者取坐位，雙手拇指分推印堂至太陽穴，再揉眉弓；然後，五指分開，沿頭正中線分搓，直至身體有微熱感。再用兩手捏拿風池、肩井穴。

②患者仰臥，指揉推法作用於胸腹正中線，乳頭直下及腋中線，往返4～6遍。再以一手按壓中脘，一手按壓關元，交替按壓數次。動作要緩慢不宜過重。

③分別點按足三里、三陰交、脾俞及腎穴，每穴持續約半分鐘。

【食療】緩解本病的飲食宜清淡，新鮮

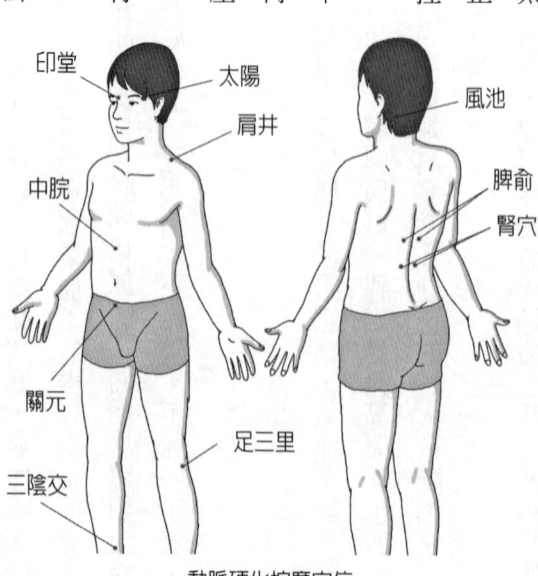

動脈硬化按摩穴位

蔬菜、水果、豆類及其製品都是不錯的選擇。但是總熱量不要過高，以維持正常的體重。同時，還要多飲白開水；避免過食寒性和辛辣刺激性的食品，如螃蟹、無鱗魚、辣椒等；並少喝濃茶、濃咖啡；忌煙酒。

米醋蘿蔔菜

原料：生白蘿蔔250克，米醋適量。

製法：將蘿蔔洗淨，切薄片，用少許花椒、鹽，加米醋浸泡4小時左右；食用時淋香油即可。

用法：佐餐食用，每日2次。

功效：辛涼解表、消食解毒。

【中藥】中藥治療動脈硬化病症以滋陰補腎、舒肝通脈為原則，通過中藥治療可以緩解本病症引起的頭暈頭痛、耳鳴耳聾、視物模糊、記憶力減退、失眠、腰膝酸軟、肢體麻木等症。

預防動脈硬化二方

方一：取桃仁500克，柏子仁、松子仁各300克，核桃仁100克，紅糖（或蜂蜜）150克。將前4味搗成泥狀，混勻後，用紅糖或蜂蜜調勻即可服用。日服2～3次，每次10克，開水送下即可。

方二：取石菖蒲、熟地、首烏、枸杞子、虎杖、女貞子、丹參、川芎、山楂、益智仁各9克，紅花、遠志各6克。將諸藥用水煎服，待溫後即可分次服用。

〈全書終〉